Peter Landwehr
Flowneklaf der Dragaziner

Peter Landwehr

Flowneklaf der Dragaziner

Rediroma-Verlag

Bibliografische Information der Deutschen Nationalbibliothek:
Die Deutsche Nationalbibliothek verzeichnet diese Publikation in der Deutschen Nationalbibliografie; detaillierte bibliografische Daten sind im Internet über http://portal.dnb.de abrufbar.

ISBN 978-3-96103-894-7

Umschlagillustration: Virrage Images (shutterstock.com)

www.rediroma-verlag.de
12,95 Euro (D)

WIDMUNG

Dieses Buch ist der Frau gewidmet, die wie ein Engel in mein Leben trat und mich aus einer tiefen Finsternis zurück in das Licht des Lebens führte. Sie zeigte mir, was es wirklich bedeutet zu leben, zu lieben und geliebt zu werden, so, wie ich es vorher nie für möglich gehalten hätte. Nur ihrer Beharrlichkeit ist es zu verdanken, dass unsere Herzen sich fanden. Wer auch nur für einige Sekunden in seinem Leben ein solches Glück haben kann, dessen Leben ist ausgefüllt.

Ich habe dieses unfassbare Glück jeden Tag, jede Stunde, jede Minute und jede Sekunde. Ein Leben lang. Ich danke meiner Traumfrau.

Ich liebe dich, Susanne.

Inhalt

Prolog

Es war zu einer Zeit, als die Welt, von Schlachten und Kriegen zerrüttet, ins absolute Chaos zu stürzen drohte. Hell wurde es schon lange nicht mehr, denn der Himmel war geschwärzt vom Rauch der unzähligen Brände, die überall tobten. Beinahe alle Wälder, Dörfer und Städte standen in Flammen. Jeder, der nur noch halbwegs bei Sinnen war, konnte ahnen, dass es nicht mehr lange dauern würde, bis diese Welt komplett zerstört war.

Die Erde war getränkt vom Blut all jener, die gewollt oder ungewollt in diesen vom gnadenlosen Wahnsinn gelenkten Zerstörungsrausch hineingeraten waren.

Zuerst hatten sich die Neschner in all ihrer Gier nach Macht und Reichtum die Tiere zu Untertanen gemacht und sie auf das Brutalste ausgenutzt. Sie bereiteten ihnen unsägliche Qualen, ohne auch nur einen Gedanken daran zu verschwenden, welches Leid sie damit anrichteten. Dann hatten sie begonnen, sich in ihrer blinden Gier und Wut gegen alles und jeden zu stellen, die einer anderen Rasse angehörten oder jene, die nicht ihre Auffassung teilten. Alles, was in ihren Augen nicht neschnerich oder nicht neschnerwürdig war, sollte ausgerottet werden. Und nun waren sie tatsächlich dabei, sich gegenseitig zu bekämpfen und sich gleichzeitig selber auszurotten.

Viel zu spät hatte sich der große Rat getroffen und damit begonnen, darüber zu diskutieren, was man, wenn man sich denn überhaupt mal einigen könnte, dann gegen die Neschner unternehmen könne. So kam es also, dass in diesen unendlichen Debatten die so wichtige Zeit verrann, ohne dass etwas geschah.

Einige der Anführer jedoch hatten – ohne das Wissen des großen Rates – damit begonnen, ein Heer aufzustellen. Doch noch nie zuvor hatten Elfen mit Elben, Zwergen, Dragazinern, Nanus oder Grevwaldern gemeinsam gekämpft. Einige dieser Rassen hatten in ihrer Sprache gar kein Wort für „Kampf" oder „kämpfen". Jahrtausende hatten diese Rassen friedlich nebeneinander und miteinander gelebt und nun sollten sie gegeneinander kämpfen? Alles auf dieser Welt schien von Hass erfüllt und die ganze Welt schien von den Flammen aufgefressen zu werden.

Viele magisch anmutende Wesen irrten ohne erkennbares Ziel und scheinbar völlig planlos durch die Wälder, aufgeschreckt wie junge Rehe, die ihre Mutter verloren hatten. Die Lichtsammler hatten die Aufgabe, Licht in den verschiedensten Farben einzufangen, um es dann zur rechten Zeit in den Regenbogen zu schütten, damit dieser strahlend und vor allem bunt leuchtete. Sie öffneten immer wieder ihre Krüge, doch es fiel nichts mehr hinein. Einige von ihnen rannten in ihrer Verzweiflung in das rot flackernde Feuer in der Hoffnung, dieses Licht möge ihre Krüge füllen. Doch sie ließen dort ihr Leben.

Die Neschner trieben in ihrem Rausch alle Rassen vor sich her und wollten alles vernichten, ohne auch nur einen Gedanken daran zu verlieren, was wohl danach kommen würde. Der Krieg zwischen denen, die meinten, das Reale zu sehen, und denen, die meinten, mit Träumen die Welt bewegen zu können, lag in den letzten Zügen.

Mared, Führer des großen Rates und der Letzte der Zellatuster, sah nur noch einen Ausweg. Die Neschner standen vor den Toren des Reklafst und waren im Begriff, auch diesen mystischen Ort niederzubrennen und für immer zu zerstören. Mared sammelte seine letzten Kräfte und ging in den Saal der Zeit, der genau im Zentrum des Schlosses lag. Früher war er oft hierhergekommen und hatte versucht zu ergründen, wie dieser Raum konstruiert war. Über der Mitte des Raumes ragte eine gläserne Kuppel scheinbar unendlich weit, so als hielte man ein Schwert in den Himmel. Diese Kuppel schien so hoch, dass man sie eigentlich, wenn man auf das Schloss zukäme, schon von weitem hätte sehen müssen. Doch weit gefehlt; man konnte diese Kuppel nur im Inneren des Saales sehen. Wenn man sich, inmitten des Dreiecks unterhalb der Kuppel, auf den Rücken legte, konnte man zusehen, wie diese die Wolken zerschnitt.

Doch heute hatte er für all das keine Sinne. Er begann hochkonzentriert damit, die Vorbereitungen zu treffen. Heute würde er wohl seinen wichtigsten Zauber anwenden müssen. Noch nie zuvor hatte jemand jemals einen solchen Zauber geformt. Noch nie zuvor hatte jemand jemals einen solchen Zauber angewandt. Doch er hatte keine andere Wahl. Er war sich sicher, auch ohne die Zustimmung des großen Rates müsste er nun diesen Weg gehen. Er kannte den Preis. Alles, was er benötigte, legte er in die Mitte des Dreiecks auf den Boden und konzentrierte sich auf seine Arbeit. Die einzelnen Gegenstände mussten immer im richtigen Moment zum Einsatz kommen. Er kniete nieder und legte ein Buch vor sich, nur ein knappes Stückchen über die Spitze des Dreiecks. Rechts und links von seinen Beinen verliefen zwei gleich lange Schenkel des Dreiecks und mit seinen Füßen berührte er ganz leicht dessen Basis. Er schlug das Buch so auf, dass die Buchmitte die Dreiecksspitze verlängerte. Behutsam blätterte er weiter, bis er an die richtige Stelle kam. Merkwürdig – die eigentlich blau-schwarze Schrift auf dieser

Seite schien einen rötlichen Stich zu bekommen. Seine Finger glitten langsam über die Buchstaben und er spürte eine leichte Wärme, die von ihnen ausging. Sie schienen zu pulsieren. Ja, er war sich sicher: Heute war der Tag für diesen Zauber gekommen. Dann las er die Worte und begann gleichzeitig zu sprechen. Er sprach in einer Sprache, die ihm bis zu diesem Moment völlig unbekannt gewesen war. Oft schon hatte er versucht, sie zu entziffern, doch ihren Sinn nie erkannt. Jetzt war das anders. Alles, was er tat, war richtig. Alles schien wie von selbst zu geschehen und er war nur noch Statist. Sein Sprechen ging in einen Singsang, eine Art Mönchsgesang, über. Alles geschah, weil es geschehen musste und weil es schon lange vorherbestimmt war.

Der Raum um ihn herum begann dunkler zu werden und schien sich langsam um ihn zu drehen. Blitze schlugen vor den Fenstern und über der Kuppel durch den immer dunkler werdenden Himmel. Ein lautes Getöse, als würden gigantische Steine aneinander reiben, erfüllte den Saal. Die Wolken über dem Schloss Reklafst begannen sich zu drehen. Sie bildeten einen Strudel, der immer schneller wurde und sich langsam zum Boden senkte. Das Schloss wurde vom Strudel erfasst und es schien, als würde es von riesigen, unsichtbaren Händen aus der Erde gerissen und langsam in die Höhe gehoben. Blitze schlugen aus dem Strudel in Richtung Schloss. Es gab einen lauten Knall und ein zuckender, greller, weißer Blitz verband Schloss und Zentrum des Strudels und blieb darüber für eine Weile stehen. Mared sprach das letzte Wort des Zaubers. Er sagte: „Neschner.“ Genau in diesem Moment löste sich der Blitz vom Zentrum des Strudels und des Schlosses. Beide Enden liefen zusammen, trafen sich genau in ihrer Mitte und bildeten eine strahlende, wabernde Kugel.

Das Licht in der Kugel war so grell, dass alles, was in ihrer Umgebung in weißes Licht getaucht war, unsichtbar schien. Ihr Licht schien wie gefangen und drohte zu explodieren. Noch ein kurzes Zucken und die Kugel entließ ihr Licht. In einer großen Welle breitete sich das Licht über das ganze Land aus. Im nächsten Moment war Reklafst verschwunden.

Alle neschnerichen Krieger, die von der Welle erfasst wurden, verwandelten sich in Staub. Ein völlig surreales Bild entstand, denn für einen kurzen Moment noch standen sie da, als habe man sie aus zu trockenem Sand geformt, doch schnell wurden sie von der Schwerkraft und vom Wind zerstört und es blieb nichts als Staub. Das Blut ihrer Opfer, das auf dem Boden lag, wurde von ihr wie von einem Schwamm gierig aufgesaugt und langsam bekam die Erde ihre normale Färbung zurück. Die Brände erloschen und die Wunden aller Kreaturen schlossen sich.

Dort, wo einst das große Reklafst gestanden hatte, war nun ein riesiger Krater, in dessen Mitte die Mitglieder des großen Rates in einer riesigen Staubwolke standen. Sie hatten zuvor noch im Schloss debattiert.

Mared war verschwunden. Der Himmel färbte sich blau und die Vögel begannen wieder, ihre Lieder zu singen. Mared, der letzte Zellatuster und wohl größte Zauberer, hatte die Welten getrennt und damit alle Erinnerungen an die vergangenen Jahre gelöscht. Nun konnte sich hier wieder all das entwickeln, was mit Traum und Magie verbunden war. Geschöpfe konnten hier leben, die in der anderen Welt nicht existieren konnten. Doch auch hier würde der Frieden nicht lange herrschen, denn auch hier gab es viele, die nur auf ihren eigenen Vorteil bedacht waren, gedankenlos andere Rassen ausnutzten oder ihnen gar das Joch der Sklaverei aufdrängten. So würden immer wieder neue Rassen entstehen und immer wieder Rassen gehen. Seine Welt, Mareds Welt, die der Träumer und Magier, hatte er gerettet. Doch zu welchem Preis?

Er selbst war bei dieser Rettung auf der anderen Seite geblieben. Hier gab es keinen Zauber und keine Magie. Seine Macht war hier unwirksam. Er wusste, dass es ein Tor zurück in seine Welt gab, doch er wusste auch, dass es ihm nicht bestimmt war, dieses Tor zu finden, geschweige denn, es zu öffnen. Vergessen war das Gebot der Zeit. Kein Wesen von dieser Seite durfte sich an die alte Welt erinnern. Erst dann würde das Tor geöffnet werden können. So lebte er in dieser dunklen, kalten und grauen Welt und die Erinnerung an seine schöne, bunte und magische Welt verblasste immer mehr. Bald war es nur noch ein Gedanke und später nur noch ein immer seltener werdender Traum.

Er schlug sich durch das Leben, indem er aus Kräutern, Früchten und Körnern allerlei Salben und Medizin herstellte und diese zum Verkauf anbot oder gegen andere nützliche Dinge tauschte.

Sein Leben wandelte sich, als er die Tochter des Besitzers eines kleinen Zirkus mit seiner Medizin heilen konnte. Sie war sehr hübsch und eigentlich viel zu jung für ihn. Doch er verliebte sich in sie und sie sich in ihn. Später nahm er sie zur Frau und sie gebar ihm Zwillinge - einen gesunden Sohn und eine gesunde Tochter. Dadurch verblasste die Erinnerung an sein altes Leben vollständig. Den Rest seines Lebens zog er mit dem Zirkus durch die Lande und sah seine Kinder aufwachsen.

Nach vielen Jahren auf seinem Totenbett, als seine Frau und seine Kinder weinend neben ihm knieten, flammte in seinem Kopf die Erinnerung erneut auf und er sah seine alte vergessene Welt wieder vor seinem inneren Auge in all ihrer Pracht, so, als würde er wie ein Vogel über sie hinweg fliegen. Neben sich hörte er den Schrei eines Falken und blickte sich um. Ein ganzer Schwarm von ihnen begleitete ihn und einer der Falken rief: „Mared, Mared. Endlich hast du einen Weg zurückgefunden. Du kommst gerade recht, du wirst hier gebraucht. Komm, fliege mit uns und hilf."

In diesem Moment hörte sein Herz auf zu schlagen und er war nun nur noch Falke. Da packte er mit seinen Klauen so fest er konnte zu und klammerte sich an …

Langsam lichtete sich die riesige Staubwolke und die Mitglieder des großen Rates blickten sich verdutzt an. Warum standen sie hier in diesem Loch, in dessen Mitte die riesigen, verrotteten Gebeine eines Geschöpfes lagen, das noch keiner von ihnen je zuvor gesehen hatte. Zunklart, dessen Gesicht dem eines schlappohrigen Hundes glich, hielt ein großes Buch in der Hand. Dieses Buch war das Vermächtnis des Zellatuster. Zunklart klopfte sich, wie die anderen um sich herum, den Staub aus seinen Kleidern und Haaren. Vorsichtig drehte er das Buch in seiner Hand und pustete die Staubschicht von dessen Oberfläche. Er konnte den Titel des Buches lesen und klappte es langsam auf. In seinem Inneren war es in einer Sprache geschrieben, die weder er noch ein anderer des Rates im Stande war, zu lesen. Sie fühlten jedoch, dass dieses Buch der Schlüssel zu ihrer Welt war. Dieses Buch sollte der Grundstein der Wissenden werden. Sie überlegten, es an einen sicheren Ort zu bringen. Hoch oben an der Flanke des Schataltes in der Hochebene Sulatiniens. Die Elfen sollten es dort studieren und übersetzen. Und so fiel der Beschluss. Zunklart machte sich auf in das ferne Land Sulatinien. Er konnte nicht wissen, dass er nie wieder zurückkehren sollte, doch dies ist eine andere Geschichte, die zu einer anderen Zeit erzählt werden soll. Letztlich erfüllte er seine Pflicht und übergab das

Buch von GAR.

Das Tal der Bäche

Als Flowneklaf nach all den Jahren endlich wieder das Tal der Bäche betrat und die schlechten Pfade vor sich sah, kamen all seine Erinnerungen wieder hoch. Vor mehr als sieben Jahren war er mit seinem Wolfsfreund hier durch die Wälder gezogen, hatte gejagt und nach geheimen Kräutern gesucht.

Er war immer wieder erstaunt über die Vielfalt der Farben, die dieser sonnige Herbstabend aus den vielen Pflanzen hervorbrachte: Eben noch schien der Anteil der gelben Farben viel stärker zu sein, doch schon schob sich das Rot in den Vordergrund. Nur wenige wussten von dem Zauber, der von diesen Lichtern ausging, und deren geheimen Stärken. Die Schatten wurden schon länger und langsam kroch die feuchte Kälte durch seine Riemenschuhe in seine müden Knöchel nach oben, aber er wusste, dass er noch drei bis vier Stunden zu laufen hatte, um eins von seinen alten Lagern zu finden. Der Duft nach moderndem Laub und das Knacken der morschen Äste unter seinen Füßen ließen ihn immer weitergehen.

Wie sehr hatte er seine alte Heimat vermisst und ein Anflug von Glück strömte in ihm hoch. Auch die Erinnerung an Kiesbart, seinen Wolfsfreund, ihre Wege hatten sich damals hier getrennt, ließ sein Gemüt aufblühen. Ob der jetzt schon alte Herr hier immer noch jagte, war unbekannt, denn dieser musste schließlich damals auch das Tal verlassen. Seine Rückkehr war ungewiss gewesen. Leider hatte er nicht die Zeit, seinen alten Freund zu suchen, denn es war nun an der Zeit, dass er den Weg beschritt, der für ihn bestimmt war. Der Ruf nach ihm war schon viel zu spät zu ihm gelangt. Er hätte die Zeichen aber auch früher erkennen müssen.

Nun war er bereits seit über vier Wochen unterwegs und er wusste, es würden bestimmt noch zwei weitere folgen. Der Ruf der Falken begleitete ihn nun schon den ganzen Tag. Er war sich sicher, dass die gelehrigen Tiere seinen Weg begleiten und ihn vor Gefahren warnen würden. Schließlich war er einst der Hüter der Falken gewesen und kannte ihre Sprache genau: „Der Wolfsfreund ist zurück, er kommt, um uns zu retten." Doch er reagierte nicht auf ihren Ruf, da nicht alle Bewohner des Tals über sein Erscheinen so glücklich waren wie die Falken. Er wusste, dass er sein Oktrawill nun bald neu füllen und seine Arzneien würde vervollständigen können. Einige Ableger der Nexiumala und der Asperitas hatte er schon am Wegesrand gesehen. Allerdings waren diese schon verblüht und dadurch in ihrer Ausbeute nicht sehr ergiebig. Er musste dahin gehen, wo der Bach schneller floss. An den halbschattigen Stellen wuchsen viele von diesen Spätblühern. Aber zuerst wollte er noch eine Rast einlegen.

Es kam ihm vor, als wäre er gestern erst hier an diesen gewaltigen, mannshohen Steinen vorbeigekommen. Sie stammten noch aus der Zeit vor dem großen Ausbruch. Aus jener Zeit, als die Nanus und die Grevwalder gegeneinander kämpften und diesen Ort hier wohl als Altar genutzt hatten. Dies war nun schon viele hundert Jahre her und niemand wusste genau, wer diese Steine aufgerichtet hatte. Die Kraft, die von diesem Ort ausging, war gigantisch und ein Quell der Energie. Trotz all der Hektik der letzten Wochen und der jetzt drohenden Dunkelheit, ließ er sich an diesem Ort nieder, um neue Kraft für die nächsten Tage zu schöpfen. Schon als er diese Steine das erste Mal gesehen hatte, wollte er hier Schutz suchen und hatte ihn, ganz anders als erwartet, erhalten.

Vielleicht, ja vielleicht, würde er ja auch sie wiedertreffen. Es war schon viel zu lange her, dass er sie getroffen hatte und er wusste, dass es eigentlich auch unmöglich war. Doch die Hoffnung stirbt zuletzt. Damals, als er es noch nicht besser wissen konnte, da war er gerne hierhergekommen und hatte die Energie durch seinen Körper fließen lassen. Er hatte hier mit seinem neuen Freund gespielt und war mit ihm um die Wette gelaufen. Damals, als sein Leben auf solch dramatische Weise eine Wende nahm und doch eigentlich für ihn erst richtig begann.

Das Bündel gepackt

Es war ein sonniger Frühlingstag und die Dorfschule war gerade zu Ende. Heute war sein zehnter Geburtstag, daher durfte er gleich nach Hause, ohne die lästigen Hausaufgaben machen zu müssen. Für die nächsten vier Wochen musste er auch nicht zur Schule, da sein Vater, seines Zeichens anerkannter Waldhüter und Falkner, ihm versprochen hatte, ihn am nächsten Tag das erste Mal mit auf die Jagd zu nehmen. Obwohl es ihm schon immer ein Gräuel war, wilde Tiere in Gefangenschaft oder tot zu sehen, überwog doch die Freude auf das bevorstehende Ereignis. Sein Vater hatte schon oft des Abends davon erzählt, dass er tagelang durch die großen Ländereien zog, um nach dem Rechten zu sehen. Von vielen verschiedenen Tieren, die es gab, und wundersamen Pflanzen, die er schon oft versucht hatte mitzubringen, die jedoch immer wieder auf dem langen Weg zurück verdorrt waren.

In seinen zehn Lebensjahren war er noch nie aus dem heimischen Wald herausgekommen. Freilich waren sie schon des Öfteren in den umliegenden Dörfern gewesen, doch der Wald, in dem sie lebten, war so unvorstellbar groß, dass er lange dachte, dieser Wald wäre die ganze Welt. Selbst sein Vater, der oft wochenlang durch die Gegend zog, kannte nur ein Volk – das Volk der Dragaziner. Menschen von anderen Völkern, die es früher einmal gegeben haben soll, hatte auch er noch nie getroffen. Obwohl sein Vater ihm davon berichtete, hielt er die vielen Geschichten um die merkwürdigen Tiere, Pflanzen, Berge und großen Flächen ohne Bäume bis heute für Märchen. Er dachte, dies würde den Kindern erzählt werden, damit sie sich fürchteten.

Nun war es endlich so weit. Er musste nur noch seine Sachen packen und eine Nacht lang schlafen. Dann sollte es endlich mit seinem Vater auf die lange Reise, an die für ihn unbekannten Orte gehen. Er lief so schnell er konnte über den kleinen Pfad in Richtung „schreckhafte Oma“. Das war die große, alte Eiche, die ihren Namen ihrem knochigen Aussehen verdankte. Viele Äste standen so ab, als hielten sie die Arme erschrocken nach oben. All den vielen bunten Blumen schenkte er heute keine Beachtung. Auch den kleinen Bach, der hinter der „Oma“ vorbeiplätscherte, ließ er genauso links liegen wie den Altar in der Mitte des Dorfplatzes. Wie ein junger Hase hüpfte er über die Wurzeln auf dem Weg nach Hause. Ein kleines, aus Holzstämmen und Lehm gebautes Haus war das Heim von ihm und seinen Eltern. Vater hatte es damals aus den Bäumen gebaut, die er fällte, um Platz für das Haus zu schaffen. So war es Tradition und alle hier im Dorf verfuhren auf die gleiche Weise. Für jeden gefällten Baum pflanzte man dann mindestens acht neue.

Mit großer Sorgfalt packte er sein Bündel. Wundsalbe, die sie in der Schule aus der knochigen Wurzel des Antiseptala und der seltenen Knospe des Bepantularstrauch selbst hergestellt hatten, sowie Blätter der Kompressilia, sein Feuerstein, ein Messer und neben seinem Kräuterbuch noch viele andere nützliche Dinge fanden darin Platz. Proviant wollten sie nur in geringen Mengen mitnehmen, da der Vater ein hervorragender Jäger und Sammler war.

Flowneklaf fasste an sein kleines Amulett, einen silbrigen Falken. Dieses hatte er schon vor vielen Jahren von seinem Vater geschenkt bekommen.

„Ja“, sagte er zu sich selbst, „es ist noch da.“ Er sollte morgen von seinem Vater seinen Bogen als Geschenk erhalten. Das war so Sitte bei ihrem Volk. Das war das Zeichen dafür, dass er ein Mann war. Morgen, morgen, noch so lange.

Er konnte jedoch nicht ahnen, wie viel Zeit vergehen würde, bis er endlich wieder nach Hause finden würde.

Verlust

Früh morgens weckte ihn seine Mutter mit einem liebevollen Kuss und einer langen Umarmung. Er drückte seine Mutter und flog dann förmlich in seine Kleider. Nach einem kräftigen Frühstück ging es endlich los. Der Ausflug sollte zwischen drei und vier Wochen dauern.

„Flowneklaf, Sohn, ich zeige dir ein Tal, dessen Schönheit du nie vergessen wirst“, versprach der Vater kurz, bevor sie losgingen. „Dort leben Tiere und dort wachsen Pflanzen, von deren Existenz nur wenige wissen. Nimm dein Kräuterbuch mit, denn das, was ich dir zeige, lohnt sich zu notieren. Hier, nimm diesen Bogen und den Köcher mit den Pfeilen. Ich habe sie selbst gefertigt. Jetzt, mein Sohn, jetzt lehre ich dich das Jagen und du wirst zum Manne.“

„Macht euch eine schöne Zeit, ihr Männer. Auf ein gutes Gelingen und kommt mir ja an einem Stück wieder“, verabschiedete sich sanft lächelnd Flownewklafs Mutter.

Sie gingen viele Tage durch den Wald und nichts schien sich zu ändern. Die Bäume und Blumen auf den schmalen Pfaden waren genauso wie daheim. Auch das Getier, das man sah und auch jagte, war nicht anders. Langsam kamen in Flowneklaf Zweifel auf. Waren die Erzählungen des Vaters tatsächlich nur Märchen und Kinderschreck gewesen? Sollte sein Vater ihn so an der Nase herumgeführt haben?

Er hatte die ganze Zeit das Gefühl, bergauf zu gehen. Doch dann begann sich die Vegetation allmählich zu ändern. Die Bäume wuchsen hier spärlicher und waren wesentlich kleiner. Der Boden wurde felsiger unter seinen Füßen und er fühlte, dass das Klima kälter wurde.

Am Ende dieses Tages durfte er zum ersten Mal selbst mit

seinem Feuerstein ein Feuer entfachen und sein erster, selbst erlegter Hase wurde darauf gegart. Sein Vater hatte ihm genau gezeigt, wie man die Feuerstelle sichert, damit das Feuer unter Kontrolle blieb und nicht den ganzen Wald in Brand setzte. Natürlich musste das Feuer die ganze Nacht brennen, da sonst allerlei Getier zu ihnen gefunden hätte, das nicht geladen war. Sein Vater sagte jeden Abend: „Nur der Hase über dem Feuer ist wirklich willkommen."

Sie lachten viel in diesen Tagen und er lernte Dinge, die er sonst nirgendwo lernen konnte. Er sah Kräuter, die er noch nie zuvor gesehen oder geschmeckt hatte. Sein Vater wusste viel über deren Wirkung und immer, wenn Flowneklaf konnte, nahm er eine Probe mit und schrieb alles in sein Kräuterbuch.

So wanderten sie immer weiter. Eines Tages zeigte sein Vater in Richtung Westen und Flowneklaf sah zum ersten Mal in seinem Leben einen Berg. Vor dem Berg war eine Ebene, auf der nichts zu wachsen schien. Die Kuppe des Berges war weiß. Sein Vater erklärte ihm, dass der Legende nach auf der Ebene früher die Grevwalder ihre große Palastanlage Namens Grenzulwar hatten. Angeblich waren die Wände der Gebäude aus Steinen, die aus reinem Schwefel bestanden, gebaut und bei dem großen Beben seien sie dann zusammengebrochen. Durch den Regen soll die Erde dort so verseucht worden sein, dass dort nie mehr etwas wachsen könne. Er selber glaube aber nicht daran. Er habe sich aber auch nicht die Mühe gemacht, der Sache auf den Grund zu gehen, da es genug andere interessantere Dinge in diesem Land gibt, die zu beobachten sich lohnen.

Hier erzählte der Vater ihm das erste Mal von diesen Tieren, die er Wölfe nannte. Angeblich seien sie dazu in der Lage, die Dragaziner in Stücke zu reißen. Die Wölfe, so sein Vater, wären der Fluch des Tals, das sie besuchen wollten. Es seien dumme Tiere, da sie stundenlang, aus Angst davor, dass der Mond ihnen auf den Kopf fiele, heulen würden.

Der Vater erklärte ihm, dass es nicht mehr weit bis zu dem besagten Tal sei. Zuerst könne man es von einem Plateau aus betrachten. Es sei aber noch nie jemand von diesem Plateau ins Tal gelangt. Der Abstieg sei zu gefährlich. Man könne aber von dort aus besonders gut in das Tal blicken, das so groß sei, dass man nicht bis ans Ende blicken könne. Um unter das Plateau ins Tal zu gelangen, müsse man einen Umweg von mehreren Tagen in Kauf nehmen. Diesen Weg wolle er bei der nächsten Jagd mit ihm gehen.

Auf der jetzigen Jagd würden sie das Tal von einer anderen Seite und auch nur kurz betreten. Bis dahin würden sie aber auch noch eine Tagesreise benötigen. Leider könne man nicht länger als eine Woche im Tal verbleiben, da es dort zu gefährlich sei. Man müsse sich mit der Wache ablösen, denn das Einzige, was einen gewissen Schutz biete, sei das Lagerfeuer. Davor haben die Tiere Respekt.

Seit vielen hundert Jahren wird dieses Tal von den Wölfen bewohnt und niemand weiß, warum sie ausgerechnet dieses Tal gewählt haben. Unzählige Versuche, das Tal zu besiedeln und Ackerbau zu betreiben, seien fehlgeschlagen. Dies haben die Wölfe nie zugelassen.

Am Morgen des nächsten Tages wurde Flowneklaf ungeduldig. Er wusste von seinem Vater, dass das Plateau in wenigen Stunden erreicht sein würde. Er konnte vor lauter Freude kaum noch ruhig gehen und hielt den offensichtlich amüsierten Vater dazu an, schneller zu gehen. Nach der nächsten Biegung eröffnete sich ihm ein Anblick, der ihm fast den Atem raubte.

So etwas Unglaubliches hatte er nicht erwartet. Die Schönheit dieses Tales war mit Worten nicht wiederzugeben. Die kleinen Bäche durchzogen die saftig grünen Wiesen und Wälder wie Silberfäden. Es schienen unendlich viele Bäche zu sein und das Tal hatte so eine Größe, dass man dachte, es ende irgendwo am Horizont. Hier wuchsen viele Arten von Bäumen und Sträuchern. Bis auf ein paar kleinen Flecken war das Tal grün. Nur da und dort ragten ein paar Felsen aus dem Grün und ein paar größere Bäume schienen den Himmel gar zu berühren. An einigen Stellen waren sogar gerade, scheinbar geometrische Einschnitte im Grün zu erkennen. Sie mussten wohl schon vor langer Zeit gerodet worden sein, denn man konnte sehen, dass sie langsam wieder verwilderten. Alle Bäche, so sein Vater, würden sich zu einem großen Fluss zusammenfinden, der in einen See mündete. Dieser wiederum würde dann über einen Wasserfall in das große Meer stürzen.

Im vorderen Bereich des Tales lag noch der Frühnebel und es schien fast so, als wolle er den Zauber des Tages noch etwas zurückhalten, um die gesamte Schönheit des Tales erst später preiszugeben. Der strahlend blaue Himmel und die angenehmen Temperaturen rundeten das gesamte Bild ab. Er wäre so gerne direkt ins Tal gegangen, aber er wusste, einen Tag müsse er sich noch gedulden.

Da sie um die Mittagszeit angekommen waren, entfachten sie ein Feuer, um in Ruhe essen zu können. Den Weg ins Tal wollte man erst am nächsten Tag beginnen, so sein Vater. Mit nackten Füßen lief Flowneklaf voller Ungeduld immer wieder am Rand des mit Moos und Gräsern bewachsenen Plateaus hin und her. Diese geballte Schönheit der Natur hatte sein Herz erobert und er konnte und wollte sich nicht gegen dieses Gefühl wehren.

„Geh nicht zu nah an die Kante“, hörte er seinen Vater nun schon zum wiederholten Male rufen, „du kannst auch so genug sehen.“ Flowneklaf drehte sich zu seinem Vater um und lächelte ihn voller Dankbarkeit und Liebe an. Doch dann sah er, wie sich plötzlich das Gesicht seines Vaters versteinerte. Panik stand in dessen Augen. Ihm war die pure Angst ins Gesicht geschrieben. Er hörte ein leises Knacken und dann ein fürchterliches Knallen und Krachen. Er sah noch, wie sein Vater aufsprang. Schon während des Laufens streckte er ihm seine Arme helfend entgegen, um ihn zu greifen. Doch sein Vater wurde immer kleiner und kleiner und er musste, um ihn zu sehen, nach oben schauen. Dann verschwand sein Vater ganz aus seinem Blickfeld.

Jetzt wurde ihm klar, dass der Boden unter seinen Füßen einfach nachgab. Ein großes Stück der Kante war abgebrochen und so fiel er mitsamt diesem Stück in die Tiefe. Er fiel, wie er noch nie in seinem Leben gefallen war. Es kam ihm vor, als würde dieser Sturz nie enden. Das Poltern der Steine war ohrenbetäubend. Kiesel und dicke Steine trafen ihn im Gesicht. Und dann der Aufschlag.

Es war fürchterlich, ein Ruck schien sein Kreuz zu zerreißen. Sein Kopf, seine Füße und Beine sowie seine Hände und Arme schienen ein einziger Schmerz zu sein. Ein Schlag auf den Brustkorb raubte ihm den Atem. Er wusste nicht, wie ihm geschah. Doch zum Glück war sein Körper ihm gnädig und alles um ihn herum wurde erst unscharf und dann dunkel. Flowneklaf hatte das Bewusstsein verloren.

Sein Vater stand noch lange am Abgrund und versuchte seinen Sohn im Geröll ausfindig zu machen. Doch erst nach über einer Stunde hatte sich der Staub gelegt. War das dort unten sein Sohn? Er rief seinen Namen, doch er bekam keine Antwort. Von hier oben konnte er ihn nicht sehen, also beschloss er, seinem Sohn nachzusteigen.

Er würde den sicheren Pfad nehmen und Tag und Nacht durchgehen müssen. Mit ein wenig Glück könnte er die Stelle in drei bis vier Tagen erreichen. Oder sollte er doch den Abhang heruntersteigen?

Er löschte das Feuer und löste das Lager auf. Nur das Nötigste nahm er mit, um nicht zu viel Ballast auf den Schultern zu haben. Auf Hilfe von anderen konnte er nicht hoffen, da hier so gut wie nie jemand vorbeikam. War sein Sohn doch zu jung gewesen, um mit auf diese Wanderung zu gehen? Doch es war in seinem Dorf Sitte, den Kindern in diesem Alter ein Teil der Welt zu zeigen. So war es schon seit Generationen. Man nannte es die Prüfung des Lebens, doch es war nicht die Schuld des Sohnes, dass er diese Prüfung nicht bestand.

„… und kommt mir ja an einem Stück wieder …“ Immer wieder hörte er die Stimme seiner Frau in seinem Kopf.

Seine Selbstzweifel ließen ihn immer schneller gehen. Ihm blieb nicht viel Zeit. Sollte sein Sohn noch leben, was nach einem solchen Sturz eigentlich unmöglich war, brauchte er dringend Hilfe. Er rannte wie von Sinnen. Doch er musste mit seinen Kräften haushalten. Es lag ein Gewaltmarsch vor ihm, wie er ihn in seinem Leben noch nicht hinter sich gebracht hatte.

Die ersten Regentropfen, die sein Gesicht trafen, spürte er kaum. Doch er hörte das dumpfe Grollen, das noch weit weg war, aber langsam immer näherkam. Das aufziehende Gewitter kündigte sich an. Spätestens jetzt waren seine Zweifel verflogen. Hätte er sich für den direkten Abstieg entschieden und wäre den Abhang hinuntergeklettert, wäre er jetzt, beim einsetzenden Regen, im Abhang verloren gewesen, denn er wäre wahrscheinlich seinem Sohn hinterhergestürzt. Vielleicht, dachte er, wäre das besser gewesen. Er bemühte sich, noch ein wenig schneller zu gehen, ohne sich auf dem mit Geröll bedeckten Boden zu vertreten oder gar zu stolpern. Durch diesen schnellen Gang flogen die Steine, auf die er trat, rechts und links davon. Hin und wieder trafen sie schmerzhaft seine Knöchel. Doch er versuchte, den Schmerz zu ignorieren.

Dann plötzlich hörte er dieses unheimliche Heulen und sein Blut schien augenblicklich in seinen Adern zu gefrieren. Er blieb kurz stehen, um das Geräusch genauer zu orten. Er hatte sich nicht getäuscht. Was er dort hörte, waren die Wölfe.

Begegnung

„Vater, Vater, wo bist du?“, schrie Flowneklaf aus Leibeskräften, doch er ahnte bereits, dass er keine Antwort erhalten würde. Sein Schrei ließ seinen Kopf fast zerspringen. Er hörte immer noch das Getöse und blickte zur Felswand hinauf – zu der Kante, wo er eben noch mit seinem Vater vergnüglich gespeist hatte. Eben? Wie lange mochte er hier bewusstlos gelegen haben? Die Sonne stand jetzt schon fast am Horizont. Das bedeutete, er hatte nicht mehr viel Zeit, um sich auf die Nacht vorzubereiten und um sich vor Gefahren zu schützen.

„Vater, Vater!“, rief er.

Langsam fuhr er mit seiner Zunge über seine Lippen. Schmerzhaft bemerkte er, wie geschwollen und aufgeplatzt sie sich anfühlten. Was er schmeckte, war eine merkwürdige Mischung aus Blut, Erde und Staub. Er war gut und gerne sechzig Meter in die Tiefe gerauscht. Ein Wunder, dass er überhaupt noch lebte. Von hier unten betrachtet konnte er sehen, dass wohl niemand den Versuch unternehmen würde, ihn zu retten. Eigentlich kann niemand solch einen Sturz überleben. Er konnte die Stelle sehen, an der der Felsvorsprung gehangen hatte, auf dem er gestanden hatte, als er in die Tiefe gerissen worden war. Seinen Vater konnte er nicht sehen.

Wahrscheinlich hat er mich hier liegen sehen und dachte, ich sei tot, schoss ihm durch den Kopf. Ganz behutsam versuchte er, seinen schweren, brummenden Kopf zu heben und schaute an seinem ziemlich ramponierten Körper herunter. Seine Hände, Ellebogen, Schultern, Beine und Knie bestanden nur noch aus einer einzigen großen Schürfwunde. Jetzt begriff er, wie nützlich die Pflanzenkunde der letzten Jahre in der Dorfschule gewesen war. Denn diese Wunden würde nicht seine Mutter versorgen können. Dieses Mal war er ganz auf sich alleine gestellt. Eine Träne lief seine Wange entlang. Er wusste selber nicht, ob er vor Schmerzen weinte oder weil er so alleine war.

Ganz behutsam setzte er sich auf und versuchte, all seine Gelenke zu bewegen. Das Atmen fiel ihm schwer, die rechte Seite seines Brustkorbs tat höllisch weh. Unter großen Schmerzen stellte er fest, dass er sich zum Glück nichts gebrochen, aber doch einiges geprellt und verstaucht hatte.

Der Gott der Bergkletterer war ihm wohl hold gewesen, dachte er und sah voller Erleichterung sein Bündel, das er so akribisch gepackt hatte, nur wenige Schritte von sich entfernt liegen. Er ließ seinen Blick schweifen und sah ganz in seiner Nähe einen kleinen Bach.

Gut, erst einmal etwas trinken und die Wunden reinigen. Immer einen Schritt nach dem anderen, dachte er sich und stellte sich auf seine nackten Füße. Warum hatte er nur oben auf der Plattform seine Schuhe ausgezogen? Langsam humpelte er in Richtung Bach. Er hörte gewohnte Geräusche, wie den Gesang der Vögel oder den Schrei der Falken. Aber auch dieses Heulen, welches sein Vater ihm als den Ruf der Wölfe erklärt hatte, konnte er hören. Und das machte ihm Angst.

Am Bach angekommen, senkte er sein Gesicht über eine ruhige Stelle und erschrak. Sein staubiges Gesicht war voller blauer Flecke und hier und da war der Staub blutig. Nur von seinen Augen zogen zwei saubere, hautfarbene Linien, die die Tränen gereinigt hatten. Er säuberte sein Gesicht und das kühle Bachwasser brachte ihm etwas Linderung. Danach wusch er seinen Körper und begann die Wunden mit einem

Rest der Salbe, die er aus seinem Bündel hatte, zu versorgen. Er wusste, dass er die Kräuter, die er zur Herstellung neuer Salbe benötigt, hier finden würde.

Das Heulen wurde immer lauter und es schien ihm, als käme es immer näher. Er musste unbedingt einen sicheren Platz zum Übernachten finden. Einen Platz, an dem er Schutz hatte und Feuer! Er brauchte unbedingt ein Feuer für die Nacht. Zum Glück hatte er einen Feuerstein in seinem Bündel. Holz gab es hier ja zu genüge. Wie oft hatte er mit seinem Vater schon ein Feuer entzündet? Das sollte auch heute für ihn hier kein Problem sein. Aber erst einmal musste er einen sicheren Platz finden. Das war das Wichtigste. Vom Plateau aus hatte er ganz in der Nähe, etwas südlich von hier, einige große Steine gesehen. Sie hatten eine gewisse Ähnlichkeit mit dem Altar aus seinem Dorf. Diese Steine galt es zu erreichen, denn die Nacht war schon bedrohlich nahe.

Da ertönte das Heulen wieder. Es war jetzt schon ganz nah und wurde nur von fernem, gelegentlichem Donnern übertönt. Er wusste, dass er sich jetzt sputen musste. Denn Donnern bedeutet Gewitter und Gewitter bedeutet Regen. Regen bedeutet kein Feuer und nur Feuer bietet in der Nacht Schutz vor all den Gefahren, die er nicht kannte. Und da – schon wieder dieses Heulen. Was das bedeutete, wusste er nicht. Panik stieg langsam in ihm auf. So schnell es ging versuchte er sich durch das struppige Gebüsch zu schlagen, um den Weg in Richtung der Steine nicht zu verlieren. War er noch in der richtigen Richtung unterwegs? Es gab keinerlei Anhaltspunkte oder Wildwechsel, denen er folgen konnte, oder sah er sie nur nicht? Dunkel drohte die Nacht am Himmel und zu allem Überfluss zogen die schweren Gewitterwolken schnell näher, zu schnell.

Zu den ersten Regentropfen, die er auf seinem Gesicht spürte, kamen auch ständig die Schläge der Zweige, die ihn wie Peitschen am ganzen Körper trafen. Zum dämmerigen Zwielicht kam noch hinzu, dass seine Tränen vor Schmerz und Angst die Sicht immer schlechter werden ließen. Unzählige Male hatte er seine nackten Füße an irgendwelchen Ästen oder Dornen gestoßen. Ein heller Blitz und das fast gleichzeitige Donnern ließ den Tränenfluss abrupt versiegen. Das Heulen, das jetzt überall um ihn herum zu sein schien, ließ ihn noch schneller rennen. War da nicht eben eine Gestalt, die im Blitzlicht aufgetaucht war, oder waren da schon die Steine? Da – ein Rascheln direkt hinter ihm und vor ihm, was war das? Ah, eine kleine Lichtung und mitten auf ihr die Steine. Aber ohne Feuer boten auch sie keinen Schutz. Er lief jetzt wie in Trance immer weiter auf die Steine zu und hinter sich vernahm er ein bedrohliches Knurren und Hecheln. War da nicht noch ein Messer in meinem Bündel?, fragte er sich. Aber zum Anhalten und Suchen war jetzt keine Zeit. Er versuchte zwar, im Laufen sein Bündel zu durchsuchen, doch gab er den Versuch rasch auf, da er seine Hände und Arme beim Laufen zum Halten des Gleichgewichts brauchte. Der Regen goss wie aus Kübeln. Das Wasser lief so an seinem zerschundenen Körper herunter. Durch die Kälte fühlte er sich taub und fast schmerzfrei, wie betäubt. Er musste zu den Steinen, koste es, was es wolle.

Da, wieder ein Blitz und zugleich ein fürchterlicher Donnerschlag. Hatte er da nicht eine Frau an den Steinen gesehen, die ihm zugewunken hatte? Ihr Antlitz glich dem eines Engels. Sie war wunderschön, hatte blondes, schulterlanges Haar mit rötlichen Strähnen. Ihre Augen waren blau und strahlten wie der wolkenlose Himmel bei schönstem Sonnenschein. Ihre Nase war schmal und länglich. Ihren sehr schlanken und hoch gewachsenen, aber doch wohlgeformten Körper konnte man unter ihrem Gewand nur erahnen.

Offensichtlich verlor er jetzt auch noch vor Angst den Verstand. Er hörte, wie ein Wolf zum Sprung in seine Richtung ansetzte. Er spürte den hechelnden Atem des Tieres, das ihm wohl jetzt gleich seine scharfen Zähne ins Fleisch schlagen würde.

In Todesangst und mit allerletzter Kraft sprang er in die Richtung, in der sein Geist ihm sagte, dort würde die Frau stehen. Sie streckte ihm ihre geöffneten Arme entgegen. Und noch während dieses Sprungs sagte er zu sich: Die Frau kann gar nicht hier sein – was sollte sie auch hier in diesem Unwetter machen und warum hat sie keine Angst vor den Tieren?

Ein greller Blitz erhellte das Szenarium und unendlich wohlige Wärme durchströmte in Wellen seinen Körper. Er sah, wie die Lichtung durch ein bläuliches Licht erhellt wurde. Ein ganzes Rudel Wölfe trat aus dem Wald auf die Lichtung und schaute scheu und ängstlich in seine Richtung. Was geschah da mit ihm? Eben noch dachte er, sein letztes Stündlein hätte geschlagen und im nächsten Moment fühlte er sich völlig schmerzfrei, glücklich und, ja, wundersam warm. Sein Körper schien im Nichts zu schweben und in seinem Kopf klang es so, als würden tausend Engel singen. Sie sangen seinen Namen: „Flowneklaf." Er tauchte ein in eine Welt aus Farben, Formen und Klängen. Er spürte eine zärtliche Hand seine Stirn berühren. In diesem Moment verlor er das Bewusstsein und damit auch die Erinnerung an sein bisheriges Leben.

Die Sulatinerin

„Hab keine Angst, sei ohne Sorge und höre mir zu." Die Schönheit dieser feengleichen Frau war überwältigend. Niemals zuvor hatte er solch ein Wesen gesehen. Ihre Stimme klang wie ein leises Flüstern, so zart wie Glas, und doch konnte er jedes Wort klar und deutlich verstehen. Es war, als würde sich der Klang der Worte erst in seinem Kopf entfalten. Es kam ihm vor, als würde sie singen. Ihre nackten Füße schienen den Boden nicht zu berühren. Ihr Gewand, das knapp über den Knöcheln endete, sah aus, als wäre es beinahe durchsichtig, aber ihr Körper blieb dennoch verborgen. Aus den weitgeschnittenen Ärmeln kamen ihre schlanken Hände hervor. Der tief geschnittene Ausschnitt ließ den Blick frei auf ein Amulett, das an einer langen silbrigen Kette hing, die ihren schmalen Hals betonte. Es waren drei kleine Spiralen, die sich drehten. Dieses Zeichen kam ihm bekannt vor, doch wusste er nicht, wo er es schon einmal gesehen hatte.

Obwohl es in Strömen regnete, war sie nicht nass und um sie herum schien der Regen abzuprallen, als würde über ihr eine Schutzglocke hängen. Auch er wurde von diesem Schirm geschützt und alle Schmerzen und die Kälte waren verschwunden. Ein Leuchten, als würde ein helles Feuer brennen, umgab sie beide. Es kam ihm so vor, als wäre er mit dieser Frau in einer leuchtenden Kugel. Alles außerhalb der Kugel schien zu verharren oder war wie eingefroren.

„Damals bat ich die Wölfe, über dieses Tal zu wachen, und sie taten, wie ihnen geheißen wurde. In all den langen Jahren verlernten sie, mit mir zu sprechen, doch sie hüten dieses Tal bis heute für mich. Das Schicksal hat dich zu mir geführt.

Schon seit Jahrhunderten steht geschrieben, dass ein Freund an diese Stelle tritt und den Weg fortschreitet, der einst begonnen wurde. Heute ist nun der Tag gekommen. Ich habe dich bereits erwartet. Du bist der Freund und es ist dein Vermächtnis, diesen Weg zu beschreiten. Du bist noch so jung und musst noch vieles lernen. Ich werde dich in den nächsten Monden auf meine Weise beobachten und begleiten. Lerne so viel, wie du kannst, und was immer dir erklärt wird, nimm es an. Begreife deine Freunde und verstehe deine Feinde. Sei gütig und bleibe fair, klage nicht. Du wirst viele neue wirkliche Freunde kennenlernen. Nimm ihre Hilfe an und hilf ihnen, wenn du kannst. Sprich zu deines Gleichen nicht von deiner Gabe, denn sie würden sie nicht verstehen und du würdest nur Spott und Hohn ernten. Etalsnart, deine Gabe ist nun in dir erweckt. Sie war schon immer in dir, du hast sie nur nicht zugelassen. Doch nun kann sie in dir wachsen. Höre und verstehe. Höre! Einen wie dich gibt es nicht noch ein zweites Mal. Trinke nun diese Arznei, sie wird dir bei deiner Genesung helfen und dir deine Schmerzen nehmen. Hier“, sie nahm die Kette von ihrem Hals und reichte sie ihm, „nimm dieses Amulett, es soll dir auf deinem Weg behilflich sein. Nun kann der zweite Teil beginnen, so wie es geschrieben steht. Wenn sich das Tor für dich öffnet, musst du bereit sein. Nun schlafe, denn du brauchst all deine Kraft. Deine Ausbildung kann nun beginnen.“

Behutsam drückte sie seinen Kopf in ihren Schoß und streichelte ihm mit ihrer Hand über den Kopf. Er wusste nicht, ob er sich wegen der Arznei so gut fühlte oder weil sie bei ihm war.

„Schlafe, Flowneklaf, schlafe, deine Zeit ist nah“, klang ihre Stimme zärtlich in seinen Ohren. Noch in Gedanken, aber nicht in der Lage Fragen zu stellen, wurde er immer ruhiger und langsam drang er immer tiefer in die Traumwelt ein.

***

„Lasst es, es ist ein Dragaziner. Ich habe doch gleich gesagt, die Mühe lohnt nicht“, hörte er eine tiefe Stimme sprechen.

„Nur ein wenig kosten“, vernahm er eine hohe Stimme.

„Du hattest gestern Abend deine Chance. Doch dann war da das Licht und er war bei ihr. Wer weiß schon, was das wieder bedeutet. Sie war lange schon nicht mehr hier. Lass ihn hier liegen und wir sehen dann später weiter, was wird.“

Flowneklaf wusste nicht, wo er war und was geschah. Jedoch plötzlich erinnerte er sich an die Wölfe, die Steine, die wunderschöne Frau und an das Licht.

„Kiesbart, lass den Dragaziner, wir kommen später wieder und schauen, was geworden ist.“

Erschrocken öffnete Flowneklaf die Augen. Er sah einen alten, grauen und einen jungen, tapsigen Wolf direkt neben sich. Der Junge hatte seine feuchte Nase direkt an seiner.

„Lasst mich in Ruhe, ich schmecke nicht!“, rief er erschrocken in seiner naiven Art. Er hatte den Satz noch nicht ganz gerufen, da verstand er, wie törìcht seine Worte waren. Bei beiden Tieren stellte sich augenblicklich das Nackenfell auf. Der kleine Wolf sprang erschrocken mit einem lauten Jaulen hinter den großen, wobei er sich fast in seiner tapsigen Art überschlagen hätte, und begann zu winseln.

„Ruhig, Kiesbart. Er spricht unsere Sprache“, hörte er die tiefe Stimme, „erstaunlich – jetzt weiß ich, warum die Sulatinerin hier war – habe keine Furcht, Kiesbart. Alles wird gut.“

Der große alte Wolf hob den Kopf und heulte aus Leibeskräften: „Auuuhhhhhhhuuu, koommmt, er ist da! Flowneklaf ist daaa!“ Und er wiederholte seinen Ruf: „Auuuhhhhhhh koommmt, er ist da! Flowneklaf ist daaa!“

Langsam füllte sich die Lichtung mit allerhand Getier. Er sah das ganze Wolfsrudel und hörte unzählige Stimmen. Falken kamen vom Himmel herab und ließen sich in unmittelbarer Nähe nieder. Langsam kamen alle Tiere auf ihn zu und er hörte die hohe Stimme des Wolfes, den der alte Wolf Kiesbart nannte: „Keine Angst, nun bist du sicher.“ Und der alte Wolf fügte hinzu: „Leinad, Herrscher der Falken, schicke deine Falken los und teilt es dem ganzen Tal mit: Flowneklaf ist da und der zweite Teil wird nun bald beginnen.“

Da verlor Flowneklaf erneut das Bewusstsein und sank in einen tiefen Schlaf.

Wenn die Hoffnung stirbt

Er war nun seit zwei Tagen und zwei Nächten unterwegs. Nur kurz hatte er geruht, vielleicht zwei Stunden pro Nacht, und dann immer mal wieder, um etwas zu trinken oder zu essen. Heute lief er nun schon seit vier Stunden an der immer steiler und höher werdenden Felswand entlang.

Eine Stunde noch, höchstens. Dann bin ich an der Stelle, an der mein Sohn den Abhang heruntergestürzt ist, dachte er. Die Sonne würde gleich aufgehen und er hoffte, seinen Sohn schnell finden und ihn dann in seine Arme schließen zu können.

Wenn ihn nur die verfluchten Wölfe in Ruhe gelassen haben, dachte er. In der ersten Nacht, als er durch dieses schreckliche Gewitter gegangen war, hatte er die Wölfe in der Ferne noch oft heulen gehört. Er hatte aber nicht zuordnen können, woher das Geheul gekommen war. Als er den letzten Bachlauf passierte, der im immer gleichen Abstand zur Felswand zu fließen schien, sah er genau die Stelle, an dessen Kante dieses vermaledeite Plateau gehangen hatte und an der der Vorsprung abgebrochen war. Wie oft schon in seinem Leben hatte er das Tal von dieser Stelle aus beobachtet? Wie eine Wunde klaffte nun dort ein heller Fleck. Auch der aufsteigende Teil der Felswand war an der Stelle aufgeschrammt, an der die Geröllmassen herabgestürzt waren.

Bei Silvanus, wer kann solch einen Sturz überleben?, dachte er und ging noch ein wenig schneller, doch sein Mut und seine Hoffnung wurden immer kleiner. Schließlich erreichte er die Stelle, an der die Geröllmassen lagen.

Mein Sohn, mein Sohn, wo bist du?, fragte er sich. Den ganzen Tag hob er die Steine von einer auf die andere Seite.

Mit bloßen Händen bewegte er Tonnen von Geröll. Einige Blöcke waren zu groß und zu schwer, um sie mit bloßer Hand zu bewegen. Er holte sich aus dem nahe gelegenen Wald große Äste, um mit ihnen mittels Hebelkraft die Steine auf die Seite zu räumen. Seine letzte Hoffnung bestand darin, zumindest den Leichnam seines Sohnes finden zu können.

Doch seine Mühe blieb vergebens. Er fand lediglich den Bogen und die Pfeile, die er seinem Sohn geschenkt hatte.

Wahrscheinlich haben ihn die Wölfe geholt, dachte er, doch nirgends war Blut oder Ähnliches zu finden. Keine Spur davon, dass Wölfe hier ein Mahl gehalten hätten.

Am Abend entfachte er ein riesiges Feuer in der Nähe der Geröllmassen und baute dort aus den Steinen des Vorsprungs einen Schrein zu Ehren seines Sohnes. In den Schrein stellte er die Pfeile und den Bogen sowie die Schuhe seines Sohnes als Andenken an ihn. Schließlich war er fertig. Er sank schluchzend zu Boden und weinte sich in den Schlaf. Das Feuer brannte bis zum anderen Morgen und er erwachte in der gleichen Position, in der er am Vorabend zu Boden gesunken war. Seine blutigen Hände waren übersäht von Blasen und Schnitten, die er sich beim Bewegen des Gerölls zugefügt hatte. Auch seine Füße waren wund und an vielen Stellen offen vom vielen Laufen der letzten Tage.

Es schossen ihm viele Gedanken durch den Kopf: Mindestens achtzehn Tage war er von Zuhause fort. Achtzehn Tage, an denen er sich überlegen musste, wie er seiner Frau sagen sollte, dass ihr Sohn nie wieder zu ihr zurückkehren würde.

Tiefe Trauer über das Leid, das er seiner Frau angetan hatte, überkam ihn. Dies würde der schwerste Weg seines Lebens werden. Er blieb noch einen weiteren Tag und eine weitere Nacht, dann setzte er sich in Bewegung; einen Fuß vor den anderen. Tonnenschwer drückte die Last auf seine Schultern. All seine Schmerzen an Händen und Füßen waren nichts im Vergleich zu den Qualen, die seine Seele in dieser Zeit durchmachten. Er war nicht in der Lage, den Falken zu bemerken, der ihn die ganze Zeit auf seinen Weg begleitete und unentwegt schrie: „Mach dir keine Sorgen, er lebt. Flowneklaf lebt, er ist zu uns gekommen, endlich."

Er hätte den Falken ja auch ohnehin nicht verstanden.

Erwachen

Allmählich erwachte Flowneklaf aus seinem tiefen Schlaf und dachte: Was für ein merkwürdiger Traum. Er schnellte von seinem Bett hoch. Autsch. Das war sein Kopf, den er sich hart an einer Steindecke angeschlagen hatte. Stockfinster war es hier, aber warm. Von weitem hörte er ein Gespräch. Es war aber zu weit entfernt, als dass er etwas hätte verstehen können. Er tastete behutsam seine Umgebung ab. Er lag weich und, wie er feststellen konnte, war es eine Mischung aus Blättern und Heu. Es fühlte sich so an, als habe jemand für ihn einen Lagerplatz an dieser Stelle errichtet. Offensichtlich befand er sich in einer Höhle, die allerdings sehr niedrig war. Wie war er hierhergekommen? Wo war er? Wer war er? Ein Bündel lag neben seinem Lager. Es schien ihm zu gehören. Von links hörte er ein schnarchendes Geräusch. Er tastete sich langsam in die Richtung, aus der das Geräusch zu hören war. Auf dem felsigen Boden zu kriechen, war sehr unangenehm – zumal seine Knie und Hände schmerzten. Er konnte im Dunklen nichts erkennen, aber er kroch dennoch weiter, bis er plötzlich weiches Fell an seiner Hand spürte.

„Lass mich schlafen“, hörte er eine hohe Stimme. Was war das? Vor ihm lag offensichtlich ein Tier, das zu ihm sprach. Voller Furcht sagte er leise: „Entschuldigung vielmals.“ Mit einem lauten Junken, das sich wie ein „bei den Göttern“ anhörte, preschte das eben noch schlafende Tier vor ihm von dannen.

„Hey, warte, was ist passiert? Warum läufst du weg? Was mache ich hier?“, rief er dem Tier nach. Plötzlich sah er vor sich ein grün leuchtendes Augenpaar und er vernahm eine tiefe Stimme, die zu ihm sprach: „Hab keine Angst, Dragaziner. Du bist mit lautem Getöse vom Himmel gefallen und wir sind dir bis zu den Steinen gefolgt. Wir haben dich in unsere Höhle gebracht und wir heißen dich willkommen. Du hast nunmehr sieben Tage und Nächte hier geschlafen. Ich bin Arkrobar, das Oberhaupt dieser Wölfe. Du stehst nun unter unserem Schutz und kein Wolf in diesem Tal wird dir fortan Böses wollen. Komme heraus ans Licht, damit du uns alle kennenlernst. Ach, der Kleine, der dich eben so mutig verlassen hat, ist mein Sohn. Er hat dich die letzten Tage mit Kräutern versorgt und dich mit seinem Körper in der Nacht gewärmt. Sein Name ist Kiesbart und er wird dir in der nächsten Zeit zur Seite stehen. Aber nun komm heraus, wir haben Hasen gejagt. Du wirst Hunger haben."

Flowneklaf konnte es immer noch nicht fassen, was da gerade geschah. Er konnte die Wölfe verstehen und es schien ihm, dass das so richtig sei. Er tastete an seine Brust, da war das Amulett. Er erinnerte sich nur sehr vage an die Begegnung mit der wunderschönen Frau. Langsam kroch er dem alten Wolf hinterher und sah nach kurzer Zeit den Höhlenausgang. Das Sonnenlicht fiel in den Eingangsbereich und er sah etwa zwanzig Wölfe, die miteinander tuschelten. Einige Wortfetzen drangen an sein Ohr. Sie klangen wie: „Schau nur, wie wenig Haare er hat", „Stell dir vor, Kiesbart wollte ihn tatsächlich fressen" oder „Nee, wie hässlich sieht der denn aus". Die Wölfe blieben rechts und links von ihm stehen und bildeten so ein Spalier. Er wusste die Ausdrücke in ihren Gesichtern nicht zu deuten, aber irgendwie verspürte er keine Furcht, sondern blindes Vertrauen. Vor der Höhle wartete Kiesbart. Seine Rute war zwischen seine Hinterläufe eingeklemmt und sein Fell im Nacken stand fast senkrecht nach oben.

„Kiesbart, ich danke Euch für Eure Hilfe und ich werde mein Lebtag in Eurer Schuld stehen. Arkrobar, Ihr könnt stolz auf Euren Sohn sein“, sprach er. Das tat der Wolfsseele gut. Kiesbarts Nackenfell senkte sich und seine Rute löste sich und er begann damit zu wedeln. Kaum merklich hob er stolz ein wenig seinen Kopf. In diesem Moment wusste Flowneklaf, dass er in Kiesbart einen Freund gefunden hatte.

„Bringt ihm was zu essen!“, hörte er Arkrobar sagen und einen kurzen Moment später ließ ein großer, grauer Wolf ein Stück rohes Fleisch vor ihm fallen. Es kostete ihn einiges an Überwindung, das rohe Stück Fleisch zu essen, doch er hatte großen Hunger. Beim Essen kam ihm der Gedanke, dass er Fleisch schon einmal gegessen hatte, aber nicht roh, sondern … Ah Feuer, man musste es über ein Feuer halten. Es fiel im auch wieder ein, wie man ein Feuer entfacht.

Heute Abend werde ich ein Feuer entzünden, schoss es ihm durch den Kopf. Sie saßen noch lange vor der Höhle und vorsichtig kamen alle Wölfe der Sippe an, um an ihm zu schnuppern.

„Wir lernen, schmecken und begreifen vieles mit unserer Nase“, erklärte ihm Kiesbart.

„Wir können uns diese Gerüche merken und werden dich an deinem Geruch immer wieder erkennen. Jeder von uns riecht anders, findest du nicht auch?“, fügte er hinzu.

Doch so viel Mühe er sich auch gab, irgendwie rochen sie doch alle gleich, mehr oder weniger. Am Abend öffnete er das Bündel, das neben ihm gelegen hatte, und er schaute verdutzt auf die Dinge, die er dort fand. Nichts davon schien ihm zu gehören und trotzdem waren ihm diese Dinge merkwürdig vertraut. Zum Beispiel der Feuerstein. Er nahm ihn in die Hand und wusste augenblicklich, wie er ihn zu benutzen hatte. Da war auch ein Buch mit genauen Anleitungen zur Herstellung von Salben, mit Beschreibungen von allerhand Kräutern und Gewürzen. Er kannte all diese Dinge, aber er wusste nicht, woher.

„Komm Kiesbart, ich zeige dir, wie man ein Feuer entfacht.“ Mit diesen Worten ging er los und holte trockenes Gras, kleine Äste und begann, eine Feuerstelle zu errichten. Die Wölfe, einschließlich Kiesbart, schauten verdutzt zu, was er dort tat. Als er den Feuerstein gegen einen anderen schlug und die Funken flogen, gingen die ersten Wölfe einige Schritte von ihm weg. Das Gras begann zu glimmen und er pustete vorsichtig, sodass das Gras langsam zu brennen anfing.

„Lauft, lauft, er hat die rot gelbe Hitze geweckt!“, heulten einige von ihnen und liefen davon. Kiesbart jedoch blieb ängstlich hinter ihm.

„Hab keine Angst, es tut dir nicht weh, wenn du nicht so nah herangehst. Ich kann damit umgehen. Irgendwer hat mir gezeigt, wie das funktioniert, aber ich erinnere mich nicht mehr, wer das war. Ich wusste nicht, dass ihr Wölfe das Feuer fürchtet. Ich werde es nur entfachen, um Essen zu bereiten oder um uns zu beschützen und uns daran zu wärmen.“

Nach einigen Tagen und vielen Gesprächen konnte er den Wölfen zumindest ein wenig von ihrer Angst vor dem Feuer nehmen. Zu gerne hätte er an ihrer Jagd teilgenommen, aber er war einfach nicht schnell genug. Sein geringer Beitrag zur täglichen Essensbeschaffung beschränkte sich auf das Sammeln von Beeren, Kräutern und Gewürzen, wobei nur wenige der Wölfe etwas für die „Pflanzen“ übrighatten. Immer, wenn sie ihm ein Stück Fleisch anboten, entfachte er ein Feuer und ließ dieses darauf garen. Er konnte sich nicht an die fleischige Rohkost gewöhnen. Inzwischen hatte er herausgefunden, mit welchen Gewürzen er sein Essen schmackhafter zubereiten konnte. Kiesbart war einer von den Wölfen, denen anscheinend alles schmeckte, was er ihnen anbot, und so rückten sie immer näher zusammen. Aus ein paar Resten Fell, die offensichtlich von einem Hasen waren, fertigte sich Flowneklaf ein Paar Schuhe an. Kiesbart fand den Gedanken lustig, sein Fell an- und ausziehen zu können, aber eigentlich fand er es eher unpraktisch.

Arkrobar beobachtete dies alles aus dem Hintergrund und freute sich, dass sein Sohn offensichtlich der Begleiter des Freundes sein würde, so wie es die Oberhäupter der Wölfe seit Generationen ihren Nachfolgern erzählt hatten. Wie hatte sein Vater es ihm in seinen letzten Tagen gesagt?

„Der Freund der Wölfe und Falken wird den Weg nicht alleine beschreiten. Einer von den unseren wird ihn begleiten und ihn stützen, wo er sonst keine Stütze findet. Er wird die Wahl treffen, ohne dass er wählt und der Gewählte wird nicht wissen, dass die Wahl auf ihn gefallen ist."

Und so erfüllte sich sein Herz mit Stolz. Sein Sohn würde eines Tages der Herr der Wölfe werden und man würde ihn überall kennen. Nicht nur hier, hier, in dem vergessenen Land.

Die Erkundung

Flowneklaf konnte sich noch immer nicht erklären, woher seine Wunden stammten. Daher bot Kiesbart ihm an, ihm die Stelle zu zeigen, an die das laute Getöse sie vor einigen Wochen geführt hatte. Und so zogen sie am nächsten Morgen los. Flowneklaf erzählte Kiesbart von der Begegnung mit der Frau, die die Wölfe Sulatinerin nannten.

„Ich kenne sie nur aus Erzählungen und ich glaube, das geht allen aus unserer Familie so. Man sagt, wir, die Wölfe, hätten damals von ihr den Auftrag bekommen, dieses Tal zu beschützen. Es heißt, sie käme noch aus der Zeit vor der großen Katastrophe, also aus der Zeit, bevor die Grevwalder verschwanden. Ich sage, das ist alles Quatsch. So alt wird doch keiner. Obwohl, ich hätte auch nicht gedacht, dass ich mit einem Dragaziner reden würde. Arkrobar, mein Vater, hat gesagt, sie kommt nur alle zwanzig Jahre und schaut nach dem Rechten. Niemand von uns hat je mit ihr gesprochen. Sie versteht uns halt nicht. Was hat sie zu dir gesagt und was will sie von dir?“

„Ich kann es dir nicht erzählen, denn es war alles so verwirrend. Lass uns auch an der Stelle vorbeigehen, an der die Steine stehen, wo ich sie getroffen habe. Sie hat gesagt, sie will mich beobachten und begleiten. Vielleicht treffen wir sie ja“, erwiderte Flowneklaf.

Und so gingen sie durch den Wald, wo es vieles zu entdecken gab. Kiesbart konnte zu fast jeder Pflanze, die sie fanden, etwas sagen und Flowneklaf schrieb alles in das kleine Buch.

„Warum kratzt du eigentlich immer auf diesem … Etwas herum, wenn ich dir was erzähle?“, wurde er von Kiesbart irgendwann gefragt.

„Nun“, setzte Flowneklaf an und drehte das Buch in Kiesbarts Richtung, „was ich hier tue, nennt man Schreiben und Skizzieren und dieses *Etwas* bezeichnet man als Buch. Wenn du mir zum Beispiel sagst, die rote Frucht der Albendazolitra helfe dir bei Juckreiz, dann notiere ich das in dieses Buch und zeichne eine Skizze der Frucht daneben. So merke ich mir, wofür welche Pflanze gut ist.“

Kiesbart erwiderte: „So etwas habe ich schon oft gesehen.“

„Was, die rote Frucht, die ich gezeichnet habe?“, fragte Flowneklaf.

„Nein, die auch. Ich meine solch ein merkwürdiges Gekritzel“, antwortete Kiesbart.

„Und wo?“, fragte Flowneklaf gespannt.

„Tiefer im Tal, in Richtung der Seen, da gibt es noch mehr alte Steine. Darauf ist viel so rumgekritzelt. Aber das ist zu weit weg, da dürfen wir nicht hin“, antwortete Kiesbart enttäuscht, er hätte Flowneklaf zu gerne die Stelle gezeigt.

In diesem Moment entbrannte in Flowneklaf die Neugierde und er war sich sicher, sich in kürzester Zeit aufzumachen, um diese, wie Kiesbart sagte, seltsamen „Steine“ genauer zu betrachten.

„Ist es noch sehr weit bis zu der Stelle, an der das laute Getöse war?“, fragte Flowneklaf in Gedanken versunken und Kiesbart erwiderte: „Nein, siehst du da hinten das Ende des Tals? Diese Wand ist die Grenze zum Hochland. Wir gehen nur sehr selten dorthin. An dieser Wand haben die Falken ihre Lager. Von dort können sie das Tal überblicken und haben niemanden zu fürchten. Hier, in dieser Ecke des Tals, kann man noch seltener einen von deiner Art sehen. Da, sieh, dort oben fliegt einer der Falken, er ist schon den ganzen Tag über unseren Köpfen. Normalerweise finden die uns nicht so interessant."

„Hey, du, komm herunter, wenn du dich traust!", rief Flowneklaf mehr aus Spaß als im Ernst. Doch der Falke setzte sofort zum Sturzflug an und raste auf sie zu. Erschrocken sprang Flowneklaf zur Seite und der Falke landete direkt neben ihm auf einem hohen Stein und schaute ihn an. Kiesbart stellte sein Nackenfell auf und knurrte.

„Ich traue mich, denn man nennt mich Leinad. Ich bin der Herrscher der Falken, Ihr habt mich gerufen. Was ist Euer Begehr?", pfiff der Falke und Flowneklaf starrte ihn erstaunt an.

„Ich wusste nicht, dass Ihr mich versteht, Leinad. Man nennt mich Flowneklaf, Flowneklaf den Dragaziner. Ich bin mit meinem Gefährten Kiesbart auf Wanderschaft an den Rand des Tales."

„Ich weiß sehr wohl, wer Ihr seid. Sei gewiss, wir Falken haben stets ein Auge auf Euch", unterbrach er Flowneklaf und wandte sich Kiesbart zu. „Weiß Euer Vater, dass Ihr so weit von Zuhause entfernt durch die Wildnis lauft? Seid auf der Hut, es lauern viele Gefahren in dieser Gegend, auch für ein Gespann wie das Eure." Mit diesen Worten wandte er sich wieder Flowneklaf zu und starrte ihn an, dabei ruckte sein Kopf immer wieder von der einen auf die andere Seite.

„Nun sei's drum, Ihr habt mich gerufen und nun bin ich einmal hier. Gibt es etwas, was ich für Euch tun kann?"

„Hm", begann Flowneklaf, „wir haben Euch schon zu viel von Eurer kostbaren Zeit gestohlen. Habt Dank, Leinad, aber wir müssen jetzt auch weiter, denn unser Ziel ist nah."

Mit einem kräftigen Flügelschlag hob der Falke vom Boden ab und ein paar Sekunden später war er auch schon am

Himmel verschwunden.

„Wir haben Euch schon zuviel von Eurer kostbaren Zeit gestohlen“, äffte Kiesbart Flowneklaf nach, „warum sprichst du so geschwollen mit dem Vogel?“

„Bei dem Titel *Herrscher der Falken* schien mir das angebracht“, erwiderte Flowneklaf. Kiesbart hob langsam und sehr edel sein Kinn und sprach übertrieben vornehm: „Arkrobar ist das Oberhaupt der Wölfe, damit bin ich quasi Prinz Kiesbart, Sohn des Arkrobar, und du sprichst mit mir wie mit einem Normalwolf?“ Er konnte sich vor lachen kaum noch halten.

„Sodann, Prinz Kiesbart, lasst uns nun die letzten Schritte hinfort schreiten, sodass wir unserem Ziel näherkommen mögen. Damit es uns gelingen möge, den Sachverhalt der Unklarheit bei Seite zu räumen, und so die Klarheit an deren Stelle treten kann.“ Als Flowneklaf diese Worte aussprach, fielen er und Kiesbart lachend zu Boden. Ohne es zu ahnen, waren sie dadurch im Begriff, das Band ihrer Freundschaft fester zu knüpfen.

Nach einiger Zeit kamen sie an einen Bach. Jetzt wäre es nicht mehr allzu weit und tatsächlich erkannte Flowneklaf, dass an der oberen Kante der Felswand offenbar ein Stück abgebrochen war. Man konnte erkennen, dass jemand das Geröll hier unten durchsucht hatte. Hier lagen lange Baumstämme, an deren Rinde Spuren zu erkennen waren, die nur entstehen, wenn man sie als Hebel einsetzt. Irgendjemand hatte aus Teilen des Gerölls eine Art kleines Haus gebaut. Flowneklaf ging darauf zu und stellte mit Erstaunen fest, dass darin Schuhe lagen. Wer um alles in der Welt stellt seine Schuhe hier ab? Flowneklaf nahm die Schuhe und versuchte sie anzuziehen. Sieh da, sie passten, als wären es die seinen.

Endlich hatte er richtige Schuhe. An der Seite des kleinen Hauses stand ein Köcher mit Pfeilen und ein Bogen. Flowneklaf wunderte sich und Kiesbart fragte ihn, was er damit anfangen wolle.

„Das werde ich dir bei der nächsten Gelegenheit zeigen, du wirst erstaunt sein. Ich denke, wir sollten heute Nacht hier in der Nähe bleiben und morgen dann zurück zu den Wölfen gehen“, schlug Flowneklaf vor und sie suchten sich ein schönes bequemes Lager und Flowneklaf entzündete ein Feuer. Immer, wenn Flowneklaf den Bogen berührte, überkam ihm ein seltsames Gefühl der Vertrautheit. Er kannte diesen Bogen und auch die Schuhe, die er trug, Er kannte sie, nein, es war mehr, es waren seine, aber er wusste nicht, woher und wieso. Kiesbart lag, wie schon so oft, tief schlafend neben ihm und ließ sich ein wenig den Nacken kraulen. Mit einem leisen Pfeifen kam Leinad herbeigeflogen und setzte sich, so, als wäre es schon immer so gewesen, neben ihn.

„Nun höre zu, Flowneklaf, was ich dir zu erzählen habe. Vor einigen Wochen war hier das große Getöse. Ein Stück der Felswand da oben ist abgebrochen und du bist mit diesem Geröll ins Tal gekommen. Nach ein paar Tagen kam ein Dragaziner ins Tal. Er ist der einzige Dragaziner, der unser Tal regelmäßig besucht. Er hat den ganzen Tag im Geröll gesucht – ich denke, er suchte nach dir. Am Abend entfachte er ein Feuer und baute dieses kleine Gebilde. Am nächsten Morgen ging er fort. Ich denke, du solltest das wissen, denn ich glaube, der Dragaziner war ein Freund von dir. Er schien mir sehr traurig.“

„Hab Dank, Leinad, ich weiß nicht, wer oder was er war, aber ich denke, dass ich es eines Tages ergründen werde. Morgen gehen wir zurück zu den Wölfen“, antwortete Flowneklaf.

„Gib Acht auf den kleinen Kiesbart, er tut schon so groß, doch er ist noch ein sehr junger und kleiner Wolf. Sieh nur, wie tief er schläft. Ein großer Wolf würde nie, wenn er alleine ist, so tief schlafen. Er vertraut dir, enttäusche ihn nicht", sprach der Falke und so leise, wie er gekommen war, flog er auch wieder davon.

Flowneklaf saß noch lange da und ließ seine Gedanken schweifen. Wer war er und was machte er hier? Für einen kurzen Moment dachte er, er würde sich an eine Frau erinnern, doch noch bevor er das Wort Mutter in seinem Kopf formen konnte, war ihr Bild auch schon wieder verschwunden.

Schmerz verbindet

„Komm, ich kenne eine Abkürzung“, rief Kiesbart und stürmte voran. Es erstaunte Flowneklaf immer wieder, mit welcher unbändigen Kraft dieser kleine Wolf durch das Dickicht lief. Sie waren jetzt schon einige Tage unterwegs. Nun wollten sie einen kleinen Bogen gehen, um zu den Steinen zu gelangen, an denen Flowneklaf auf die Frau gestoßen war. Kiesbart hatte heute einen von diesen hibbeligen Tagen. Er fand einfach keine Ruhe und war ständig in Bewegung. Als sich das Dickicht des Waldes plötzlich vor ihnen öffnete, erkannte Flowneklaf sofort die Steine wieder. Ja, diesen Ort hatte er schon einmal gesehen. Er konnte die Energie spüren, die von diesen Steinen ausging. Kiesbart hatte die Steine bereits erreicht und rannte wie wild hin und her. Als Flowneklaf dann auch endlich ankam, fühlte er Wärme, die ihn durchströmte.

„Ja, hier bin ich schon einmal gewesen“, sagte er mehr zu sich selbst als zu Kiesbart. Vorsichtig ließ er seine Finger über die Steine gleiten. Sie fühlten sich warm an, so, als würden sie leben. An einigen Stellen waren Schriftzeichen zu erahnen, die die Zeit fast ausradiert hatte. Diese Steine waren alt, sehr alt. Es schien ihm, als würde er die Stimme der Frau in seinem Kopf erneut hören, doch er fühlte, dass sie hier heute nicht erscheinen würde. Er ließ sich auf dem Boden nieder und nahm die Energie in sich auf, die die Steine ausstrahlten. Eine feuchte Zunge holte ihn aus seinem Trancezustand heraus.

„Und, kommt die Frau jetzt noch oder können wir weitergehen?“, fragte Kiesbart und Flowneklaf lächelte ihn an und sagte: „Nein, ich glaube, heute ist es schlecht. Lass uns nach

Hause gehen, du bist der Scout."

Und so gingen sie los. Kiesbart kannte eine Abkürzung.

„Jetzt musst du Acht geben, da vorne geht es bergab und der Weg scheint nicht weiterzugehen. Aber folge mir einfach und du wirst sehen, es geht doch weiter", so Kiesbart.

Sie waren die letzte halbe Stunde stetig bergauf gegangen und hatten jetzt einen kleinen Hügel bestiegen. Tatsächlich waren hier oben viele Löcher, die zwischen sieben und zwölf Meter tief waren und deren Durchmesser zwischen zwanzig und dreißig Meter betrugen. Hier gab es keinen Weg außer den Folgenden: Auf der einen Seite herunter zu rutschen und auf der anderen wieder hoch zu klettern.

„Wie sagt mein Vater immer – die kürzeste Verbindung zwischen zwei Punkten ist die Gerade", rief Kiesbart und rutschte schon das nächste Loch herunter, sodass Flowneklaf die nächsten Sätze fast nicht verstand.

„Niemand weiß, wer diese Löcher gegraben hat oder wie sie entstanden sind. Aber langsam zerfallen die Ränder der Löcher und darum müssen wir ein wenig aufpassen." Und tatsächlich konnte man erkennen, dass ganze Wurzeln von Bäumen, die am Rande dieser Löcher standen, langsam, aber sicher von Wind und Wetter freigelegt wurden und in die Löcher zu fallen drohten. Nachdem sie vier dieser Löcher durchquert hatten, hatten sie endlich wieder ebenen Boden unter den Füßen und Kiesbart stob schnell wie ein Blitz voran.

Wie viel Energie in einem solchen Wolf steckt, dachte Flowneklaf, als plötzlich ein jämmerliches Jaulen seine Gedanken durchschnitt. Zuerst konnte er nicht genau ausmachen, woher es kam, doch bald fand er die richtige Richtung.

„Kiesbart, Kiesbart, ich komme!", rief er und lief so schnell er konnte. Zweige schlugen ihm ins Gesicht und dann sah er Kiesbart mitten in einem Eiterefeu sitzen, von dem ein fast unerträglicher Geruch ausströmte. Die rechte Pfote hatte Kiesbart angewinkelt. Blut tropfte herunter. Der kleine Wolf versuchte tapfer zu sein, doch der Schmerz war zu stark und als er Flowneklaf sah, heulte er aus vollem Wolfsherzen. Vorsichtig zog Flowneklaf den kleinen Wolf aus der Pflanze, immer darauf bedacht, nicht selber einen Stachel abzubekommen. Danach nahm er behutsam die Pfote seines Freundes und untersuchte sie.

„Das ist nicht so schlimm", log er, denn ein dicker Stachel hatte sich in seine Pfote gebohrt. Es war tatsächlich ein Stachel des Eiterefeus, dessen Gift unsagbare Schmerzen und Lähmungen auslöste. Sinn und Zweck dieses Giftes war, dass sich das Opfer nicht mehr bewegen konnte, sodass der Eiterefeu dieses umschlingen und dann auszehren konnte. Auf eine solche Pflanze zu stoßen war sehr unwahrscheinlich, da sie sehr selten vorkam. Ihr Geruch hielt eigentlich viele Tiere von ihr fern. All dies stand in dem kleinen Buch, über dessen Existenz er sich nun mehr denn je freute.

„Komm, Kiesbart, ich trage dich ein Stück von hier fort und dann werde ich dich behandeln." Vorsichtig nahm er den Wolf auf den Arm und er war froh, dass sein Freund noch nicht voll ausgewachsen war. So konnte er ihn doch noch tragen. Nach einigen Metern setzte er Kiesbart auf den Boden und sprach zu ihm: „Ich werde ein Feuer entfachen, denn das Gift in deiner Pfote will dich lähmen. Nur Wärme kann das Gift unschädlich machen. Mein Freund, ich komme gleich wieder, wenn ich Feuerholz habe. So lange musst du hier alleine bleiben."

Mit einem Junken und einem „lass mich nicht alleine"-Blick

sagte Kiesbart mit zittriger Stimme nur drei Worte: „Beeile dich. Bitte."

Flowneklaf schnappte sich im Rennen kleine Stöckchen und etwas Gras, ein paar Kieselsteine und zwei bis drei lange Blätter der Kompressilia. Jetzt noch ein wenig von der Asperitas. Ja, das würde reichen. Bei alldem versuchte er, immer im Blickfeld von Kiesbart zu bleiben. Mit wenigen Schritten war er bei seinem Freund, dem man die beginnende Lähmung und die Angst schon ansehen konnte. Er musste sich beeilen, die Lähmung durfte nicht aus dem Bein in den Körper strahlen, denn dann wäre sein Freund verloren. Schnell entfachte er ein Feuer und legte einige Kieselsteine an den Rand, damit sie warm würden. Nun nahm er Kiesbarts Pfote und zog mit einer raschen Bewegung den Stachel heraus. Ein Zucken ging durch Kiesbarts Körper und die Lefzen zogen sich nach oben.

„Vertraue mir, Freund", sagte Flowneklaf, „ich versuche, etwas von dem Gift auszusaugen. Dann lege ich dir ein paar warme Steine um deine Pfote und dein Bein. Das wird kurz warm, aber nur so können wir das Gift stoppen."

Er saugte kräftig an der Wunde und spuckte das Gift rasch wieder aus. Dann nahm er die Steine und wickelte sie mit den Blättern der Kompressilia von der Pfote bis hoch zur Schulter. Kiesbart sackte zusammen und blieb im Schoß von Flowneklaf liegen, der ihm die ganze Nacht den Nacken kraulte. Nur kurz legte er seinen Freund zur Seite, um das Feuer zu nähren. Er hatte Tränen in den Augen. War er schnell genug gewesen, um Kiesbart zu retten? Die Atmung des Wolfes war sehr flach. Hin und wieder tauschte Flowneklaf die kleinen Kieselsteine gegen warme aus und legte seinem Freund geriebene Asperitasblätter in das Maul. Die Wirkung der Blätter würde sich über die Schleimhäute entfalten und sollte die Schmerzen dann lindern. Ab und zu kam ein schwaches Brummen und Junken aus dem Körper auf seinem Schoß. Mehr Leben war nicht zu erkennen.

Eine feuchte Zunge glitschte über seine Nase. Er musste eingenickt sein – obwohl, das Feuer neben ihm brannte noch.

„Guten Morgen, mein Freund“, ertönte es zittrig von Kiesbart, „ich denke, es geht mir wieder besser. Ich habe nur so einen bitteren Geschmack im Maul, komisch.“ Kiesbart versuchte sich aufzurichten, doch er sank wieder zusammen. Er war einfach noch zu schwach, jedoch schien das Schlimmste überstanden. Flowneklaf reichte ihm etwas Wasser und tauschte zum letzten Mal die Kieselsteine.

„Der Geschmack kommt von den Asperitasblättern. Ich habe sie dir ins Maul gesteckt, sie sind gut gegen Schmerzen. Komm, ich werde dich tragen, damit wir nach Hause kommen. Doch zuerst werde ich uns etwas zu essen besorgen.“

Mit diesen Worten wandte er sich ab, nahm Pfeil und Bogen und ging auf die Pirsch. Es dauerte auch gar nicht lange und er hatte zwei große Hasen erlegt. Stolz kam er zu Kiesbart zurück und fragte ihn: „Roh oder gebraten?“ Kiesbart erwiderte, um sich bei seinem Freund zu bedanken: „Natürlich gebraten. Hase à la Flowneklaf. Es gibt nichts Besseres.“

Nach dem Essen nahm Flowneklaf Kiesbart auf den Arm und sie gingen langsam in Richtung Heimat. Es dauerte drei Tage, bis sie das Rudel endlich erreichten. Kiesbart versuchte immer wieder, kleinere Abschnitte des Weges selber zurückzulegen. Doch die meiste Zeit musste Flowneklaf ihn tragen. In das Lager der Wölfe allerdings ging Kiesbart auf allen vier Pfoten. Flowneklaf bestand darauf, damit die anderen Wölfe nicht sahen, wie er ihn trug. Kiesbart lahmte zwar noch etwas und es wäre ihm auch egal gewesen, wenn Flowneklaf ihn getragen hätte, denn das was Flowneklaf für ihn getan hatte, konnte er ihm nie wiedergutmachen. Er war stolz, neben seinem Freund ins Lager zurückzukehren. Arkrobar trat ihnen in den Weg. Über ihm auf einem Ast saß Leinad und schaute sie argwöhnisch an.

„Leinad berichtete mir von eurem Ausflug. Ihr habt sehr lange für den Rückweg gebraucht. Was hat euch aufgehalten und was wolltet ihr dort, so weit weg von hier?"

Flowneklaf hatte den Falken in den letzten Tagen immer wieder gesehen und wusste, dass er wahrscheinlich Arkrobar Bericht erstattet hatte.

„Pflanzenkunde, ja, Pflanzenkunde. Mir sind da einige sehr seltsame Pflanzen in die Quere gekommen, die ich unbedingt näher betrachten wollte. Kiesbart bat mich ständig, schneller zu gehen, doch ich hatte die Befürchtung, diese seltenen Pflanzen nie wiederzufinden. Verzeiht mir, die Schuld an dem Ausflug und für unser spätes Kommen liegt gänzlich bei mir."

Kiesbart erwiderte empört: „Das stimmt nicht, Vater, es ist meine Schuld, Flowneklaf wollte sich nur kurz die Stelle anschauen, wo die Falken wohnen, und auf dem Rückweg bin ich dann …"

„Schon gut, ihr zwei. Es ehrt euch, dass ihr euch gegenseitig schützt. Leinad, mein Freund, hat mir von eurem Ausflug berichtet, aber nur, weil er gesehen hat, wie du dich verletzt hast und er nicht wusste, ob ihr Hilfe braucht", sprach Arkrobar zu Kiesbart und wandte sich dann an Flowneklaf: „Ich danke dir, du hast das Leben meines Sohnes gerettet und hast in dieser schlimmen Zeit für euch beide gesorgt. Als

Leinad uns berichtet hat, was passiert ist, bin ich mit zwei aus unserem Rudel sofort zu euch aufgebrochen. Verzeiht, dass wir nicht eingeschritten haben, aber ihr zwei habt euch so wacker geschlagen und wir wollten euch dieses gemeinsame Erlebnis nicht nehmen. Bei uns ist es üblich, dass immer zwei zusammen die Probe ablegen und auf große Wanderung gehen. Der Rat hat daher beschlossen, dass du, Flowneklaf, und mein Sohn Kiesbart dieses Jahr zusammen loszieht. Ihr habt bereits bewiesen, dass ihr ein gutes Rudel seid, in dem der eine auf den anderen achtet und für ihn da ist. Erholt euch jetzt erst mal von eurem Ausflug und kommt wieder auf eure Pfoten. Eure Aufgabe soll es dann sein, bis an das Ende des Tals zu wandern. Dort, wo alle Bäche in einen immer größer werdenden Fluss münden, sollt ihr eure Aufgabe bestehen."

Die große Wanderung

Der Wald schien an dieser Stelle besonders dicht zu sein. Flowneklaf wunderte sich, wie sein Freund so geschwind durch das Unterholz laufen konnte, ohne sich ständig zu stoßen. Es war schon enorm, welche Strecke er am Tag zurücklegte. Oft blieb sein Freund aber auch an seiner Seite und sie genossen einfach die Schönheit der Natur oder sie unterhielten sich angeregt über dieses und jenes. Gelegentlich lief sein Freund, als habe ihn ein Drasvers gestochen, hin und her und auf und ab. Hin und wieder konnten sie einen ausgetrockneten Bachlauf als Weg nutzen. Meistens jedoch mussten sie sich einen Weg durch das Unterholz schlagen. Flowneklaf überlegte schon, ob sie nicht besser umkehren sollten, doch Kiesbart konnte ihn immer wieder zum Weitergehen überreden.

„Du hast gut reden, du kannst ja fast überall drunter herlaufen.“

„Aber du kannst fast überall über alles hinweg steigen.“

Zu ihrer rechten Seite wurde der Wald langsam lichter. Allerdings erkannten sie sehr schnell, dass dies ein kleiner See war, dessen Wasseroberfläche mit einer grünen Algenschicht bedeckt war, sodass die Fläche auf den ersten Blick wie eine Graslandschaft aussah. Einmal schon war Kiesbart in vollem Lauf in einen solchen See hineingerannt und meinte anschließend, er habe nur ein Bad nehmen wollen. Doch seine erstaunten Augen verrieten ihn. Flowneklaf hatte seinen Freund aber in dem Glauben gelassen, dass er ihm diese Geschichte abgekauft hatte, obwohl er noch nach zwei Tagen grüne Flecken im Fell hatte. Am Ufer des kleinen Sees konnte man hervorragend gehen und sie kamen wieder ein wenig schneller voran.

In einiger Entfernung sah Flowneklaf, dass sich der hier überwiegend mit Laubbäumen bewachsene Wald plötzlich in einen Nadelwald wandelte. Es sah aus, als habe hier jemand einen Strich gezogen. Der Tannenwald schien keinen Durchlass zu bieten, aber dennoch ging Kiesbart geradewegs auf den Wald zu. Wenn man genau hinsah, konnte man ein schwarzes Loch am Rande des Waldes erkennen. Es sah aus, als wäre es der Eingang zu einer Höhle, aber Flowneklaf wusste, dass dies der Eingang in den Nadelwald war. Langsam bewegten sich die zwei Freunde auf den Wald zu.

„Bist du dir sicher, dass dies der richtige Weg zu deinen Steinen ist?“, fragte Flowneklaf und kannte eigentlich die Antwort, denn ein richtiger Wolf (und Kiesbart war ja schließlich auch schon fast ausgewachsen, wie er immer wieder betonte) kenne den Weg und verläuft sich grundsätzlich nicht. Dieses Wort „verlaufen“ sei eigentlich auch gar kein geläufiges Wort in der Wolfssprache, so Kiesbart. Und so gingen sie behutsam in den dunklen Wald. Hier befand sich, zum Erstaunen von Flowneklaf ein kleiner Weg.

Die unteren Äste der Bäume waren karg und man konnte sehr weit in den Wald schauen. Das beinahe lautlose Gehen auf den seit Jahren auf den Boden gefallenen Nadeln fand er immer wieder beeindruckend. Nur gelegentlich knackte es, wenn er einen kleinen Ast zertrat. Es fühlte sich an, als wäre der Boden unter ihnen weich und er hatte den Eindruck, er würde immer ein wenig eindringen und wieder heraus federn. Hier fiel kein Sonnenstrahl auf den Boden und auch bei Regen blieb man hier stets trocken. Diese Tannen mussten einige hundert Jahre alt sein. Dicke Stämme, die er nicht umfassen konnte, standen kreuz und quer. Nur gelegentlich war ein

Baum umgestürzt und man konnte an dieser Stelle den blauen Himmel erahnen.

„Es wird schwierig sein, hier ein Lager zu finden“, brummte Kiesbart, der von diesem toten Wald, wie er ihn nannte, nicht viel hielt.

„Ich weiß nicht, wie groß dieser Wald ist und wie lange wir brauchen, um ihn zu durchqueren“, antwortete Flowneklaf.

„Es ist nicht mehr so weit. Sieh, ganz dahinten kannst du schon wieder etwas Licht sehen, da ist dieser komische Wald zu Ende“, erwiderte Kiesbart. Ganz weit hinten konnte er Licht sehen und genau dorthin wollten sie gehen. Langsam wandelte sich der Wald wieder in einen Laubwald und Kiesbart fühlte sich wieder wohler.

Zuerst dachte Flowneklaf, das Licht in der Ferne sei eine Lichtung. Doch der Wald teilte sich an dieser Stelle und sie fanden sich auf einer alten, längst vergessenen Allee wieder. Komisch – der Boden war hier nur sehr wenig bewachsen, ein paar Gräser, Blumen hier und da, aber er schien hauptsächlich aus Moos zu bestehen. Flowneklaf kratzte an einer Stelle und stellte fest, dass der Boden unter dem Moos aus Stein war. Merkwürdig, die Allee war so an die sechs Meter breit und schien endlos lang zu sein. Rechts und links standen in regelmäßigen Abständen große, alte Bäume. Dazwischen waren kleine Sträucher und, ja Steine, merkwürdig geformte Steine. Als er sich den Boden erneut genauer ansah, konnte er im Moosboden Muster erkennen. Tatsächlich bestand dieser Weg aus vielen, unterschiedlich großen, rechteckigen Steinen. Sie lagen in einem scheinbar wahllosen Muster aneinander. Doch wenn man genauer hinsah, erkannte man, dass sich das Muster alle paar Meter wiederholte. Niemals zuvor hatte er etwas Ähnliches gesehen – das heißt, soweit er sich erinnern konnte.

„Jetzt ist es nicht mehr weit und wir sind bald an der Stelle, wo das Gekritzel zu finden ist", sagte Kiesbart und rannte den Weg entlang.

„Wenn du den Weg verlässt, findest du immer mal wieder einen Haufen Steine. Keine Ahnung, wieso die da liegen. Dahinten kommt gleich eine Stelle, da können wir heute Abend unser Lager aufschlagen."

Sie gingen langsam den Weg entlang und Flowneklaf wunderte sich über die seltsamen Steine am Wegesrand. Einige hatten Formen, als wären sie einmal dragazinische Gestalten gewesen. Andere erinnerten in ihrer Form an Tiere, die Flowneklaf allerdings lieber nicht in Wirklichkeit hätte sehen wollen. So gingen sie eine ganze Weile. Ab und zu sah es so aus, als hätten andere Wege diesen Weg gekreuzt, doch hatte der Wald die meisten Flächen wohl wieder zurückerobert.

In der Ferne konnte Flowneklaf etwas erkennen, das aussah wie … Ja, wie eine Wand und in ihr war ein großes, gleichförmiges Loch. Sie kamen der Wand immer näher und Flowneklaf erkannte von weitem, dass das Loch einst ein Tor gewesen sein musste. Es war mit Kletterpflanzen überwuchert. Diese Wand war definitiv nicht natürlichen Ursprungs. Sie musste, wenn auch vor langer Zeit, von Menschenhand erschaffen worden sein.

Flowneklaf und Kiesbart blieben direkt vor dem Tor stehen. In großen Lettern konnten sie über dem Tor einen von Ranken zum Teil verdeckten Schriftzug erkennen. Flowneklaf versuchte die einzelnen Buchstaben, die in geringen Abstand zueinanderstanden, zu entziffern. Er schrieb einen nach dem anderen in sein Buch, bis die Buchstaben den folgenden Schriftzug ergaben:

ΠΡΑΚΤΥΚΟΛΟΣ

ΑΔ ΧΕΝΤΡΥΜ ΤΕΡΡΑΕ

ςΟΣ ΑΜΙΧΙ ΗΟΣΤΕΣ ΡΕΧΕΠΕΡΥΝΤ

ΗΙΕ ΙΝςΕΝΙ ΣΑΠΙΕΝΤΙΑ

ΕΤ ςΕΡΙΤΑΤΙΣ

Flowneklaf las die Wörter und verstand deren Sinn sofort.

„Komm hier rüber“, rief Kiesbart, „hier ist ein Durchgang.“ Er verschwand durch das Tor. Flowneklaf folgte ihm halb kriechend durch die schmale Öffnung, die durch die Kletterpflanzen noch nicht zugewuchert war.

Was er auf der anderen Seite des Tores sah, raubte ihm fast den Atem.

Die Ruinen von Practucolos

Der Anblick, der sich ihnen bot, war gigantisch. Vor ihnen lagen die Ruinen einer alten Stadt aus Stein. Die Wildnis hat sich langsam durch die Stadt geschlichen und viele der stark zerfallenen Gebäude waren bereits überwuchert. Trotzdem konnte man noch die Größe der Stadt erahnen.

Sie standen vor einer langen Treppe, die sich über beinahe hundert Schritte in Richtung Stadtmitte zog. Offensichtlich einer der wichtigsten Wege, der damals in die Stadt führte. Die wohl einst eckigen Stufen waren an den meisten Stellen rund, abgewetzt und glatt. Einige Stellen waren sogar tiefer als die anderen.

Für einen kurzen Moment schien es Flowneklaf als würde er um sich herum all die Leute wie Geister sehen, die einst diese Treppe betraten. Er sah alte, gebrechliche Menschen, die an Stöcken gestützt und gebückt die Stufen erklommen. Junge Mädchen mit langen Zöpfen in kurzen Röcken, die den Blick auf ihre nackten Beine und Knie zuließen, sprangen, teils lachend und teils quietschend, die Treppe herauf und herab, als wäre es ein Spiel. Dicht gefolgt von jungen Buben, die sich einen Spaß daraus machten, an deren Zöpfen zu ziehen oder mit einer Art Schleuder kleine, blaue Beeren, die an einigen Sträuchern direkt neben der Treppe wuchsen, auf ihre Beine zu schießen. Beim Aufprall der Beeren auf die Beine produzierten sie ein klatschendes Geräusch und hinterließen dann, nach Meinung der Buben, einen hübschen blauen Fleck. Männer und Frauen, die wild gestikulierend und miteinander diskutierend oder aber auch einfach nur in Gedanken versunken die Treppe beschritten, sah er ebenfalls.

Er konnte all diese Menschen sehen und sogar hören. Einige von ihnen kamen ihm merkwürdig vertraut vor und dann stand er plötzlich wieder alleine auf der Treppe mit seinem Wolfsfreund.

Ein beklemmendes Gefühl breitete sich in ihm aus. Tiefe Melancholie ergriff sein Herz. Wie viele Generationen waren hier wohl auf- und abgegangen, um in ihrem Streben ihre Ziele zu erreichen und voranzukommen? Wie viel Freud und Leid hatte hier den Weg gekreuzt und was war letztlich davon übergeblieben?

Eine kaputte, alte Stadt. Längst vergessen und im Grunde völlig ohne Wert. Flowneklaf versuchte sich vorzustellen, wie viele Lebewesen hier wohl einst gewohnt hatten und was hier für ein Gedränge geherrscht haben mochte.

„Lass uns das mal genauer betrachten", sagte er zu Kiesbart und sie gingen von Haus zu Haus. Hier gab es viele nützliche Dinge zu entdecken. In manchen Häusern waren kleine Höhlen, in denen sich vor langer Zeit vermutlich Feuerstellen befanden. Flowneklaf konnte dies unschwer daran erkennen, dass an der röhrenartigen Öffnung oberhalb der Feuerstellen starke Rußspuren waren. Manche Häuser waren fast völlig zerstört und man konnte deren Umrisse so gerade noch erkennen. Manche Häuser allerdings waren fast vollständig erhalten. Nur Dächer hatte keines mehr. Oberhalb der Wände waren große, rechteckige Löcher, die an der gegenüberliegenden Wand ihre Zwillinge fanden.

Man konnte sich gut vorstellen, dass dort einst große Balken ihre Betten in den Löchern gefunden hatten. An einigen Häusern waren über den Türen Buchstaben wie XVI, XXXIV oder XC zu erkennen. An anderen wiederum las er Schriftzüge. Dort standen Wörter wie Hebarius oder Vinum. Was dies zu bedeuten hatte, konnte er aber nicht erkennen.

Drei Tage zogen sie durch diese Stadt und fanden unzählige Gegenstände, mit denen sie nichts wirklich anfangen konnten und deren Funktion sich ihnen verschloss. Wozu waren diese Dinge wohl gut gewesen? Wer hatte hier einst gewohnt? Und wo waren all diese Menschen hin? Tagsüber durchsuchten sie die Häuser und spekulierten darüber, was sie wohl für eine Funktion gehabt hatten. Nachts suchten sie sich ein noch halbwegs erhaltenes Haus und entzündeten in der Feuerstelle ein Feuer.

Das Jagen übernahm in diesen Tagen Kiesbart, sein Freund war zu sehr mit dem Forschen beschäftigt.

„Ich habe meinen Vater gefragt, ob er etwas über diese Steine weiß. Aber er hat gesagt, dass niemand hierherkommen soll. Diese Steine würden Unglück bringen", so Kiesbart.

„Ich denke, wir suchen uns noch einmal ein Lager für die Nacht und morgen ziehen wir weiter", antwortete Flowneklaf und so bogen sie um die nächste Ecke. Sie blickten eine lange, schmale Gasse entlang. Rechts und links waren nur zerstörte Häuser. Doch am Ende der Gasse befand sich ein kleines, unscheinbares Haus. Sogar die hölzerne Tür und das Dach waren bei diesem Haus noch erhalten.

„Da, dort werden wir unser letztes Nachtlager aufschlagen!", rief Flowneklaf. In der Tür waren seltsam anmutende Ornamente eingeschnitzt. Flowneklaf betrachtete sie, einige von ihnen schienen sich zu bewegen. Er fühlte mit seinen Fingern über sie und seine Hand glitt langsam nach unten, bis diese auf einem besonderen Zeichen liegen blieb. Er drückte behutsam auf das Zeichen und die Tür sprang mit einem leisen Klicken auf. Sie gingen gemeinsam hinein und kamen aus dem Staunen nicht mehr heraus.

Dieses Haus war anders als all die anderen. Es sah so aus, als würde hier jemand leben. Auf den Böden lagen Teppiche, auf dem Tisch stand eine Vase mit Blumen. Der Raum wirkte viel größer, als es von außen den Anschein hatte. Sie befanden sich in einer Art Halle. Sie gingen quer durch die Halle und betraten den nächsten Raum. Dieser Raum war gigantisch hoch und voll mit Regalen, die bis an die Decke reichten, prall gefüllt mit Büchern. Auf der gegenüberliegenden Seite des Raumes befand sich eine weitere Tür. Sie gingen langsam darauf zu. Flowneklaf zählte die Schritte. Einundfünfzig, zweiundfünfzig, dreiundfünfzig, fast hatten sie die Tür erreicht, da stellte sich ihnen ein kleiner, gedrungener Mann in den Weg, dessen dickes, aber freundliches Gesicht aussah wie eine knochige Knolle. Kiesbart sprang vor Flowneklaf und knurrte laut, doch der Mann hob abwehrend den rechten Arm und sprach dann leise auf sie ein: „Entschuldigung, ich habe euch nicht kommen gehört. Mein Name ist Lezruw, ich bin hier der Hausdiener. Willkommen, wir haben hier so selten Besuch. Geht doch durch diese Tür, dann in den nächsten Raum bis in den Garten, dort wartet sie bereits auf euch. Ihr könnt euch nicht vorstellen, wie lange schon. Ich werde derweil mit Zanderuska euer Quartier herrichten."

An der Tür angekommen, öffnete Lezruw diese und verschwand dahinter.

Flowneklaf und Kiesbart schauten sich verdutzt an und folgten ihm sehr vorsichtig. Der Raum, den sie betraten, war wie eine große Wohnstube eingerichtet. Ein großer, runder Tisch aus dickem Holz, an dem acht schwere Holzstühle standen, die mit Leder gepolstert waren. An der einen Seite des Raumes war eine große Feuerstelle, welche man als Kamin bezeichnete, wie sich später herausstellen sollte. Auf dessen Sims standen unterschiedliche Gefäße und Figuren, deren Sinn für Flowneklaf auf Anhieb nicht ersichtlich war. Ein Gegenstand erregte die besondere Aufmerksamkeit von Flowneklaf. Auf den ersten Blick wirkte es wie ein merkwürdiger Sack. Er betrachtete ihn genauer und stellte fest, dass er offensichtlich aus einer Art Leder gemacht war. Seine Form glich, wenn er dafür auch viel zu groß war, einem Ei. Dicke Schnüre schienen kurz unter der Oberfläche des Leders zu verlaufen. Sie verzweigten sich in feinere Abzweigungen, bis sie schließlich so klein verästelt waren, dass man sie nur noch ganz schwach erkennen konnte. Sieben dieser dicken Schnüre konnte er sehen. Sie liefen alle von unten, wo sie ihren gemeinsamen Ursprung zu haben schienen, nach oben. Die zwei hinteren Schnüre trennten sich und traten aus der Oberfläche oberhalb des Eies heraus und liefen unten wieder zusammen, wo sie wieder in den Sack eintraten. Sie waren wie Schlaufen oder Gurte. Offensichtlich konnte man sich dieses Ding umhängen. Vorsichtig berührte er es und es hatte den Anschein, als würde es anfangen zu glimmen. Warm und weich fühlte es sich an. Langsam ließ er seine Finger über die Oberfläche gleiten, bis er eine der Schnüre erreicht hatte, und es schien ihm, als bemerkte er ein leichtes Pulsieren. Es schien, als würde es leben. Ganz oben an dem Sack war eine ovale Platte. Sie wurde ebenfalls von einer Schnur umrahmt. Die vier hinteren Schnüre endeten alle an dieser Schnur. Vorsichtig versuchte Flowneklaf, die ovale Platte anzuheben und tatsächlich, ausgelöst von seiner Bewegung, schwenkte diese von alleine nach oben. Jetzt konnte er erkennen, dass die Platte ein ovales Loch verbarg. Der Rand des Loches war wieder eine Schnur. Die drei vorderen Schnüre endeten hier. Er blickte nun in das Loch und erkannte im Inneren des

Sacks verschiedene Kammern, die allerdings noch verschlossen waren. Langsam drückte er erneut auf die obere Platte, die sich daraufhin sofort wieder verschloss. Es war interessant zu sehen, dass das Oval von der Platte ein wenig größer war als das Oval im Sack. Dadurch war der Sack verschlossen. Behutsam nahm er den Sack an den zwei hinteren Schnüren und hängte sich diesen wie einen Rucksack auf den Rücken. Augenblicklich zogen sich die zwei Schnüre zusammen. Die Schnüre wurden immer enger und in Flowneklaf stieg eine leichte Panik auf. Er spürte das leichte Pulsieren der Schnüre an seinen Schultern und eine wohlige Wärme breitete sich auf seinem Rücken aus. Jetzt hatte er keine Panik mehr, er spürte, dass dieser Sack sein Sack war. Nein, es war kein Sack, es war sein Oktrawill. Er griff vorsichtig mit seinen zwei Daumen unter die Schnüre, um das Oktrawill wieder auszuziehen und die Gurte wurden wieder weiter. Er stellte das Oktrawill zurück auf seinen Platz und ging weiter.

Gegenüber auf dem Tisch stand eine Schale aus buntem Porzellan, die mit allerlei Obst gefüllt war. Hübsche und teilweise komische Bilder hingen an den Wänden. So etwas hatten sie noch nie gesehen. Als sie am Tisch vorbeigingen, sah Flowneklaf, dass der Tisch auf vier in sich gedrehten, hölzernen Tischbeinen stand, die ähnlich wie ein Baum gearbeitet waren. Unten die breiten Wurzeln, dann der schmale Stamm und oben die weit verzweigten Äste, die in diesem Fall die Tischplatte hielten. Merkwürdige Ornamente waren auf der Tischplatte eingeritzt, manche von ihnen schienen sich, wie eben an der Tür, zu bewegen. Der Tisch wirkte alles in allem sehr ordentlich.

Eine offenstehende Tür ließ einen einladenden Blick in einen wunderschönen Garten zu. Die Zwei gingen quer durch den Raum durch die Tür in Richtung Garten, immer darauf bedacht, die auf dem Boden liegenden Teppiche nicht zu betreten. Sie sahen so sauber und ordentlich aus. Auch der Garten war außerordentlich gepflegt. Nichts war hier in Unordnung. Unglaublich – vor dem Haus herrschte die Wildnis und hier war ein riesiger Garten, der aussah, als wäre er nie verlassen worden und irgendjemand würde in ihm täglich arbeiten. Sie hörten ein melodisches, sanftes Geräusch, das von einem Platschen begleitet wurde. Es kam aus dem Teil hinter der Hecke, die in einigen Meter Entfernung vor ihnen stand. Sie gingen durch den in der Hecke eingeschnittenen Durchgang und sahen, woher das Geräusch kam. Dort stand ein wunderschöner, vierstockiger Brunnen in der Mitte einer großen Wiese. Daneben stand eine kleine hölzerne Bank und darauf saß sie: die Sulatinerin.

„Ich dachte schon, ihr zwei würdet mich nie finden“, begann sie mit sanfter Stimme zu sprechen. „Willkommen in meinem Palast. Dies ist der Palast der Zeit, des Wissens und der Macht. Hier werden du, Flowneklaf, und dein Freund studieren. Die Bibliothek der Schriften in der alten Sprache ist mein Vermächtnis. Viele Lehrer, Ärzte und Zauberer haben jahrhundertelang dieses Wissen sortiert und zusammengetragen. Ich habe so lange darauf gewartet, dass dieser Tag kommt. Nun endlich kann ich dir all das Wissen zur Verfügung stellen und dich lehren. Deine Ausbildung kann und wird nun beginnen. Die Zeit in diesem Haus wird für euch nicht vergehen, ihr werdet nicht altern. Doch draußen in der Welt geht die Zeit weiter. Wenn ihr das Haus verlasst, werdet ihr nie wieder den Weg hierher zurückfinden, denn der Palast und alles, was zu ihm gehört, werden dann für immer und für alle verschwinden. Daher nehmt euch die Zeit, die nötig ist, um euch zu schulen, aber verbraucht nicht zu viel davon, sonst werdet ihr eure Leute und die Welt nicht wiedererkennen. Ich stehe euch in eurer Ausbildung zur Seite. Du, Flowneklaf, bist der Letzte deiner Art, ein Etalsnart. Nur noch du und ich sind in der Lage, diese Schrift zu lesen. Unsere Aufgabe wird es sein, dies deinem Freund zu lehren. Nutze sowohl die Magie der Worte als auch die Kraft der Erde und wecke auch in Kiesbart sein Talent. Es steht geschrieben, dass dein treuer Freund ein Träger ist, genauso wird ihm die Zeit nur wenig anhaben können, lass ihn uns gemeinsam ausbilden. Ihr könnt nun all eure Kraft in eure Ausbildung investieren. Zanderuska, das Dunstmädchen, und Lezruw, der Waldzwerg, haben viele Jahre darauf gewartet, dass ihr kommt. Sie sind gekommen, um euch zu dienen.“ Sie nickte dem Waldzwerg zu und sprach: „Lezruw, sei so lieb und reiche Flowneklaf das Oktrawill. Er soll erkennen, wozu es gut ist und wie man es füllt.“

Lezruw verschwand kurz im Haus und kehrte nach kurzer Zeit mit jenem Gegenstand zurück, den Flowneklaf eben noch auf dem Kaminsims bewundert hatte. Wie sollte er wohl herausfinden, wozu dieser Gegenstand gut war?

„Flowneklaf, nimm es. Dies ist dein erster Studientag. Versuche zu begreifen, welchen Sinn dieses Objekt hat. Wenn du es herauskriegen solltest, teile dein Wissen doch mit uns.“ Sie drehte sich herum und es schien als würde sie den Boden gar nicht berühren. So schwebte sie zurück in den Garten und setzte sich auf die Bank neben den Brunnen. Neben ihr lag ein silberner länglicher Gegenstand. Sie nahm ihn und berührte ihn sanft mit ihren Händen und legte es an ihre Lippen. Augenblicklich ertönte eine wunderschöne Melodie, die den ganzen Garten zu erfüllen schien, und alle lauschten ihr gebannt.

Die Suche beginnt

Er blickte hinaus auf den kleinen, mit Nebel verhangenen See, den er durch das Fenster seines kleinen Blockhauses sehen konnte. Seit Wochen schon schien dieses graue, kalte Nass über ihm wie ein bleierner Vorhang zu hängen. Niemand schien im Stande zu sein, den Vorhang zu heben. Er dachte zurück an die Zeit, in der er zur Uni gegangen war und Archäologie studiert hatte. An die zahlreichen Expeditionen, an denen er schon teilgenommen und alle die Länder, die er bereist und gesehen hatte. Auf dem Zeitungsausschnitt, der über dem Kamin hing, stand in großen Buchstaben:

Professor Alan Hastings startet noch im Winter seine Expedition!

Nach jahrelangem Ringen kann Professor Hastings endlich seine Expedition starten. Schon vor drei Jahren wurde der Professor durch seinen Fund weltweit berühmt. Seine Vermutung auf eine neue, noch nicht weiter spezifizierte Kultur gestoßen zu sein, stößt allerdings bei seinem Kollegium auf einiges an Hohn. Trotz alledem ist es ihm gelungen, Sponsoren zu finden, die ihm und neun weiteren Kollegen die Expedition finanzieren. Mit großem technischen Aufwand geht es schon Anfang Januar los. Der genaue Ort, an dem gegraben werden soll, wird allerdings weiter geheim gehalten.

Quelle: DPA

Er erinnerte sich noch gut an die schönen Tage der letzten Monate. An das Glitzern des Wassers oder die schönen farbigen Spiegelungen, die die Sonne auf dem Wasser hinterließ, wenn sie auf oder unterging. Den Frühling, den Sommer und den Herbst hatte er hier verbracht und er konnte das Schauspiel der Natur genießen. Das graue Einerlei des Winters, das Aufblühen der ersten Knospen bis hin zur scheinbar explosionsartigen Entfaltung aller Farben, die man sich nur vorstellen konnte, hatte er alles genau beobachtet und genossen. Das alles war nun schon lange her und er fürchtete, dass diese Zeit der Harmonie und die Zeit des ‚in den Tag Lebens' wohl nie wieder zurückkehren würden. Nicht nachdem, was sich hier in den letzten Wochen zugetragen hatte.

Die Gedanken über die vergangenen Ereignisse ließen ihm erneut einen Schauer über den Rücken laufen. An seinem gesamten Körper richteten sich die Haare auf und er bekam eine Gänsehaut. Wie konnte das alles nur geschehen? Warum hatte gerade er nicht auf die Vorzeichen dieser Katastrophe geachtet? Er war der Letzte der Expeditionsteilnehmer, der noch hier im Lager war. Seine Vorräte würden noch für etliche Wochen reichen, da sie ja für zehn Leute bestimmt gewesen waren.

Die Einsamkeit machte ihm zu schaffen. Seine Kollegen hatten bereits vor einem Monat aufgegeben. Sie sagten, dass hier archäologisch nichts zu holen sei. Vor vielen Jahren hatte er hier die ersten Scherben jener Vase gefunden, die letztlich diese Expedition erst möglich gemacht hatten. Nun, das war alles Schnee von gestern. Nach langen Diskussionen hatten seine Kollegen ihn nach und nach hier mit allen Vorräten, der Ausrüstung, einem Jeep und einem GPS-Mobiltelefon zurückgelassen. Jetzt ging er immer alleine, für mehrere Stunden täglich, zur Ausgrabungsstätte. Dort durchgrub er den Boden nach alten Steinen und anderen Hinweisen auf vergangenen Zeiten. Er war sich sicher: Hier war einst, vor langer Zeit, eine Stadt gewesen, deren Kultur bis heute nicht bekannt war.

In dem Stollen, den er und seine Kollegen angefangen hatten zu graben, hatte er jetzt endlich wieder etwas gefunden. Es sah aus wie eine Scherbe mit einem interessanten Muster darauf. Doch das Material war so hart, dass er sich nicht vorstellen konnte, wo oder wie beziehungsweise wovon sie abgebrochen sein könnte. So etwas hatte er nie zuvor gesehen. Ein paar Tage nach diesem Fund hatte er beobachtet, wie Blasen aus der Tiefe des Sees aufstiegen und wie sich über dem See ein widerlicher Geruch ausbreitete. Am nächsten Tag trieben unendlich viele tote Fische auf der jetzt grauen Wasseroberfläche. Auf seinen Rundgängen um den See fand er immer wieder verendete Tiere. Zu seinem Glück war bei der Ausrüstung auch eine moderne Wasseraufbereitungsanlage dabei, sodass er auf das Wasser des Sees nicht angewiesen war. Das Grummeln in der Nacht hatte er für ein Gewitter gehalten, doch nun wusste er es besser. Dies alles waren Vorzeichen gewesen, die auf das Beben hingedeutet hatten. Doch eigentlich waren Erdbeben in dieser Gegend nicht bekannt.

Mit voller Wucht hatte es ihn getroffen. Er war gerade erneut dabei, im Stollen zu graben. Gestern, bei seiner letzten Suche, hatte er einen langen Gegenstand gefunden, den er nun bergen wollte. Doch obwohl er die halbe Nacht durchgearbeitet hatte, konnte er ihn nicht ganz freilegen. Nun versuchte er es erneut mit etwas mehr Licht. Seinen mit Diesel aufgefüllten Generator stellte er vor dem Stolleneingang auf, damit er nicht ewig mit dieser Helmlampe hantieren musste. Zum Glück war das Kabel lang genug. Fast die ganzen hundert Meter musste er ausrollen. Das Klicken des Schalters hallte durch den Stollen, als er den Scheinwerfer einschaltete. Nun konnte er zum ersten Mal diesen langen Gegenstand, der aus der Erde ragte, im Hellen sehen. Es war eine Art Hebel, der mit vielen Mustern und Ornamenten verziert war. Solche Muster hatte er noch nie zuvor gesehen. Eifrig, aber bei weitem vorsichtiger als am Vortag, grub er weiter. Nach vier Stunden hatte er das Ende des Hebels erreicht.

Der Hebel schien im Boden an einer Art Platte befestigt zu sein. An einer Seite fehlte ein Stück. Schnell kramte er den kürzlich gefundenen Teil aus seiner Tasche und hielt es daneben. Tatsächlich, es passte genau. Vorsichtig schob er es hinein. Nun erkannte er, dass die Platte ein Scharnier war und der Hebel darin lagerte. Mit dem Hebel konnte man ... ohne lange zu überlegen schob er den Hebel mit einem kräftigen Ruck zur Seite und es geschah … nichts. Enttäuscht versuchte er es erneut.

Hatte er wirklich damit gerechnet, dass hier jetzt irgendetwas passieren würde? Seit beinahe zwanzig Jahren war er damit beschäftigt, in der Erde zu graben und nach alten Scherben, Steinen oder sonstigen Artefakten zu suchen. Noch nie hatte er etwas Aufregendes gefunden, mit dem man etwas hätte bewegen können. Nicht, dass er seine Arbeit nicht unendlich liebte. Es war ja durchaus interessant, Dinge zusammenzufügen oder in der Erde nach längst vergangenen Kulturen zu suchen und sich auszumalen wie die Menschen damals gelebt hatten. Aber dennoch hatte er insgeheim auf etwas Außergewöhnliches gehofft und gedacht, dies mit diesem Hebel gefunden zu haben. Enttäuscht ließ er sich wieder auf die Knie sinken, um dem vermeintlichen Mechanismus des Stabes genauer auf den Grund zu gehen.

Plötzlich gab es einen lauten Knall. Er schien tief aus der Erde unterhalb des Hebels gekommen zu sein und dann spürte er ein leichtes Vibrieren an seinen Knien. Langsam nahm es an Intensität zu. Es baute sich zu einem leisen Grollen auf, das langsam näherzukommen schien, und dann war der gesamte Stollen plötzlich erfüllt mit einem ohrenbetäubenden Lärm. Der Boden unter ihm begann sich zu bewegen, genau wie die Wände um ihn herum. Staub, überall in der Luft war Staub. Der ganze Stollen war erfüllt damit.

Er konnte kaum noch etwas sehen und die Luft zum Atmen wurde immer knapper. Hatte er nicht in seinem Studium gelernt Dinge, die man nicht kannte, mit Vorsicht zu behandeln? So schnell wie er konnte rannte er in die Richtung des Stolleneingangs. Seine Befürchtung war es, dass der Stollen, trotz der Stützen, die er und seine Kollegen eingebaut hatten, einstürzen würde oder dass er ersticken würde. Bei dem Versuch, vorwärts zu kommen, fiel er immer wieder auf die Knie, doch irgendwie schaffte er es dann doch noch, taumelnd und hustend den Eingang zu erreichen.

Hier draußen war von alldem nur ein leises Grollen zu hören. Langsam und träge quoll der Staub aus dem Eingang des Stollens.

Tief sog er die frische Luft in seine Lungen ein, nahm einen kräftigen Schluck Wasser aus seiner Flasche und spülte sich so den Staub, der zwischen seinen Zähnen knirschte, aus dem Mund. Er ging noch ein paar Schritte vom Eingang weg. Er befestigte die Trinkflasche mit einer routinierten Handbewegung wieder an seinen Gürtel. Mit beiden Händen klopfte er seine Kleidung ab, um den Staub und Schmutz zumindest halbwegs loszuwerden.

Mein Gott, so etwas war ihm in all den Jahren noch nicht passiert. Wie konnte er bloß an diesem vermaledeiten Hebel ziehen? In seinen Vorlesungen hatte er seinen Studenten immer wieder zur Vorsicht geraten.

„Wenn Sie sich nicht sicher sind, dann holen Sie sich eine zweite Meinung ein. Niemals, ich wiederhole, niemals etwas anfassen, von dem Sie nicht wissen, wie es funktioniert und was es bewirken könnte!“

Als er an diese Worte dachte, zuckte, trotz alledem, ein Schmunzeln über sein verstaubtes Gesicht. Er beugte sich ein wenig nach vorn und rieb sich mit der rechten Hand über seine Haare. Staub fiel von seinem Kopf herab. Das Grollen aus dem Stollen war verstummt und nichts war mehr zu hören.

Er blickte in den Stollen, doch durch den dichten Staub konnte er das Licht des Scheinwerfers am Ende des Stollens nicht mehr erkennen. Er würde sich wohl noch einige Zeit gedulden müssen, bevor er wieder zurück in den Stollen und zum Hebel gehen könnte. Hoffentlich war der Stollen nicht eingebrochen. Die letzten Abstützungen hatte er ja in etwas größeren Abständen anbringen müssen, damit er weniger von ihnen aufstellen musste. Es wäre für ihn alleine viel zu viel Arbeit gewesen, um alle zu montieren, und er wäre nur mit einem noch größeren Zeitaufkommen dahin gelangt, wo er nun war.

Was hatte er da nur getan? Hatten sich die Wände wirklich bewegt? War da vielleicht sogar etwas hinter einer dieser Wände? So ungeduldig war er schon lange nicht mehr gewesen. Er wusste, es gab ohnehin nur eine Möglichkeit, auf all seine Fragen eine Antwort zu erhalten. Er musste, egal, was kam, zurück in den Stollen.

Die Ausbildung in einer anderen Welt

Die ersten Wochen vergingen wie im Flug. Zanderuska und Lezruw waren versucht, den zwei Freunden jeden Wunsch von den Augen abzulesen. Flowneklaf hatte ein riesengroßes Zimmer. Hier standen ein großer Tisch und ein riesiges Regal, voll mit verschiedenen Gefäßen, über deren vielfarbigen Inhalt er noch nichts wusste. Außerdem gab es direkt am Fenster ein weiches Schlaflager, „Bett" nannte man diesen Gegenstand und „Wölfe haben darin nichts verloren", so Zanderuska. Kiesbart bekam eine Art Fell auf den Boden gelegt, auf dem er sich dann schlafen legen sollte. Das wiederum nannte man Schlafdecke, aber meistens legte er sich dann doch in eine andere Ecke des Raumes und manchmal kroch er heimlich zu Flowneklaf ins Bett. Der tat dann so, als habe er nichts bemerkt, denn er genoss die Nähe seines Freundes, genau wie sein Freund selbst.

Lezruw war ein begnadeter Lehrer. Er konnte die Dinge so einfach und verständlich erklären, dass Flowneklaf alles so logisch erschien, als habe er das alles schon immer gewusst und man müsse es nur bei ihm abrufen. Wenn sie bei der Sulatinerin Unterricht hatten, war Flowneklaf stets abgelenkt, denn er empfand die Schönheit dieser Frau nach wie vor als unbeschreiblich. Flowneklaf hatte damit begonnen, die Räume in diesem Haus zu zählen, irgendwie schien es aber täglich immer andere und neue Räume zu geben. Doch immer, wenn er aus dem Fenster eines jeweiligen Raumes blickte, sah er nur dieselbe kleine Gasse, durch die sie gekommen waren. Egal in welcher Etage er sich befand und aus welchem Raum er auch aus dem Fenster schaute, sein Blick schien immer aus dem gleichen Fenster in die kleine Gasse zu fallen.

Lezruw versuchte ihnen zu erklären, dass sie sich ein wenig gedulden müssten, um dies alles begreifen zu können. Es gäbe da noch so einige Dinge, die sie im Moment nicht im Stande wären zu verstehen. Zanderuska war Lehrerin in Sachen Natur. Sie zeigte den beiden, wie man aus so mancher Pflanze einen leckeren Tee oder aber auch eine gute Arznei herstellen konnte. Beeindruckt zeigte sie sich von dem Buch, dass Flowneklaf angefertigt hatte. Voller Hochachtung über seine Beobachtungsgabe und sein Geschick zu zeichnen, begannen sie damit, gemeinsam Bilder zu malen. Viele Stunden verbrachten sie an dem großen Tisch. Und so lehrte Zanderuska ihm vieles über den Inhalt der Gefäße und wie er selber Heiltränke herstellen konnte.

Kiesbart hielt nicht viel von diesem Fach. In der Zeit lief er lieber durch den Garten, dessen Größe, genau wie die des Hauses, schier unendlich zu sein schien. Oft traf er dort auf die Sulatinerin und dann übten sie die gemeinsame Jagd.

Eines Tages wollte Flowneklaf von Zanderuska wissen, was ein Dunstmädchen denn nun genau wäre oder wie dieses Wort entstanden sei. Der Begriff des Waldzwerges sei ja sozusagen selbsterklärend: „Klein, knollig und dennoch flink“, so Flowneklaf.

Der Waldzwerg begann zu lachen und hielt sich dabei seinen großen, runden Bauch. Es schien so, als müsse er ihn festhalten, damit er nicht durch das Auf- und Abhüpfen dieser riesigen, runden Kugel umgeschmissen werden würde.

„Nein, nein“, sagte er lachend, „zu einem Waldzwerg gehört schon noch ein wenig mehr. Zum Beispiel können wir sehr gut im Dunkeln sehen oder wir sind sehr gut im Umgang mit der Axt. Leider gibt es nicht mehr viele von uns. Was ein Dunstmädchen ist, musst du wohl selber herausfinden. Ich sage nur: Ärgere sie nicht zu sehr.“

Und so begann Flowneklaf, sich Gedanken zu machen. Die Sulatinerin lehrte sie unentwegt und die Zeit schien dahin zu fliegen. Die Jahreszeiten wechselten sich ab und doch schien niemand in diesem Haus zu altern. Flowneklaf saugte das Wissen um die alten Sagen in sich auf. Er konnte tagelang in der Bibliothek sitzen und seine Nase in die Bücher stecken. Vieles von dem, was er las und sah, konnte er zwar nicht verstehen, doch er merkte sich die Worte oder prägte sich die Zeichnungen ein, weil er wusste, dass er eines Tages die Antwort auf seine Fragen erhalten würde. Einiges probierte er sofort aus. Sein Forscherdrang schien schier unendlich zu sein. Dies war auch die Zeit, in der er das Oktrawill zu nutzen lernte. Es schien auf ihn zu reagieren und er begriff, wie er ihm dienen konnte. Es war eine gute Symbiose, bei der beide ihren Vorteil hatten.

Doch dann eines Tages war die Zeit gekommen, Flowneklaf hatte es erst gar nicht bemerkt. Er hatte das Buch des GAR durchgelesen.

Hier stand alles über die Prophezeiung, über die Freundschaft zwischen ihm und dem Wolf, über ihr Schicksal und das dieser Welt. Nun wusste er um seinen Weg und so sagte zu Kiesbart: „Nun, mein Freund. Ich habe alles, was ich hier lernen kann, gelernt. Morgen brechen wir auf.“

Die Sulatinerin, Lezruw und Zanderuska waren am nächsten Morgen herbeigeeilt. Flowneklaf öffnete nun die Tür, durch die sie vor so langer Zeit gekommen waren. Er ahnte, dass er die drei wohl nie wiedersehen würde.

„Schade, dass die Zeit so schnell vergangen ist, aber ihr habt schließlich eine Aufgabe zu erfüllen. Ich wünsche euch viel Glück.“ Als die Sulatinerin diese Worte sprach, rann ihr eine Träne die Wange herab. Teils, weil sie traurig war, die zwei Liebgewonnenen zu verlieren und teils, weil sie sich nicht sicher war, was nun mit ihr geschehen würde. Sie wusste, dass sie nun ihre Aufgabe erfüllt hatte. Alles, was nun folgen würde, lag nicht mehr in ihren Händen.

Auch Flowneklaf kämpfte gegen die Tränen an. Er nahm all seinen Mut zusammen, nahm sie für einen kurzen Augenblick in den Arm und drückte sie so fest an sich, wie er nur konnte. Sie erwiderte seinen Druck, ließ ihn dann aber wieder los. Auch Lezruw und Zanderuska umarmte er kurz und dann sprach er: „Lebt wohl, ihr drei, grüßt mir den Adler und auch den Falken. Ich weiß nicht, wie ich euch danken soll."

„Es ist schon gut", erwiderte die Sulatinerin. „Bitte geht jetzt, es ist für uns schon so schwer genug."

Flowneklaf blickte Kiesbart an, klopfte ihm aufmunternd auf die Seite und so gingen sie durch die Tür. Flowneklaf zog die Tür hinter sich ins Schloss.

„Ach, danke noch, ich wollte doch noch …" Mit diesen Worten öffnet er die Tür, denn er wollte Lezruw noch für das Schwert danken, das er ihm so großzügig überlassen hatte. Doch was er jetzt vor sich sah, ließ ihn augenblicklich verstummen.

Er blickte in eine Ruine. Nichts von all dem, was eben noch da war, war noch vorhanden. Wenn er nicht die letzten vier Jahre hier gewohnt hätte, würde er sagen, dass dieses Haus vor ewiger Zeit verlassen worden sein musste. Auch von der Sulatinerin, Lezruw und Zanderuska waren keine Spuren zu sehen. Er lief durch die Ruine, deren Dach jetzt eingestürzt war, um in den Garten zu gelangen, aber auch dort war nur noch Wildnis.

Er ging ein kleines Stück durch den ehemaligen wunderschönen Garten und tatsächlich – dort stand ein ziemlich zerfallener, vierstöckiger Brunnen und auf ihm lag ein langer, grau angelaufener Gegenstand. Wie in Trance nahm er ihn, rieb behutsam an einer Stelle und erkannte, dass die silberne Farbe der Flöte wieder zum Vorschein kam. Langsam steckte er sie in sein Bündel.

Der Weg zum Tor

Nun hatte er lange genug Energie durch seinen Körper strömen lassen. Seine Schuhe waren klamm und seine Füße mussten dringend versorgt werden. So viel er in den letzten Jahren auch gereist war, an einen solchen Gewaltmarsch konnte er sich beim besten Willen nicht erinnern. So beschloss er, an diesem Tag nur noch zwei, drei Stunden zu wandern, dann sollte er wohl am Rande der Felswand angekommen sein.

Er ließ noch einmal seine Gedanken schweifen. Ganz zu Beginn traf man nur vereinzelt hier und da einen dieser bivalkanische Krepsoren und niemand wusste so genau, woher sie kamen und was sie wollten. Diese stinkenden Wesen mit ihrer groben, schwarz schimmernden Haut, der unterwürfig scheinenden, gebückten Körperhaltung, die aussah, als würden sie ständig gepeinigt und hätten Angst aus heiterem Himmel geschlagen zu werden. Auf ihrem Rücken hatten sie so etwas wie Flügel, die sie aber stets eingefaltet dicht am Körper hielten.

Zuerst war es nur einer im Monat gewesen, den man gesehen hatte. Später waren es dann einer in der Woche, doch mittlerweile sah man sie fast im ganzen Land und sie begannen damit, sich in Gruppen zusammenzurotten.

Einige Dragaziner hatten zu Anfang versucht, sie zu verjagen, in der Hoffnung, sie würden dann nie wiederkehren, doch es wurden immer mehr. Auch der Versuch, sie zu töten, blieb recht erfolglos, denn ihre Widerstandskraft war schier unglaublich. Selbst mit abgetrennten Gliedmaßen verfolgten sie nur ihren einzigen Sinn und Zweck. Der schien darin zu bestehen, alles, was sich um sie herum befand, zu verschlingen, egal, ob es lebte oder tot war.

Flowneklaf hatte einige von ihnen einige Zeit beobachtet und festgestellt, dass sie scheinbar ohne Plan durch das Land zogen, um dann, plötzlich und wie von einer unsichtbaren Stimme aufgefordert, stehen zu bleiben und damit zu beginnen, alles um sich herum zu verschlingen. Dabei drehten sie sich um ihre eigene Achse. Langsam bildete sich dann dadurch eine Spirale, an dessen Rand sie sich entlang fraßen. Alles wurde von ihnen verschlungen: Pflanzen, Bäume, ja sogar Steine. Flowneklaf beobachtete, wie einer von ihnen einen toten Bandiger, der am Rande einer solchen Spirale lag, teilweise fraß. Der bivalkanische Krepsor, der dem Rand der Spirale fressend folgte, kam drei oder viermal an dem toten Bandiger vorbei und fraß dann immer nur den Teil, der auf seinem Weg lag. Während des Fressens schied der Krepsor permanent eine Art atzend stinkenden, schwarzen Kot aus. Dadurch wuchs an dieser Stelle für eine lange Zeit nichts mehr.

Plötzlich und völlig unvermittelt, hörte der Krepsor auf zu fressen, blickte sich kurz um und ging dann lethargisch seines Weges. Eine dadurch entstandene Spirale konnte durchaus auch schon mal einen Durchmesser von an die fünfzig Fuß erreichen und es wurden im ganzen Land immer mehr. Flowneklaf taufte sie die „bivalkanischen Spiralen“. Selbst inmitten eines dicht gewachsenen Waldes hatte Flowneklaf diese Spiralen schon gefunden. An deren Rand standen teilweise angefressene Bäume oder lagen die Kronen der Bäume, die beim Fressen umgefallen waren.

Was waren das für Wesen, über dessen Herkunft niemand etwas zu wissen schien? Wieso waren sie früher nie aufgefallen? Und warum traten sie in keiner Weise den Versuch an, mit irgendeiner anderen Rasse zu kommunizieren?

Sie, und da war sich Flowneklaf sicher, waren die wirkliche Bedrohung für Dragazien.

In der Hoffnung, eine von seinen alten Höhlen zu finden, raffte er seine Sachen zusammen und machte sich auf den Weg. Vielleicht würde er dort in aller Ruhe die Nacht verbringen können, um dann am nächsten Tag mit der Suche nach den verschiedenen Kräutern zu beginnen.

„Voran, Flowneklaf, der Weg ist noch weit“, sprach er zu sich selbst, als würde er dadurch schneller gehen können.

Nachdem er schon eine ganze Weile unterwegs war, hörte er aus der Ferne ein merkwürdiges Geräusch. Es kam ihm irgendwie bekannt vor. Ja, es war ganz eindeutig ein Winseln. Er begann, schneller zu gehen, denn das Winseln klang ziemlich jämmerlich und eine gewisse Angst war daraus zu hören. Flink wie ein Wiesel und beinahe geräuschlos, rannte er durch den Wald. Jahrelang hatte er diese Technik der Fortbewegung gelernt. Das Winseln wurde immer lauter. Merkwürdig, kein Tier, das er kannte, würde so seine Verletzbarkeit und Angst mitteilen. Entweder dieses Tier war sehr dumm oder … Abrupt blieb er stehen. In etwa zehn Meter Entfernung sah er ein Fellknäuel mitten auf einer Lichtung liegen. Offensichtlich steckte es irgendwo fest. Ja, jetzt konnte er erkennen, es war tatsächlich ein junger Wolf. In vier bis fünf Metern Entfernung sah er einen großen, offensichtlich auch sehr hungrigen, braunen Bären. Genau diese Bewohner des Tals wollte er nach Möglichkeit nicht treffen. Er überlegte, wie er dem kleinen Wolf in der Mitte der Lichtung wohl helfen könnte. Eigentlich war es nicht seine Aufgabe, hier einzugreifen. Wie sagten immer all die klugen Leute so schön: „Fressen und gefressen werden.“ Aber der junge Wolf schrie nun schon fast vor Angst:

„Mama, Hilfe! Hilfe, Mama." Flowneklaf fasste sich ein Herz. Schon einmal hatte er sich gegen einen Bären behaupten müssen und eine lange Narbe auf seinem Rücken zeugte bis heute von der Begegnung. Doch damals war er aus Versehen dem Bären in den Weg gekommen und ehrlich gesagt war der von damals auch um einiges kleiner gewesen.

„Hilfe, Mama!" Bei diesem Geschrei konnte man ja kaum klar denken. Wo war nur die Mutter dieses jungen Wolfes? Hatte der Bär sie vielleicht schon erlegt? Nein, dann hätte er kein Interesse mehr an dieser kleinen Zwischenmahlzeit. Dieser junge Wolf war mit Sicherheit allein unterwegs und hatte sich und sein Können völlig überschätzt. Flowneklaf erinnerte sich augenblicklich an seinen alten Freund Kiesbart.

Der Bär kam jetzt immer näher und langsam musste Flowneklaf sich etwas einfallen lassen, sonst wäre es wohl um den kleinen Wolf geschehen. Blitzschnell zog er einen Pfeil, mit einem in Petroleum getränktem Tuch an der Spitze, aus seinem Köcher. Mit einer raschen Bewegung und ohne Hinzusehen, stieß er zwei Feuersteine, die an einem kurzen Lederband an seinem Gürtel hingen, vor der Pfeilspitze zusammen. Ein leises „Wusch" verriet ihm, dass die Spitze brannte.

„AAAAAHHHHHH!" Mit diesem lauten Schrei verließ er seine Deckung am Rande der Lichtung und lief auf den Bären zu. Dieser hatte den kleinen Wolf schon fast erreicht und drehte nun verdutzt seinen Kopf in Richtung Flowneklaf. Flowneklaf zielte genau. Dieser eine Versuch musste sitzen, das war klar. Würde er nicht treffen, hätte er richtigen, bösen Ärger am Hals. Der Pfeil verließ surrend den Bogen und Flowneklaf verfolgte die Flugbahn des Pfeils wie in Zeitlupe in Richtung Bär. Genau da wollte Flowneklaf ihn hinhaben.

Das Gesäß des Bären war genau die richtige Stelle.

Ein überraschter und dann entsetzter Ausdruck zuckte über das Gesicht des Bären. Man konnte ahnen, dass er kurz überlegte, in die Richtung von Flowneklaf zu laufen, doch der Schmerz, den er spürte, hielt ihn davon ab. Zu allem Überfluss fing nun sein Fell am Gesäß Feuer. Jetzt war da nur noch Furcht und Flucht in seinem Gesicht zu lesen und mit einem lauten, wütenden Brüllen stob er davon.

Flowneklaf wusste, dass die Verletzung dem Bären nicht wirklich schaden würde, aber er war sich sicher, dass ihm dieser Bär hier und heute keinen Ärger mehr machen würde, denn er würde mit Sicherheit noch einige Zeit weiterlaufen.

Nun drehte er sich zum kleinen Wolf um. Der Ausdruck in dessen Gesicht brachte Flowneklaf fast zum Lachen.

„Alles wird gut, mein kleiner Wolf. Ich werde dich nun befreien und du kannst dann zurück zu deiner Mama laufen", tröstete Flowneklaf. Dieser spitzte die Ohren und sein Nackenfell stellte sich noch weiter aufrecht.

„Tu mir nichts. Bitte, ich habe solche Angst", piepste weinerlich der junge Wolf.

„Man nennt mich Flowneklaf und bei meinem Wort, ich bin der Freund der Wölfe, von mir droht dir keine Gefahr."

„Du bist Flowneklaf? Mein Vater erzählt mir oft von dir und wir dachten, das alles seien nur Märchen." Der kleine Wolf entspannte sich und Flowneklaf befreite seine Hinterläufe vorsichtig von den stacheligen Schlingpflanzen, in denen er sich in seiner Panik verdreht und verfangen hatte.

„Kannst du mich vielleicht nach Hause bringen? Ich fürchte mich so sehr und es wird ja auch gleich schon dunkel." Dass dieser kleine Wolf ihm so vertraute, wunderte ihn dann doch ein wenig, aber als er in die Augen des Wolfes schaute, hatte er keine andere Wahl. Dieser Wolf war höchstens drei oder vier Monate alt. Allein hatte er in der Nacht keine Chance und wie konnten seine Mutter oder Vater den Kleinen nur so alleine lassen?

„Nun gut", sagte er, „ich kann dich ein Stückchen bringen, dann bist du zumindest heute Nacht nicht allein. Ich muss aber leider schnell weiter. Weißt du, es hängt viel davon ab. Wo treibt sich dein Rudel denn gewöhnlich so rum?"

„Es ist nicht weit von hier, glaube ich", sagte der kleine Wolf tapfer mit zittriger Stimme und Flowneklaf begann zu begreifen, dass der Kleine überhaupt nicht wusste, wo er war.

„Wie lautet denn dein Name, kleiner Freund?", fragte er den Wolf und dieser antwortete voller Stolz: „Ich trage denselben Namen, den einst mein Großvater trug, ich heiße Arkrobar und bin der Sohn des Kiesbart."

Flowneklaf schossen Tränen vor Freude in die Augen. Dieser kleine Kerl war der Sohn seines besten und einzigen Freundes und er hatte ihn wiedergefunden.

Schicksal, dachte er, nun suche ich doch noch zuerst meinen alten Freund. Flowneklaf blickte in den nun schon fast schwarzen Himmel und sah den großen, gelben, runden Mond und er begann wie ein Wolf zu heulen. Der kleine Wolf starrte ihn an als hätte er noch nie so etwas gehört. Doch irgendetwas in ihm zwang ihn, es Flowneklaf gleichzutun, und so heulte er voller Herzenslust mit ihm um die Wette.

Als sie ihr Geheule beendet hatten, war es einen Moment unheimlich still. Doch dann konnte man es aus weiter Ferne wie ein Echo hören und es wurde immer lauter: „Aaaauuuuu!" Das ganze Tal schien ihnen zu antworten.

„Nun", sagte Flowneklaf, „Arkrobar, Sohn des Kiesbart,

jetzt weiß jeder, dass ich hier bin und deine Eltern werden schon bald zu uns kommen. Hast du je in deinem Leben so etwas erlebt?“

„Nein“, sagte er, „wieso kannst du so gut heulen und warum antworten dir alle?“

„Ich bin Flowneklaf, der Freund der Wölfe und Hüter der Falken. Ich bin gekommen, um den Weg zu beschreiten und durch das Tor zu gehen. Die Geschichte wird nun vollendet und unsere Welt wird gerettet werden.“

Plötzlich kam ein großer, sehr stattlicher Wolf auf die Lichtung gerannt, er hielt direkt auf Flowneklaf zu. Der kleine Arkrobar stellte sich schützend vor Flowneklaf und rief erregt: „Halt, Vater, halt! Er ist unser Freund.“ Aber fast ungebremst und mit einem riesigen Satz, sprang der große Wolf über Arkrobar hinweg an Flowneklaf Schultern. Durch die Wucht des Aufpralls fiel Flowneklaf auf den Rücken und der große Wolf leckte eifrig Flowneklafs Gesicht.

„Hör auf, Kiesbart! Was sollen die anderen Wölfe von dir denken?“

„Ist mir egal, wir haben uns Jahre nicht gesehen, Freund, und ich dachte schon, ich würde dich nie wiedersehen. Doch die Zeichen der letzen Wochen waren deutlich. Der Tag, an dem sich das Tor öffnet, ist nicht mehr all zu fern. Ich habe gehofft, dass du kommst, denn nun kann ich dir sagen: Wir werden den Weg gemeinsam gehen, für den wir einst ausgebildet wurden.“

„Komm zu deiner Mutter, Arkrobar, mein Sohn, die Freunde müssen sich erst einmal begrüßen. Sie haben sich lange nicht mehr gesehen“, hörte Flowneklaf eine sanfte Stimme rufen und der kleine Wolf lief zu einer mit Wolfsaugen gesehen hübschen, schlanken Wölfin. Das musste dann wohl Kiesbarts Gefährtin sein.

An diesem Abend kamen die Wölfe noch oft zu Flowneklaf, um an ihm zu schnuppern. Die Geschichten, die Kiesbart erzählt hatte, schienen doch wahr zu sein. Dieser Dragaziner konnte sie verstehen und, was noch viel unheimlicher war, sie konnten ihn auch verstehen.

Der Abschied

Lange musste man gehen und nur wenige kannten den gefährlichen Weg. Doch Stalinia musste zurück. Vor vielen Jahren war sie, wie es Brauch war, gegangen, um die Rasse der Sulatinerinnen zu mehren. Ihr Volk bestand ausschließlich aus weiblichen Elfen, die nur einmal in ihrem Leben gebären konnten, und so gingen nach ihrer Zeitrechnung alle drei Jahre, was ungefähr dreißig dragazinischen Jahren entsprach, drei von ihnen auf eine Wanderung ins Umland. Durch ihre Magie nahmen sie die Gestalt von kleinen, unansehnlichen Frauen an, die den Waldfrauen der Dragaziner ähnelten. So suchte sie sich jede einen neuen Partner. Es waren immer Männer, die sich durch Intelligenz und Menschlichkeit und nicht durch Macht oder gar Aussehen auszeichneten. Nach der Vermählung wurden sie schwanger und kurz vor der Niederkunft kehrten sie zurück nach Sulatinien, wo dann drei Elfenmädchen das Licht der Welt erblickten. So war es und so würde es immer sein.

Nur nicht bei Stalinia. Sie verliebte sich in ihren Mann so sehr, dass sie nicht in der Lage war, ihn zu verlassen und so geschah es, dass durch ihr Handeln der Brauch gebrochen wurde. Sie gebar damals einen gesunden Jungen und lebte viele Jahre mit ihrer Familie und vergaß dabei ihr wahres Ich. Sie hatte sich im Dorf ihres Mannes sehr nützlich machen können, denn ihr Wissen über Kräuter und Wurzeln machte sie zu einer Art Heilerin. In den ersten Jahren konnte sie sich über zu wenig Arbeit nicht beschweren, denn viele Dragaziner kamen mit der Zeit fast aus den umliegenden Wäldern zu ihr, um sich Arznei zu holen.

Am Anfang fiel es auch nicht allzu sehr auf, dass sie offenbar nicht zu altern schien, doch nachdem ihr Mann immer faltiger und grauer wurde, wusste sie, dass sie anders war als alle anderen hier im Dorf und dass die Zeit der Trennung bald kommen würde.

Eines Tages aber kam eine sehr hübsche und hochgewachsene Frau in ihr Dorf und bat darum, mit Stalinia sprechen zu dürfen. Als sich die zwei Frauen dann trafen, war es für Stalinia wie ein Schock. Wie konnte sie nur in all den Jahren vergessen, dass sie eine Sulatinerin war?

Hewuglia, die andere Sulatinerin, begann ihr zu berichten, was sich in den Jahren ihrer Abwesenheit Dramatisches in ihrer Heimat zugetragen hatte: Eine schlimme Krankheit war ausgebrochen und hatte alle Elfen unfruchtbar gemacht. Viele von ihnen waren an den Folgen der Krankheit gestorben. Nur wenige hatten überlebt und waren damit beschäftigt, die Kranken zu versorgen. Es gab jetzt nur noch zehn von ihrem einst so großen und stolzen Volk und darum müsste sie jetzt zurückkehren, um über die Zukunft der Sulatinerinnen Rat zu halten.

Stalinia ging zu ihrem Mann und erzählte ihm unter Tränen ihre wahre Geschichte – dass sie ihn aus Liebe nicht hatte verlassen können. Da ihr Volk jedoch nun in Gefahr sei, müsse sie nun heim, um dort zu helfen. Dann bat sie ihn noch darum, dass er ihrem gemeinsamen Sohn ihre Liebe beteuere und dass er ihm und seiner Familie die besten Wünsche übermitteln solle. Der Sohn lebte mit seiner Frau und seinen zwei Kindern, einem Jungen und einem Mädchen, im Nachbardorf. Dann küsste sie ihren Mann voller Liebe ein letztes Mal.

„Lebe wohl, mein Mann. Ihr werdet immer in meinem Herzen sein, was auch geschieht.“ Sie verließ das Haus mit dem Wissen, dass sie ihn, ihren Sohn und dessen Kinder nie wiedersehen würde.

Verzweifelt und unter Tränen musste sie ihren Mann zurücklassen. Er sah nicht, dass sie in dem Moment, als sie die Schwelle des Hauses überschritt, ihre alte Gestalt wieder annahm. Nun sah sie wieder aus, wie sie einst als Sulatinerin ausgesehen hatte.

Mit schwerem Herzen verließ sie das Dorf. Sie wusste um den langen Weg, den langen weiten Weg nach Hause.

Der Weg nach Sulatinien

Sie musste viele Tage gehen bis sie, ganz im Süden des Landes, die große Bergkette sah. Wie eine riesige Wand türmte sie sich auf und es schien das Ende dieses Landes zu sein. Am Südhang des Schataltes, dem größten der elf Berge, war eine riesige Hochebene, die es zu erreichen galt. Doch zuerst musste sie noch Remasgnal durchqueren, das große Moor, von dem es hieß, dass hier einst die Leverdeser ihr Unwesen trieben. Jene Wesen, die ungeschützt an die Nacht gebundenen waren. Bei Kontakt mit Tageslicht schmolzen sie wie Wachs dahin und ihre Körper wurden eins mit dem schlammigen Boden. Sie suchten sich kurz vor Sonnenaufgang eine schlammige Stelle und versanken dort bis zum Abend. Es waren stinkende Wesen, die versuchten, jene, die auf Wanderschaft waren, von deren Wegen abzubringen, damit sie dann im Moor versanken. Am Fleisch jener Unglücklichen labten sie sich dann. Nur die Hüllen ließen sie übrig, um diese am Tage wie einen Umhang anzuziehen, um so tagsüber durchs Moor wandern zu können und so das Licht des Tages nicht fürchten zu müssen.

Vor langer Zeit hatte Stalinia dieses Moor des Öfteren durchquert. Sie hatte niemals auch nur ansatzweise einen Leverdesen zu Gesicht bekommen. Laut des großen Buches von GAR hatte Mared vor langer Zeit gegen die Leverdesen gekämpft. Er konnte sie jedoch damals nicht bezwingen, da es gegen seine Natur war, zu morden. So hatte er die schrecklichen Wesen in ewigen Schlaf verbannt. Dennoch war sie sich nicht sicher, was es mit diesen alten Wesen wirklich auf sich hatte.

Überall hier im Moor sah man merkwürdige Dinge, für die

es meistens eine ganz einfache Erklärung gab. Zum Glück war ja Hewuglia bei ihr, mit ihr zusammen war die Furcht nur halb so groß. Langsam wurde es dunkler und die Sonne, die den ganzen Tag erfolglos versucht hatte, den Nebel über diesem Moor zu durchdringen, um den feuchten Moorboden zu trocknen, ging nun langsam unter. Es war umso erstaunlicher, dass sie tatsächlich immer den richtigen Weg fanden. Das Moor war wie ein riesiges Labyrinth. Nur dass hier keine Wände oder Gräben den Weg versperrten, sondern der sumpfige Boden. In ihm sollen schon ganze Armeen versunken sein. Vereinzelt sah man einige wenige Bäume und Büsche, diese dienten als Anhaltspunkt für festen Boden. Es gab jedoch einige Stellen, an denen Bäume schon seit Jahren gleich hoch zu sein schienen. In Wirklichkeit war hier das Moor besonders tief – an diesen Stellen versanken die Bäume wieder genau so schnell, wie sie wuchsen. Eine sehr interessante Vorstellung, dass unter diesem Moor ein großer Wald zu wachsen schien. Einiges von dem Wasser, das dieses Moor speiste, kam aus den Quellen Sulatiniens. Über einige kleine Wasserfälle fiel es, wie über eine Treppe, den Berg herab, in einem kleinen Bach, der dann in diesem Moor zu versickern schien. Sie wollten genau diesen Bach und damit auch den untersten Wasserfall finden. Denn dort war der Eingang zum kleinen Pfad nach Sulatinien. Damals hatte Stalinia gedacht, das Moor würde sich nicht verändern, doch nun, da sie es seit Jahren nicht mehr durchquert hatte, fiel ihr auf, wie viele Dinge sich hier verändert hatten.

Heute schien der Nebel besonders dick zu sein und überhaupt schien der Weg an diesem Tag viel weiter als früher zu sein. Sie konnte in Hewuglias Gesicht lesen, dass sie sich nicht sicher war, wo sie sich gerade befanden. Man konnte gerade noch zwei Schritte weit sehen und es fiel Stalinia auch schwer, sich zu orientieren. So nebelig war es hier noch nie gewesen.

Plötzlich schien es, als würde sich ein Teil des Nebels vor ihnen sammeln, als würde irgendetwas diesen Nebel ansaugen. Erschrocken blieben sie stehen. Langsam wurde der Nebel immer dichter und nahm dann beinahe die Gestalt einer Sulatinerin an.

„Habt keine Angst", vernahm Stalinia eine weibliche Stimme, die aus dem Nebel vor ihnen zu kommen schien. Für einen Moment überlegte sie, ob weglaufen eine gute Lösung wäre, doch sie besann sich und blickte neugierig auf das Geschehen vor sich. Immer mehr Nebel schien in das Zentrum der Gestalt gesaugt zu werden. Bis schließlich ein Mädchen vor ihnen stand.

„Ich bin Zanderuska, mir kann das Moor nichts anhaben und ich kann Euch helfen, hier herauszufinden. Doch bitte ich Euch, mich als Gegenleistung dafür mitzunehmen", sprach die Gestalt flehend.

„Man nennt mich Stalinia, dies ist meine Schwester Hewuglia. Wir sind auf dem Weg nach Sulatinien. Vor Jahren ging ich diesen Weg bereits viele Male. Habt Dank für Euer Angebot, doch glaube ich, dass wir auf dem rechten Weg sind und wir Eure Hilfe deshalb nicht benötigen. Gerne würden wir Euch helfen, doch ist unser Anliegen vorrangig und wir können uns Eurer nicht annehmen", erwiderte Stalinia.

„Bitte lehnt nicht zu schnell ab, die Zeiten haben sich geändert. Harsofedus, der Gnom und jetzt seines Zeichens selbsternannter Hüter des Moors, hat befohlen, dass niemand, der das Moor ohne seine Erlaubnis betritt, dieses jemals lebend verlassen darf. Er hat die Leverdeser geweckt, die Mared einst in den Schlaf zwang und die so viele Jahre hier schliefen. Sie hören jetzt auf das Wort von Harsofedus und er versprach ihnen viel. Nun sind sie hungrig und ständig auf der Suche nach Fleisch. Sie haben schon viele getötet und auch meine Rasse fast ausgelöscht. Habt Ihr die Erlaubnis von Harsofedus, das Moor zu queren?“, fragte Zanderuska.

„Nein“, erwiderte Stalinia, „ich wusste auch nicht, dass es einen Hüter des Moors gibt und ich würde ihn auch nicht um Erlaubnis fragen. Denn dieses Land ist das Land aller. Aber sagt mir, wie meint Ihr, dass Ihr uns helfen könnt?“

Hinter sich hörten sie plötzlich Gebrummel und Getapse, so, als würden viele Füße durch das Moor stampfen, und ein widerlicher Gestank machte sich breit.

„Durch meinen Dunst kann ich Euch schützen und nun seit still und gebt acht.“ Zanderuska löste sich wieder in Nebel auf, strömte an ihnen vorbei und bildete direkt hinter ihren Rücken eine scheinbar undurchdringliche Nebelwand. Man konnte hören, wie sich eine ganze Horde von Wesen, vermutlich die Leverdeser, durch das Moor kämpfte.

Ihre Laune war, wie das Moor selbst, düster und unberechenbar. Sie waren noch nicht lange wach und so schlugen sie sich gegenseitig beim Gehen. Einige versuchten vor lauter Wut ständig ihren Vordermann zu Fall zu bringen. Dieser wehrte sich dann, indem er wie ein Pferd plötzlich nach hinten austrat. Das Ganze wurde begleitet von ständigen Beschimpfungen und Gemecker. Einer schrie mit kreischender, sehr hoher Stimme: „Dahhh nix lang. Zu wenig gucken da. Besser lang hier da, dann bald Essen finden, wir dann finden in die Nacht den Einen.“ Und so änderte die Horde unter lautem Gemecker ihre Richtung und sie ging ganz knapp an den dreien vorbei, ohne diese zu sehen. Langsam, mit immer größer werdendem Abstand, wurde auch der Gestank, der in der Luft lag, weniger.

„Da staunt Ihr, zu was so ein Dunstmädchen alles fähig ist." Mit diesen Worten nahm Zanderuska wieder ihre Gestalt an und Stalinia sprach: „Wir danken Euch für Eure Hilfe! Ohne Euch wären wir bestimmt in arge Bedrängnis geraten. Wenn Ihr möchtet, könnt Ihr Euch uns gerne anschließen. Für Eure Hilfe und Euren Schutz sind wir dankbar. Was sagst du, Schwester?"

Hewuglia nickte Stalinia zu, man konnte der Ärmsten immer noch den Schreck im Gesicht ansehen. Stalinia fand, dass sie von Tag zu Tag schlechter aussah.

„Nun gut, Zanderuska, wir müssen an den Ort, an dem das Wasser vom Berg herabstürzt und dieses Moor speist, denn dort beginnt der Pfad nach Sulatinien."

„Ähhh, ich habe da noch ein wichtiges Anliegen", begann Zanderuska, „in den letzten Tagen ist viel Leid in diesem Moor geschehen. Nach einem großen Kampf vor ein paar Tagen traf ich auf einen Zwerg und es scheint mir, als hätte er ein gutes Herz. Könnte auch er uns begleiten?"

„Wie kommt ein Mädchen wie Euch dazu, einem Zwerg zu helfen", fragte Stalinia, „und wo finden wir ihn?"

„Man braucht mich nicht zu suchen und was soll das heißen – ein Mädchen wie Ihr?" Ein kleiner, gedrungener Mann mit einem knolligen Gesicht trat wie aus dem Nichts auf den Weg. Er trug eine Art Rüstung. Sie bestand aus vielen kleinen Holzplatten, die aneinander und übereinander befestigt waren. In seiner rechten Hand hielt er eine Axt, die, wenn er sie mit dem Griff auf den Boden stellte, seinen Kopf um einiges überragte.

„Ich bin Lezruw, der Waldzwerg, ich bin der Letzte meiner

Sippe." Mit vor Stolz geschwellter Brust, wie es bei Zwergen so üblich war, begann er damit, sich aufzubauen und sprach mit fester, aber knurrender Stimme: „Diese Ungeheuer kamen zuerst des Nachts in unser Dorf und raubten unsere Kinder. Sie verschleppten sie in die Sümpfe, um sie dann auszuweiden wie Vieh. Sie krochen in ihre ausgehöhlten Körper. Sie zogen diese an wie Kleider, um dann an den Rand des Moors zu kommen. Wir wollten natürlich unsere Kinder retten. Doch immer, wenn wir dachten, wir hätten endlich eines unserer Kinder wiedergefunden, stellte sich heraus, dass es wieder einmal nur einer von diesen widerlich stinkenden Leverdesern war. So haben sie uns einen nach dem anderen ins Moor gelockt und getötet. Trotz des verräterischen Gestankes, der von ihnen ausging, hat es fast keiner von uns gewagt, sich gegen sie zu wehren. Denn diese Ungeheuer haben auch die Stimmen unserer Kinder nachgeahmt. Habt ihr schonmal die Waffe gegen eines eurer eigenen Kinder erhoben?" Sein gesamter Körper schien in sich zusammen zu sinken und er sprach mit leiser Stimme weiter: „Sie wissen, dass nun nur noch einer von uns übrig ist. Nämlich meine Wenigkeit. Würde es Zanderuska nicht geben, hätten sie mich schon längst gefangen und getötet. Nur ihrem Talent ist es zu verdanken, dass sie mich nicht fanden." Und dann sagte er leise und so, dass es die anderen nicht hören konnten: „Wobei ich manchmal nicht weiß, ob ich ihr dafür wirklich dankbar sein soll."

Das Leid und auch der Hass, den man in seiner Stimme hören konnte, umfasste Stalinias Herz und so sagte sie: „Auch du, Lezruw, Letzter deiner Art, kannst uns begleiten. Es gibt viele Aufgaben in dieser Zeit, derer wir gemeinsam vielleicht besser gewachsen sein werden. Doch nun kommt, wir müssen schnell weiter, ich mache mir große Sorgen um mein Volk. Ich fürchte, dass es unserer Hilfe bedarf."

In dieser Nacht gingen die vier vorsichtig und möglichst lautlos weiter. Manchmal hörten sie von weitem die Leverdeser, die offensichtlich wild um sich schlugen und ächzend und kreischend durch das Moor tobten.

Noch das ein oder andere Mal musste Zanderuska ihre schützende Nebelwand in dieser Nacht um die anderen bilden. Sie warteten dann schweigend darauf, dass sich der Gestank langsam verzog. Einmal sah Zanderuska auch ein Kind, das zusammen mit den Leverdesern durch das Moor lief. Sie wollte gerade ihren Gefährten Bescheid geben, da beobachtete sie, wie sich das Kind auf den Rücken griff und sich eine Haut von hinten über den Körper streifte. Ein Leverdeser stieg aus dieser Hülle und ließ sie einfach im Dreck liegen. Dieses Bild sollte sie ihr Leben lang nicht mehr aus ihrem Kopf verbannen können.

Sie erzählte den dreien nichts davon, aber in diesem Moment stieg in ihr die Gewissheit auf, dass sie, wo immer die Leverdeser den Rest ihre Sippe hinverschleppt hatten, diese nie wieder zu Gesicht bekommen würde. Leise begann sie, vor sich hin zu weinen.

Der schmale Pfad

Das Plätschern des Wasserfalls konnte man nun schon seit einiger Zeit hören und die vier folgten dem kleinen Bachlauf aufwärts. Nichts erinnerte hier an die grausigen Begegnungen der letzten Nacht. Die Sonne ging langsam auf und am Rande des Moors war der Nebel kaum noch zu sehen. Leise hörte man sogar einige Vögel zwitschern. Hier, am Fuße des Schataltes, schien es nur diesen Wasserfall und das Moor zu geben. Es war kein Weg zu sehen und Lezruw und Zanderuska sahen sich verdutzt um. Die Höhe des Wasserfalls konnten sie nur schwierig einschätzen. Er fiel eine ziemlich steile Fellswand herab, an der man offensichtlich nicht hochklettern konnte. Wo sollte es hier weitergehen? Zanderuska fragte verunsichert: „Seid ihr sicher, dass hier der rechte Weg lang führt?“

„Nun ist es an der Zeit, dass ihr uns vertraut. Folgt uns und ihr werdet sehen.“ Mit diesen Worten gingen Stalinia und Hewuglia direkt durch den Bach auf den Wasserfall zu. Nach einigen wenigen Schritten gingen sie einfach durch das Wasser hindurch und verschwanden. Jetzt sahen der Zwerg und das Dunstmädchen völlig verdutzt drein. Doch plötzlich teilte sich der Wasserfall und das Gesicht von Stalinia erschien wie durch einen Vorhang. „Kommt schon“, sagte sie, „wir haben noch einen weiten Weg vor uns.“ Ihr Gesicht verschwand wieder.

„Ich hasse es, wenn ich nicht weiß, was passiert“, grummelte Lezruw und nahm Zanderuska an die Hand und ging mit ihr durch den Wasserfall.

„Brrrr, ist das Wasser hier immer so kalt?“, grummelte Lezruw. „Ich hasse Wasser.“ Er rieb sich das Wasser aus den

Augen und kam aus dem Staunen nicht heraus. Sie befanden sich in einer riesigen Höhle, deren Eingang tatsächlich hinter dem Wasserfall lag. Ganz weit oben konnte er das Tageslicht erkennen und, nachdem seine Augen sich an das Licht gewöhnt hatten, auch den Gipfel eines Berges. Diese Höhle war tatsächlich nach oben offen, wie ein Kamin oder ein Turm. Lezruw war bis auf die Knochen nass geworden. Wohingegen Stalinia und Hewuglia scheinbar überhaupt kein Wasser abbekommen hatten. Stalinia ergriff das Wort: „Wir werden hier eine kurze Rast machen. Lezruw, wenn du möchtest, entfachen wir hier ein Feuer und du kannst deine Kleidung trocknen." Sie drehte sich ein wenig zur Seite und zeigte mit ihrem Finger auf eine Stelle, an der einige Holzscheite aufeinanderlagen. Als Lezruw nickte, wippte sie einmal kurz mit ihrem Zeigefinger und das Holz begann augenblicklich zu brennen. Dann sprach sie weiter: „Hier beginnt der Pfad der Elfen. Genau genommen ist dies hier schon Sulatinien. Es wurde noch nicht vielen gestattet, diesen Weg zu gehen, und nur wenige kennen ihn. Doch könnt ihr euch gewiss sein, wer zu uns in Frieden kommt, wird von meinen Schwestern willkommen geheißen."

Auch Zanderuska ging in die Richtung des Feuers, damit sie sich dort ein bisschen aufwärmen konnte. Sie genoss durchaus auch die Nähe von Lezruw. Sie gab sich Mühe, nicht zu nah an das Feuer zu treten, da sie wusste, dass, wenn es ihr zu heiß werden würde, sie sich in Dunst auflösen würde, und das wollte sie in jedem Falle im Beisein dieses kleinen, knuffigen Zwerges verhindern.

Nachdem sich alle ein wenig gestärkt und auch getrocknet hatten, beschlossen sie, weiter zu gehen. Von der großen Halle aus ging ein kleiner, schmaler Pfad wie eine Wendeltreppe immer der Wand entlang. Der Boden war äußerst glitschig und abgetreten. Kleine, freche Ohrücken flogen ständig vor ihren Gesichtern hin und her und versuchten, sich an den Ohrläppchen festzuhalten, denn nur hier konnten sie sich aufgrund ihrer anatomischen Missbildung festhalten und gleichzeitig mit ihren Korkenzieher ähnlichen Rüsseln, deren Ende aussah wie eine lange Trompete, die oberen bereits abgestorbenen Hautpartikelchen absaugen. Lästig war für deren Wirt eigentlich nur, dass dabei ein knutschendes Geräusch entstand, das, bedingt durch die Nähe am Ohr, als extrem laut empfunden wurde. Den zwei Sulatinerinnen konnten die Ohrücken offensichtlich nichts anhaben, denn sie gingen unbeirrt immer weiter. Lezruw hingegen hieb unentwegt mit seiner großen Axt Löcher in die Luft, in der Hoffnung, sie zu vertreiben. Zanderuska versuchte, sich von den plagenden Insekten zu befreien, indem sie sich alle paar Meter in Dunst auflöste. Die Ohrücken flogen dann schnell davon und sie verwandelte sich sofort wieder zurück. Was mag das bloß für ein Anblick gewesen sein? Zwei hochgewachsene Elfen, die in ihrem stolzen Gang ihren Weg beschritten. Dahinter ein wild um sich schlagender Zwerg, der, nebenbei gesagt, hinter den Elfen noch ein wenig kleiner wirkte, und dann am Schluss ein Dunstmädchen, das ständig mit einem ‚ppfffff' ihre Gestalt wechselte.

Lezruw blickte gelegentlich nach unten. Ihm wurde ganz mulmig und langsam wurde ihm übel. Nachdem sie mehrere Stunden so gegangen waren, wusste er nicht, ob das von dem ewigen im Kreis Gehen oder von dieser schrecklichen Höhe herrührte.

Zwerge gehören auf den Boden oder unter die Erde, dachte er sich und ging weiter. Schließlich erreichten sie einen Höhleneingang, an dem sie haltmachten. Stalinia erklärte ihnen, dass sie nun einige Zeit durch den Berg gehen müssten, doch dann wäre es nicht mehr weit. Sie sagte: „Nehmt euch jeder ein paar Fackeln mit, hier vorne stehen immer welche auf Vorrat. Wenn wir zurückkommen, bringen wir wieder Neue mit. Passt auf, dass ihr euch nicht die Köpfe stoßt. Die Höhle ist an manchen Stellen nicht besonders hoch." Mehr aus Versehen blickte sie bei den letzten Worten Lezruw an und konnte sich ein Lächeln nicht verkneifen. Dieser erwiderte das Lächeln und sagte mit gespielter Empörung: „Nun mach dich ruhig lustig über mich. Doch bald wirst du erkennen, dass es manchmal auch vorteilhaft ist, ein Zwerg zu sein."

Und so gingen die vier immer tiefer in die Höhle. Diesen Weg hätte sowohl Lezruw als auch Zanderuska nie im Leben alleine gefunden und selbst wenn, wäre keiner von beiden auf die Idee gekommen, hier entlang zu gehen. Wozu auch? Seit einiger Zeit schon konnte man ein leises Rauschen vernehmen.

Die vier wechselten sich beim Tragen der brennenden Fackel immer ab. So brauchten sie stets nur eine anzuzünden. Endlich konnten sie in der Ferne ein schwaches Licht erkennen. Dies war der Ausgang aus dem Berg. Als sie an den Durchgang kamen, auf dessen anderen Seite offensichtlich auch ein Wasserfall herhabfiel, sprach Hewuglia: „Hinter diesem Wasserfall ist das Reich von Schringwir, dem Adler. Sein Horst befindet sich hoch oben in der Nähe des Gipfels des Schataltes und schon so lange, wie es uns gibt, liegt darin sein Ei, das er bewacht. Er kann uns von dort oben sehen und wird uns sicher auch begrüßen wollen. Er hütet diesen Weg, um sein Ei zu schützen. Neigt eure Köpfe, um ihm zu huldigen und egal, was auch geschieht, seht ihm niemals direkt in die Augen, denn das bedeutet für euch den sicheren Tod. In unserer Begleitung solltet ihr sicher sein, denn er ist unserm Volk seit je her wohl gesonnen.“

Warum sollte ich wohl vor einem Adler, der seit Ewigkeiten auf sein gammliges Ei aufpasst und nicht merkt, dass da wohl nichts mehr rauskommt, Angst haben?, fragte sich Lezruw. Es kostete ihn ziemlich viel Überwindung, erneut durch so einen dämlichen Wasserfall zu gehen. Die Erinnerung an die letzte kalte Dusche war bei ihm noch nicht wirklich verblasst.

Wusste denn hier niemand, dass Zwerge für gewöhnlich nicht duschen?

Als sie durch den Wasserfall gegangen waren, fanden sie sich auf einem kleinen Plateau wieder. Drei Viertel des Plateaus wurden von Felsen des Berges umschlossen. Da, wo sich das Wasser zu einem kleinen Teich staute, war das Plateau offen und man konnte weit ins Land hineinschauen. Auf der anderen Seite des Teiches schien das Wasser ins Nichts zu fallen.

„Hier werden wir wohl die Nacht verbringen, denn der letzte Aufstieg ist zu steil, um ihn im Dunklen zu gehen“, beschloss Stalinia. Wie gerne wäre sie heute noch weitergegangen, um endlich Gewissheit darüber zu erlangen, was mit ihrem Volk geschehen war. Sie blickte Zanderuska an. Ihr war die Anstrengung des Tages ins Gesicht geschrieben. In den letzten Stunden hatte sie sich unzählige Male in Dunst aufgelöst. Stalinia vermochte nicht nachzuvollziehen, wie viel Kraft sie das wohl gekostet haben mochte.

Plötzlich verdunkelte sich für einen kurzen Moment der Himmel und man konnte ein leichtes Rauschen hören. Zanderuska und Lezruw zuckten erschrocken zusammen. Stalinia rief ihnen zu: „Das ist Schringwir, sie kommt, um uns zu begrüßen. Denkt an unsere Worte." Sie drehte sich in Richtung des Teiches und neigte leicht den Kopf. Mit einem lauten Kreischen ließ sich der Adler mitten im Teich nieder.

Potz Blitz! Ist das ein Riese!, schoss es Lezruw durch den Kopf. Solch ein gewaltiges Tier hatte er noch nie zuvor gesehen. Beinahe wäre er auf den Rücken gefallen, da der Adler beim Landen noch einmal mit den Flügeln geschlagen hatte. Dieser Vogel war gut und gerne zwanzig Schritte hoch. Kein Wunder, dass man vor diesem Tier Respekt hatte. Lezruw tat es seinen Begleitern gleich und neigte den Kopf.

„Stalinia, sei willkommen, Euch habe ich ja schon ewig nicht mehr hier gesehen. Es ist viel geschehen, seitdem Ihr fort wart. Und auch Ihr seid mir willkommen, verehrte Hewuglia, Ihr seid blass um die Nase, geht es Euch nicht gut? Wer sind denn diese Frau und dieser etwas, hmm, sagen wir, zu klein geratene Mann, die Euch da begleiten?", sprach der Adler und dabei legte er seine Flügel an.

Stalinia antworte ihm: „Schringwir, Herrin der Lüfte, wir grüßen Euch. Dies ist Zanderuska, sie rettete uns im Moor das Leben, und das ist Lezruw, er ist ein Waldzwerg. Ihn trafen wir ebenfalls im Moor. Er ist der Letzte seiner Art. Die Leverdeser aus dem Moor wurden erweckt und haben seine gesamte Sippe ausgelöscht. Die zwei wollen uns begleiten. Die Nacht werden wir hier verbringen und morgen gehen wir dann hinauf."

„Also stimmt es doch. Die Leverdeser sind wieder wach. Das passt ja zu den anderen Dingen, die im Lande so vor sich gehen. Man sagt, dass sich nicht weit von hier, in der Schlucht von Revadas, die Grevwalder versammeln, um gegen die Nanus zu kämpfen. Sie wollen sie ein für alle Mal unterjochen oder ganz auslöschen. Ich wünsche Euch Glück auf Euren Wegen und gewähre Euch meinen Schutz für diese Nacht, wenn Ihr ihn wollt. Und Ihr, Lezruw, verzeiht mein ungebührliches Benehmen. Doch muss ich nun fort. Ihr wisst ja, mein Ei", erwiderte der Adler und Stalinia sprach: „Habt Dank, Schringwir, Euren Schutz nehmen wir gerne an."

Bei ihren Worten erhob sich der Adler und mit ein paar leichten Flügelschlägen war er wieder in den Wolken verschwunden.

„Was war das?", entfuhr es Lezruw, der sich vorkam, als hätte ihm ein Sturm ins Gesicht geblasen. Er konnte den Adler nicht verstehen. Für ihn war es, als habe der Adler nur gekreischt.

Stalinia erklärte ihm, dass sie mit ihm gesprochen habe und dass sie in dieser Nacht sicher waren. Dann, als weder das Dunstmädchen noch der Zwerg es bemerkten, erweiterte Stalinia ihren magischen Umhang, sodass auch die zwei unter dessen Schutz lagen. Jetzt konnte sie auch von den Ohrücken nicht mehr geärgert werden, denn diesen Mantel konnte so schnell nichts durchdringen. So schliefen sie alle – kurz, aber tief und erholsam.

Schringwirs Los

Hätte man in jener Nacht auf dem Plateau gestanden und gelauscht, hätte man zu jeder halben Stunde das surrende Geräusch gehört, welches nur von Federn stammen kann, die sanft durch die Luft gleiten. Schringwir wusste schon seit Jahren, dass aus ihrem Ei kein Jungvogel mehr schlüpfen würde. Sie hatte es damals erkalten lassen, als Mared sie um Hilfe für die Schlacht gegen die Leverdeser bat. Sie waren damals losgezogen und hatten die Leverdeser tagelang bekämpft. Schließlich hatte Mared die Leverdeser durch eine List in den ewigen Schlaf verbannt. Danach hatte er ihr aufgetragen, über die Hochebenen zu wachen, und wie sagte er noch gleich: „… den Vieren, die kommen werden, von denen jedoch nur drei für den Weg bestimmt sind, musst du helfen. Sie werden das alte Wissen retten und damit den Grundstein legen, die Welten zu retten. Bitte gib Acht auf sie. Vielleicht brauchen sie auch deine Hilfe und ich denke, auch du wirst dein Schicksal dann erfüllen. Würdest du das für mich tun?“

Sie hörte seine Stimme immer noch in ihren Ohren. Sollte ihr Freund, der alte Mared, mit diesen Vieren die vier auf dem Plateau gemeint haben und warum waren nur drei von ihnen für den Weg bestimmt? Dass der alte Filou mit ihr auch immer in Rätseln sprechen musste. Lange genug war es ja schließlich schon her, dass sie diese Worte gehört hatte. Langsam war auch sie zu einer älteren Dame geworden. Sie zählte schon lange nicht mehr die Jahre.

Sie ließ sich den steilen Berghang herabstürzen und bog dann kurz vor dem Moor in einen horizontalen Gleitflug ein. So segelte sie, ohne auch nur einen Flügelschlag zu machen, über das gesamte Moor hinweg. Sie konnte die merkwürdigen Geräusche so viel besser hören als von ihrem Ausguck hoch oben auf dem Berg. Es waren diese Geräusche, die die Leverdeser von sich gaben, und der Gestank schien ihr unerträglich. Sie waren tatsächlich erwacht. Schnell begann sie erneut mit dem Aufstieg und machte einen großen Bogen, bis sie schließlich wieder in die Richtung des Schataltes flog. Sowohl das gelbrote Leuchten als auch die kleine stetige Rauchwolke, welche sie schon seit einiger Zeit beobachtete, wurden immer deutlicher. Auch der Geruch nach stinkendem Schwefel wurde immer intensiver. Was immer die vier noch vorhatten, sie sollten es schnell tun. Der Berg würde nicht mehr ewig auf sich warten lassen. Sie überlegte, nach dem nächsten Überflug in die Richtung der Revadasschlucht zu fliegen, um dort nach dem Rechten zu sehen. Wenn sie sich beeilen würde, könnte sie in einer halben Stunde zurück sein. Gefahr für die vier bestand ohnehin nicht, denn so schnell konnte keiner auf das Plateau gelangen, auf dem sie ruhten.

Sie schoss wie ein Pfeil gen Norden. Nachts flog sie nicht besonders gerne, weil sie dann doch sehr auf ihr Gehör angewiesen war, und das wurde langsam etwas schlechter. Doch dann, auf der Ebene vor der Revadasschlucht, konnte sie unzählige kleine Lichter erkennen. Sie erschrak – das waren die Grevwalder. Noch nie hatte sie so viele von ihnen gesehen und sie wusste gar nicht, dass es so viele von ihnen gab. Hier hatten sie ihr Lager aufgeschlagen.

Als Schringwir in großer Höhe über die Ebene segelte, kristallisierte sie einige Stimmen aus dem Gewirr heraus. Daraus entnahm sie, dass die Grevwalder dabei waren, ihr Lager in die Schlucht zu verlegen, um dann später in den Kampf gegen die Nanus zu ziehen. Sie waren mit ihren Frauen und Kindern angerückt und alle sollten mit in die Schlucht. So konnten sich die Frauen sowohl um die Kinder als auch um die Kämpfer, deren Wunden und deren leibliches Wohl kümmern. Die Grevwalder waren wie im Rausch und sie sprachen davon, in den nächsten Tagen die Nanus endlich auszurotten. Schringwir konnte es nicht begreifen. Wie konnte es Wesen geben, die so dumm waren und sich anmaßten, sich über andere zu stellen? Wussten sie denn nicht, dass jedes Rädchen wichtig war und das Gesamte nur mit allen Rädern funktionierte?

Sie segelte weiter und entdeckte auf der anderen Seite der Schlucht die Nanus. Auch sie waren im Begriff, ihr Lager nach unten in die Schlucht zu verlegen und auch die Nanus waren mit Kind und Kegel gekommen. Schringwir schossen die Tränen in die Augen, denn ihr war jetzt schon klar, dass diese Schlacht ohne Gnade verlaufen würde und dass nur eine Rasse diese Schlacht überleben würde. Hier würden in den nächsten Tagen auch viele Frauen und Kinder ihr Leben lassen müssen und keiner der unterlegenen Rasse würde diese Schlucht lebend verlassen.

Traurig und mit einem lauten, wütenden Schrei drehte Schringwir um und kehrte zurück, um über die vier zu wachen.

Die Rückkehr

Mit einem leisen Grummeln, das immer lauter wurde, begann der Boden unter ihnen zu wanken. Augenblicklich wurden alle vier aus dem Schlaf gerissen.

„Was war das?“, fragte Stalinia und die schwache Stimme von Hewuglia antwortete ihr: „So geht das nun schon seit längerer Zeit. Feedünar sagt, dass der Berg wütend sei und es würde ihn bald zerreißen.“

„Kommt, lasst uns weitergehen. Wir können in zwei Stunden da sein.“ Mit diesen Worten drehte sie sich zu Hewuglia um und erschrak. Ihre Schwester war bleich wie eine Wand und hatte tiefe, dunkle Ringe um die Augen.

„Schwester, denkst du, du schaffst den Aufstieg?“, fragte sie. Hewuglia nickte und bemühte sich, ein Lächeln auf ihr Gesicht zu zaubern. Feedünar, die Königin aller Sulatinerinnen, hatte sie beauftragt, die verlorene Schwester zu suchen, zu finden und zurückzubringen und ihr, Hewuglia, war dies gelungen. Allein der Gedanke an das liebevolle Lächeln Feedünars, ihrer aller Mutter, ließ sie neue Kraft schöpfen. Ja, sie würde diesen Aufstieg ein letztes Mal bezwingen, um zu ihrer geliebten Mutter zurückzukehren.

Nach knapp zwei Stunden hatten sie den steilen Aufstieg hinter sich gebracht. Nun war es nur noch ein kurzer Fußmarsch bis hin zum Palast von Sulatinien. Hier oben, an dieser Stelle der Hochebene, schien immer Frühling zu sein. Stalinia erinnerte sich, dass man hier oben alle vier Jahreszeiten gleichzeitig auf verschiedenen Flächen antreffen konnte. Dies war die Magie Sulatiniens.

Sie betraten eine breite Allee, deren Bäume so alt wie die Zeit selbst zu sein schienen. Das Blätterdach war so dicht, dass sich nur gelegentlich ein Sonnenstrahl hindurch mogeln konnte, und dieser funkelte dann wie ein Diamant. Ganz am Ende der Allee schien ein helles grünes Licht zu leuchten. Stalinia wusste, dass dort das Blätterdach zu Ende war und das Sonnenlicht dort ungehindert auf die frischen grünen Pflanzen fallen konnte. Trotzdem wirkte die Allee wie ein Tunnel und das Ende leuchtete entsprechend hell. Ja, jetzt wusste sie, sie war fast zuhause.

Beim „grünen Licht“ angekommen, mussten sie dreihundertdreiunddreißig Schritte gehen und dann um neunzig Grad nach rechts abbiegen. Diesen Vorgang wiederholten sie, obwohl Lezruw meinte, dies sei völlig blödsinnig, sechs Mal. Er war der Meinung, dass sie jetzt wieder in die Richtung gingen, aus der sie gekommen waren.

„Vertraue mir, Lezruw, dieser Ort ist anders als alles, was du bisher kanntest“, sagte Stalinia. „Sieh, dort vorne ist der Palast.“ Und tatsächlich, nach der letzten Biegung stand plötzlich der Palast von Sulatinien vor ihnen.

Solch ein prachtvolles und wunderschönes Gebäude hatten Lezruw und Zanderuska noch nie zuvor gesehen. Drei riesige Türme waren das Zentrum dieses Palastes. Unendlich viele Schmetterlinge flogen um den Palast herum. Weder Stalinia noch Hewuglia hatten hier je so viele Schmetterlinge gesehen. Es führten drei Treppen hinauf zu den drei Toren und an jedem Tor standen drei Statuen von wunderschönen Frauen. Die vier gingen die mittlere Treppe hinauf und das Tor öffnete sich vor ihnen wie von selbst. Stalinia ahnte nichts Gutes. Normalerweise waren hier Unzählige ihrer Schwestern gewesen. Dieser Palast war weniger zum Regieren als zum Studieren gedacht. In seinem Zentrum befand sich die wohl größte, umfangreichste und auch wohl mächtigste Bibliothek dieser Welt. Stalinia, die ihre Schwester nun schon eine ganze Weile stützte, sprach: „Kommt, wir müssen hineingehen." Sie spürte, dass Hewuglia immer schwächer und dadurch immer schwerer in ihrem Arm wurde. Sowohl die vielen schönen und bunten Fenster, die sie früher oft stundenlang angeschaut hatte, als auch die herrlichen Wandteppiche und Gemälde ließen sie heute kalt. Sie hatte nur noch ein Ziel: Feedünar. Sie hatten bis jetzt nicht eine einzige Seele gesehen. Sie durchquerten den Speisesaal, in dem gut zwei- bis dreihundert Seelen Platz gehabt hätten. Die Tische waren alle reichlich gedeckt, doch saß hier nirgends einer, der essen wollte. Stalinia bekam es mit der Angst zu tun. War sie doch zu spät aufgebrochen? Hewuglia sprach leise zu ihr: „Nicht so schnell, Schwester, ich habe kaum noch Kraft. Einige sind noch in der Krankenstation und werden dort von ein paar wenigen, treuen Dienern gepflegt. Lass uns schnell zu Feedünar gehen. Sie war schon sehr schwach, als ich sie das letzte Mal sah. Danach kannst du mich zur Krankenstation bringen."

Und so gingen sie in den nächsten Raum. Hier war alles anders. Kein Prunk war an den Wänden oder auf dem Tisch. Die Möbel waren nicht aus Marmor oder gar irgendwelchem Edelmetall, sie waren aus Holz und ein eher schmuckloser Kerzenständer, in dem eine Kerze brannte, stand auf einem Tisch neben einem Bett. Halb aufgerichtet lag in diesem Bett Feedünar. Ein Zucken durchzog Hewuglias Körper und sie ging die letzten Schritte ohne die Hilfe von Stalinia.

„Hewuglia, meine geliebte Tochter. Du hast Stalinia gefunden und sie zu mir gebracht. Kommt, setzt euch auf mein Bett. Ich will euch ansehen."

Die zwei taten, wie ihnen geheißen wurde. Für einen Moment schien es Lezruw und Zanderuska, als würde das Licht im Zimmer, wohl wegen soviel freudiger Energien, ein wenig heller.

„Auch ihr zwei seid willkommen, kommt doch näher! Ich will auch euch ansehen." Langsam gingen Lezruw und Zanderuska näher in Richtung Bett. Feedünar legte die Hand auf Hewuglias Kopf, küsste sie zart auf die Stirn und sprach zu ihr: „Ich danke dir, meine Tochter. Du hast trotz deiner Krankheit unser verlorenes Kind zurückgebracht. Nun füllt sich mein krankes Herz mit Freude und du hast damit deine Bestimmung erfüllt. Schließe deine Augen und fürchte dich nicht mehr."

Hewuglia legte ihren Kopf auf die Brust ihrer Mutter und entspannte sich. Noch einmal küsste Feedünar ihre Tochter und summte ein uraltes Schlaflied. Völlig entspannt atmete Hewuglia noch ein letztes Mal tief ein. Dann erlosch ihr Leben und sie starb selig in den Armen ihrer Mutter.

„Nun geh, meine Tochter und schenke noch vielen Freude." Der Leichnam von Hewuglia verwandelte sich bei diesen Worten in hunderte bunte Schmetterlinge, die eiligst den Weg zum offenen Fenster suchten. Nach wenigen Minuten hatte auch der Letzte seinen Weg hinausgefunden.

Feedünar wischte sich ihre Tränen aus dem Gesicht und wandte sich Stalinia zu. In diesem Moment erinnerte sie sich an die vielen Schmetterlinge, die sie vor dem Palast gesehen hatte. Jetzt wusste sie, dass das Sterben ihrer Schwestern im vollen Gange war.

„So ist der Kreislauf der Dinge", sprach Feedünar. „Lass dich anschauen, Tochter, und ihr zwei kommt näher. Wir haben einiges zu besprechen." Sie nahm das Gesicht von Stalinia und drückte es an ihre Brust. Stalinia fing augenblicklich an zu weinen. Jetzt erst spürte sie den Schmerz der letzten Jahre. Die Liebe zu ihrem Mann hatte ihn vollends unterdrückt. Jetzt flossen die Tränen der letzten fünfundzwanzig Jahre. Lezruw und Zanderuska trauten sich kaum, etwas zu sagen, doch dann wollte Zanderuska gerade ansetzen, da hörte sie die Stimme von Feedünar in ihrem Kopf: „Einen kleinen Moment noch, meine Liebe. Wir haben uns lange nicht gesehen." Und dann, nach einer kleinen Weile, sprach Feedünar zu allen: „Nun, in der letzten Zeit ist viel geschehen. Eine große Krankheit hat uns alle dahingerafft. Es gibt nur noch eine Handvoll von uns, aber auch die werden schon bald sterben."

„Aber du …", versuchte Stalinia zu erwidern.

„Unterbrich mich bitte nicht, Stalinia. Wir alle haben diese Krankheit, nur du bist dagegen immun. Unsere Rasse wird untergehen, so steht es schon seit Langem geschrieben. Du bist die eine, die übrigbleibt, um das Wissen zu hüten. Ich habe bereits vor Jahren veranlasst, dass ein Großteil unseres Wissens von hier fortgeschafft wird. Ich sehe, dass du bereits deine Begleiter gefunden hast. Ihr drei teilt von nun an das gleiche Schicksal. Ihr müsst den Rest der Bibliothek retten und vor allen Dingen das Buch von GAR. Mared hat es uns einst hinterlassen, damit der Eine, der irgendwann kommt, es nutzen und lesen kann. Mir ist es nie gelungen, darin zu lesen. Ich schuf für euch einen Palast inmitten der Stadt Practucolos. Den größten Teil der Bücher habe ich schon in den Palast bringen lassen. Nun ist es an euch, den Rest dorthin zu schaffen. Seid nicht zu enttäuscht, wenn ihr ihn seht, manche Dinge sind größer, als sie von außen zu sein scheinen. An diesem Ort wird für euch die Zeit nicht vergehen. Im Garten des Palastes werdet ihr alle Jahreszeiten erleben und ihr könnt säen und ernten, ihr aber werdet nicht altern. Das ist die Magie. Du, Stalinia, wirst den Palast alle 20 Jahre verlassen, um nach dem zu suchen, der kommen soll. Er wird Flowneklaf genannt und er wird in ungewöhnlicher Begleitung sein. Ihr zwei werdet für den Rest eures Lebens an diesen Palast gebunden sein. Wenn ihr ihn einmal betreten habt, könnt ihr ihn nie wieder verlassen. Wenn Flowneklaf gekommen ist und er den Palast nach seiner Ausbildung wieder verlässt, wird der Palast für immer aus dieser Welt verschwinden. Es gibt dann nur noch die eine Tür im Garten, die ihr durchqueren könntet, doch niemand weiß, wohin sie führt. Ihr könntet über ihre Schwelle treten oder aber mit dem Palast verschwinden. Seid ihr drei bereit, dieses Opfer auf euch zu nehmen?“

Die drei schauten sich gegenseitig an und nickten dann in ihre Richtung.

„So sei es. Ihr werdet die Hilfe von Schringwir, dem Adlerweibchen, nötig haben. Fragt sie, ob sie euch helfen will. Sobald ich sterbe, wird auch die Macht dieses Ortes vergehen und der Berg wird sein Recht zurückfordern. Darum verliert nicht zuviel Zeit, denn ich bin bereits sehr schwach. Nehmt diesen Leuchter mit euch, es ist das letzte Stück aus dem sagenhaften Reklafst, dem Schloss, das zusammen mit Mared verschwand. Nehmt auch dieses Oktrawill. Es wird seine Bestimmung noch suchen und seinem Herren dann ordentlich dienen.“

Und sie überreichte dem verdutzten Lezruw den Kerzenleuchter neben ihrem Bett und das Oktrawill. Nur widerwillig nahm er die Gegenstände an sich. Ihm ging das hier alles viel zu schnell. Über solche Dinge denkt man doch schließlich erst einmal richtig lange nach. Manche Sachen, so seine Erfahrung, erledigen sich beim Nachdenken auch schon mal von allein. Aber heute blieb wohl keine Zeit zum Nachdenken und so nahm er die Gegenstände an sich und befestigte sie an seinem Bündel.

Stalinia begriff nun, dass Feedünar zu schwach war und dass sie und ihre Gefährten allein dafür verantwortlich waren, jetzt zu handeln.

„Lebe wohl, Mutter. Zu gerne würde ich dich mit uns nehmen."

„Ich weiß, mein Kind, doch es geht nicht immer, wie wir es uns wünschen. Geht nun und sorgt euch nicht um mich. Ich folge meiner Bestimmung."

Sie drückten sich ein letztes Mal. Stalinia stand auf und wandte sich Lezruw und Zanderuska zu.

„Kommt, wir müssen schleunigst packen und uns auf den Weg machen. Lezruw, geh und rufe Schringwir, wir werden sehen, wie sie uns helfen kann. Du, Zanderuska, kommst bitte mit mir, ich zeige dir den Weg zu den Büchern. Wir werden sie dann gemeinsam sortieren und verpacken."

Lezruw ging recht unentschlossen zurück vor den Eingang mit den drei Treppen. Wieso sollte gerade er diesen komischen Adler rufen? War es nicht Stalinia, die angeblich mit dem Vogel reden konnte? Mit diesen Fragen stellte er sich auf die mittlere Treppe. Ich bin doch kein Falkner und wie soll ich den Vogel dazu bringen, das zu tun, was ich von ihm will?

„Schringwir, komm und friss mich!", sagte er leise vor sich hin, um so seinem Unmut über diese Situation Ausdruck zu verleihen. Er hatte die Worte noch nicht ganz ausgesprochen, da wehte ihm ein kräftiger Wind ins Gesicht. Es war Schringwir, die sich direkt vor ihm niederließ. Lezruw blieb wie erstarrt stehen. Schringwir öffnete langsam ihren Schnabel und nahm den Kopf des Zwerges, ließ ihn jedoch sofort wieder los. Der Zwerg senkte seinen Kopf, um dem Adler nicht in die Augen zu schauen.

„Wählt Eure Worte genau. Denn ich kann Euch den Gefallen erweisen, um den Ihr mich bittet."

„Er kann Euch nicht verstehen, edle Schringwir", ertönte Stalinias Stimme. „Ich danke Euch, dass Ihr so schnell gekommen seid. Nun möchte ich Euch um einen Dienst bitten. Seht her, Sulatinien ist dem Untergang geweiht. Meine Aufgabe ist es, das Erbe meiner Mutter und meiner Schwestern zu retten. Diese Kisten hier sind gepackt mit den wertvollsten Büchern und dem gesammelten Wissen unserer Welt. Auch das Buch von GAR, das Mared uns einst hinterließ, ist darunter. Hier steht das Wissen, das es zu retten gilt. Bitte helft uns, dies alles nach Practucolos zu bringen, denn nur dort sind wir und die Bücher sicher."

Es entstand ein langes Schweigen. Der Adler schaute abwechselnd in ihre Augen. Die Sonne brannte wohlig warm auf deren Körper nieder. Tausende von Schmetterlingen flatterten auf dem Vorplatz des Palastes in sanften Wogen hin und her. Ein wohliges und friedliches Gefühl breitete sich aus. Es schien keinen schönern Platz als diesen zu geben.

Zanderuska trat aus dem Palast und rief: „So, jetzt ist alles verpackt, es sind vier richtig große Kisten voller Bücher." Sie blickte zu den dreien hinüber und lief in deren Richtung. Dabei rief sie voller Freude: „Ah, Schringwir ist auch schon da, Ich freue mich, Euch zu sehen. Was ist denn los, ihr guckt alle so ... seltsam?"

Und wieder trat Stille ein. Man hatte das Gefühl, dass man die Flügelschläge der Schmetterlinge beinahe hören konnte.

„Nun gut“, durchdrang Schringwirs Stimme das Schweigen, „ich will Euch helfen. Ich denke, dass ich nun weiß, was Mared damals damit meinte, als er sagte, ich werde meine Bestimmung finden.“ Und mit einer raschen Bewegung hatte sie Lezruw gepackt und schleuderte ihn auf ihren Rücken. „Stalinia, sagt dem Zwerg, dass ihm nichts geschieht und nun stellt Euch zu den Kisten. Ich werde alles auf einmal tragen müssen.“

„Lezruw, vertraue ihm und lass einfach alles geschehen. Zanderuska, komm schnell“, rief Stalinia und lief in die Richtung der Kisten. Dort angekommen setzte sie sich auf die erste Kiste. Zanderuska tat es ihr gleich.

Plötzlich kam ihnen ein ganzer Schwarm Schmetterlinge aus dem Palast entgegen. Es schien, als würde in diesem Moment die Sonne glänzen und die Pflanzen in der Umgebung ihre Farbe verlieren.

„Mutter, nun bist auch du gegangen!“ Unter bitteren Tränen entfuhren Stalinia diese Worte.

Der Boden begann zu vibrieren und ein Grollen kam tief unten aus dem Berg.

„Und nun, Mared, sag mir, ist dies meine Bestimmung?“, schrie Schringwir aus voller Kehle. „Ja, ich bringe dieses Opfer.“ Durch die Magie, die Schringwir freisetzte, schrumpften die Kisten und die zwei Frauen bis auf einen Bruchteil ihrer eigentlichen Größe. Blitzschnell griff sie mit ihren Fängen die kostbare Fracht und erhob sich elegant mit nur wenigen Flügelschlägen in die Lüfte. Nur Schringwir allein wusste, welches Opfer sie in diesem Moment gebracht hatte.

Unter ihr wurde die Erde in zwei Teile gerissen und der Palast schien im gleichen Moment zu versinken. Sie konnten das flüssige Magma erkennen, das in der Tiefe brodelte. Der

Berg schien nur darauf zu warten, dass der Adler und seine Fracht weit genug weg waren, um sich dann dem unendlich hohen Druck ergeben zu können. Schringwir sah, wie ihre Heimat, in der sie in den letzten Jahren gelebt hatte, zerstört wurde. Ein lauter Knall beendete das Dasein des Schataltes. Die ganze Kuppe des Berges wurde in nur einem einzigen Flügelschlag zu Staub gesprengt. Eine riesige heiße Wolke schoss gen Himmel, doch Schringwir war nun schon weit genug entfernt und ihnen drohte weder vom Berg noch von der heißen Wolke akute Gefahr. Sie sah, wie das rot glühende Magma wie brodelndes Wasser den Berghang herunter strömte und wie Remasgnal innerhalb von Sekunden für immer Geschichte wurde. Sie vermochte sich nicht vorzustellen, wie weit dieser glühende Strom wohl fließen würde.

Eine riesige Staubwolke schob sich vor die Sonne und es wurde dunkel wie in der tiefsten Nacht.

Schringwir hatte nun nur noch ein Ziel – und das war Practucolos.

Pelenzius, König der Grevwalder

Generationen haben versucht, dieses Werk zu vollbringen. So lange hatte es gedauert, doch jetzt endlich war es Pelenzius gelungen. Ja, Stolz erfüllte seine Brust. Er hatte es geschafft, alle Fürsten der Grevwalder an einen Tisch zu bringen und sie in ihrem unendlichen Hass davon zu überzeugen, dass das Problem mit diesen Nanus nur auf eine Weise, nämlich endlich und verbindlich, zu regeln wäre.

Er, der nach dieser Zusammenkunft zum ersten wirklichen König der Grevwalder gekrönt wurde, stand nun kurz davor, sie in die Schlacht gegen diese dummen und unnützen Nanus zu führen. Der ganze Triumph würde ausschließlich ihm gehören. Noch nie hatte es einen König der Grevwalder gegeben und noch nie eine solche Schlacht.

Es war gar nicht so einfach gewesen, die Nanus dazu zu bringen, sich zu vereinen, um gegen die Grevwalder anzukämpfen. Es lag nicht in ihrer Natur, sich in solchen Mengen zu versammeln. Jahrelang hatte Pelenzius darauf hingearbeitet und nun stand er kurz davor, den wohl größten Erfolg in seinem Leben feiern zu können. Schon sein Vater und auch sein Großvater hatten ihn dazu gebracht, dieses Ziel in seinem Leben zu verfolgen. Er hatte schon unendlich viele seiner Sippe gegeneinander ausgespielt. Sein Vater wäre stolz auf ihn gewesen, wenn nicht auch er ein Opfer seiner eigenen Intrigen geworden wäre.

„Ja, so ist das Leben, man muss halt klare Ziele haben und die, koste es was es wolle, auch verfolgen“, so sein Leitsatz. Schon als kleines Kind war es ihm gelungen, seinen drei Jahre älteren Bruder zu drangsalieren. Immer, wenn ein anderer dazu kam, schaffte er es, dass er, der arme, kleine Bruder, getröstet und sein großer Bruder bestraft wurde. Das Ganze fand für ihn den Höhepunkt, als er seinen Bruder aus Wut mit seinen eigenen Händen im Fluss ertränkte und er nachher dafür auch noch belohnt wurde.

Er habe versucht, seinen großen Bruder zu retten und wäre dabei fast selbst ums Leben gekommen, erzählte er allen.

Ja, damals hatte er erkannt, dass er für etwas Größeres berufen war. Wochenlang hatte er nur noch dafür gearbeitet, dass alle Grevwalder, egal, ob jung oder alt, ob krank oder gesund, sich hier in der Revadasschlucht versammeln würden. Jetzt war kein Grevwalder mehr außerhalb der Schlucht zu finden.

Er war davon überzeugt, dass es bei den Nanus genau so war. Er hatte geplant, am nächsten Morgen, noch bevor es hell werden würde, den Angriff zu starten. Natürlich war das mit den Nanus anders vereinbart – die rechneten erst gegen Mittag mit dem Beginn der Schlacht. Aber, wie sagte er immer: „Einen Vorteil in Ehren kann niemand verwehren". Obwohl sie eigentlich, so seine Schätzung, zahlenmäßig ohnehin so um den Faktor drei überlegen waren. Sei's drum, er hatte es auf jeden Fall so organisiert, dass dreitausend von seinen besten und heimtückischsten Mördern unbemerkt hinter die Nanus in Stellung gegangen waren. Dadurch war für die Nanus der Weg hinaus aus der Schlucht versperrt. Keiner von ihnen sollte die Möglichkeit haben, von hier lebend zu entkommen. Niemals hätte er gedacht, dass sein Volk so groß war. Es befanden sich, nach seiner eigenen Schätzung, vierhundertfünfzigtausend Grevwalder hier in der Schlucht und alle wollten nur das eine: endlich gegen die Nanus kämpfen.

Vor seinem inneren Auge sah er schon, wie man ihn nach

gelungener Schlacht in einer Sänfte zurück in den Palast Grenzulwar tragen würde. Endlich würde ein rechter König dort leben und sein Volk könne ihm gebührend huldigen.

Er liebte es, wenn jemand vor ihm im Dreck kroch, um irgendetwas von ihm zu erreichen. Er gab auch die entsprechende Zusage und fiel dann demjenigen im Anschluss in den Rücken. Was für ein Vergnügen, sich an dem Leid der anderen zu ergötzen.

Er hatte ganz bewusst diese Schlucht als Schlachtfeld gewählt. Sie war sehr lang und man konnte sie nur von zwei Seiten betreten. Er hatte sich die Arbeit gemacht, die Schlucht einmal zu durchwandern und er hatte dafür vier Tage benötigt. Ein Aufstieg an den bis zu über dreißig Meter hohen und steilen Felshängen war schier unmöglich. Durch die Schlucht floss ein kleiner Fluss, dadurch waren sie stets mit Trinkwasser versorgt. Da der Fluss in die Richtung floss, in der die Nanus ihr Lager hatten, war er bestens dafür geeignet, ein wenig Gift auf die Reise zu den Nanus zu schicken und genau das hatten sie vor ein paar Tagen auch getan. Wahrscheinlich war die Hälfte der Truppe nun nicht mehr kampffähig.

Nun war es endlich soweit. Die dreitausend Spezialisten müssten jetzt in Position sein und er hatte sich mit seinem Heer leise an die Nanus herangeschlichen. Die Erregung war für ihn kaum noch auszuhalten, er konnte sie körperlich spüren und fast nicht mehr kontrollieren.

Er gab das Zeichen zum Angriff. Er war mit zweihunderttausend kampfähigen Männern beinahe lautlos hierhergezogen und nun entfesselte sich deren ganzen Wut und Kampfeslust mit lautem Gebrüll. Wie die Wahnsinnigen rannten sie los, um das Heer der Nanus zu überrennen. Pelenzius sah, wie die Nanus in mehreren Reihen von der einen bis zur andern Schluchtwand standen.

Sie haben uns wohl doch früher erwartet, dachte er. Seine Truppen rannten einfach auf diese Wand aus Leibern zu und metzelten alles nieder, was sich ihnen in den Weg stellte. Er ahnte, dass nun sämtliche Extremitäten und Gliedmaßen durch die Gegend fliegen und unendlich viel Blut spritzen und fließen würde. Er genoss das Geräusch, das entstand, wenn Schwerter durch Rüstungen schlugen und dann Fleisch und Knochen durchtrennten. Auch die Schreie, die nur seltsam gedämpft klangen, empfand er als äußerst angenehm. Der Geruch von Angst, Schweiß und Blut machte sich breit. Doch so einfach hatte er sich das nicht vorgestellt. Obwohl er sich an dem Anblick durchaus ergötzte, kam auch eine gewisse Enttäuschung in ihm auf.

„Sie wehren sich nicht“, hörte er einige Männer brüllen, „warum wehren sie sich nicht?“ Und plötzlich rief einer: „Stopp, es sind die unseren.“

In diesem Augenblick tauchte die aufgehende Sonne die Schlucht in ein merkwürdiges Zwielicht und gab den Blick über ein grausames Szenarium frei. Tatsächlich – das waren keine Nanus, da waren die dreitausend Männer, die eigentlich den Ausgang der Schlucht versperren sollten. Sie waren in mehreren Reihen hintereinander an Pfählen angebunden und hatten Knebel im Mund. Man hatte ihnen Speere und Schwerter an die Körper gebunden, damit sie im Dunklen so aussahen als würden sie die Frontgruppe der Nanus bilden. Nun hingen ihre makaber verstümmelten Leichen an den teilweise zerschlagenen Pfählen und fast alles war rot, überall war Blut. Keiner von ihnen hatte dieses Gemetzel überlebt. Innerhalb weniger Minuten hatte dieses riesige Heer diese

Männer zerstückelt, genauso wie sie es im Trainingslager mit den Strohpuppen geübt hatten.

Pelenzius stand mit weit offenem Mund da und blickte fassungslos auf die toten Männer. Völlig außer sich vor Wut ließ er seine Truppen zurückziehen. Wie konnte dieses dumme Volk der Nanus ihn mit einem solchem Schachzug hinters Licht führen? Er war so erbost darüber, dass ihm die Tränen in die Augen schossen.

Auch diese Geste wurde von seinem Volk völlig falsch interpretiert. Sie dachten, er trauere um die verlorenen Männer, dabei weinte er aus gekränkter Eitelkeit.

Er gebot, dass einige Männer die Leichen auf die Seite räumen sollten, damit der nächste Angriff gegen Mittag stattfinden könne.

Sein Entschluss, die Nanus am heutigen Tage für immer auszurotten, war durch dieses Ereignis nur noch gefestigt worden.

Eine Wende?

Benziflo und sein Freund Gasepler lagen mit einer kleinen Spähtruppe ein gutes Stück hinter den angebundenen Grevwaldern. Von hier aus war es ein halber Tagesmarsch bis zu dem von ihnen erwarteten Kampfplatz.

„Merkwürdig, dass diese Grevwalder uns für ein solch dummes Volk halten“, meinte Benziflo. Sie hatten die dreitausend Grevwalder schon recht früh entdeckt, sie aber gewähren lassen. Vor zwei Tagen dann hatten sie sie überrumpelt und als Warnung und Abschreckung an die Pfähle gefesselt.

„Es ist mir zuwider, dass wir diese Männer hier angebunden haben. Aber es sind halt schreckliche Zeiten. Wenn Aregazie Recht behält, kämpfen wir heute Mittag um den Erhalt der Nanus.“

„Sei still, Benziflo. Ich höre was und riechen kann man sie auch schon. Es sind viele“, flüsterte Gasepler.

„Aber sie sind doch viel zu früh“, flüsterte Benziflo, „vielleicht haben sie ja etwas bemerkt und wollen nun ihre Männer befreien.“

Plötzlich ertönte wildes Kampfgeschrei und den zwei jungen Nanus stockte der Atem. Noch nie waren sie einem Kampf so nahe gewesen und noch nie hatten sie solchen ungeheuren Kampfeslärm gehört.

Benziflo bekam es mit der Angst zu tun. „Beim Gott der Blumen und Sträucher, was tun die denn da? Die bringen sich ja gegenseitig um. Gleich sind sie bei uns und dann werden sie uns töten“, entfuhr es ihm. Doch genau so schnell wie es begonnen hatte, war es auch wieder vorbei. Offensichtlich hatten die Grevwalder ihren Irrtum bemerkt. Doch es war zu spät.

Die Morgensonne fiel nun in die Schlucht. Schnell zogen die beiden Späher ihre Köpfe weiter ein, damit sie nicht von den Grevwaldern gesehen werden konnten. Es war nicht die Absicht der Nanus gewesen, all diese Männer in den Tod zu schicken. Eigentlich sollte es eine Warnung an die Grevwalder gewesen sein oder war das doch so von Aregazie geplant gewesen? Benziflo zitterte am ganzen Körper. Solch ein Grauen hatte noch nie ein Nanu zu Gesicht bekommen. Jetzt wusste er, dass Aregazie Recht gehabt hatte als sie sagte, dass die Grevwalder zu allem entschlossen seien. Er beobachtete wie einige Männer damit begannen, die Leichen einzusammeln. Der Haupttrupp aber zog sich erst einmal zurück.

Benziflo gab Gasepler und seinen Leuten das Zeichen, sich vorsichtig zurückzuziehen. Nach einiger Zeit konnten sie sich aufrichten, da sie nun durch eine Gruppe von Sträuchern geschützt waren.

„Wir werden jetzt so schnell wie möglich zurück zu unseren Leuten laufen und ihnen Bericht erstatten. Konnte einer von euch erkennen, wie viele es waren?“, fragte Benziflo. Alle außer Gasepler schüttelten die Köpfe. Der erwiderte: „Du bist ja lustig. Es war doch noch viel zu dunkel. Außerdem war ich mit Zittern beschäftigt und nicht mit Zählen. Ich hoffe nur, dass Aregazie noch was auf Lager hat. Es waren nämlich verdammt viele.“

Sie liefen schnellen Schrittes zurück zu ihrem Lager. Zwischendurch machten sie eine kleine Rast, um schnell etwas zu essen und zu trinken. Keiner nahm Wasser aus dem kleinen Fluss. Aregazie hatte von Anfang an dafür gesorgt, dass sie ihr Trinkwasser aus den Wäldern mitgebracht hatten, und sie hatte Recht behalten. Einige von den Ziegen waren aus der

Umzäumung ausgebrochen und hatten Wasser vom Fluss getrunken. Sie waren jämmerlich verendet.

Im Lager angekommen, berichteten sie dem Ältestenrat von ihren Beobachtungen. Aregazie ergriff das Wort: „Es tut mir leid, dass meine schlimmsten Befürchtungen wahr wurden. Heute wird es zur alles entscheidenden Schlacht kommen. Wir müssen, obwohl ich weiß, dass das keiner von uns will, bis aufs Blut kämpfen. Sollten wir verlieren, werden die Grevwalder nicht zögern, unsere Kinder, die weiter hinten in der Schlucht kampieren, zu töten. Wir sollten daher wie geplant verfahren."

Ein Raunen ging durch das Zelt, das sie als Beratungspunkt nutzten.

„Ja, wir machen weiter wie geplant. Wir müssen gegen Mittag mit dem Angriff rechnen. Macht alles bereit", sagte Deluta, der älteste Nanuser auf dieser Welt, und nickte Aregazie zu. Er war stolz darauf, dass seine Tochter eine so anerkannte Frau an diesem Ort war. Ihrem Wissen war es zu verdanken, dass die Nanus überhaupt die Männer im Hinterhalt entdeckt hatten. Ja, er und seine Generation waren schon ziemlich naiv. Doch war es in den letzten Jahrhunderten nicht nötig gewesen, alles und jedes zu hinterfragen. Seine Tochter war da ganz anders groß geworden. Sie hatte viele Jahre in der Gefangenschaft bei einem für deren Verhältnisse netten Grevwalder verbracht. Er hatte sie all das gelehrt, weil er nicht glauben wollte, dass Nanus grundsächlich dumm waren, und er hatte Recht behalten.

Doch nun war es bald so weit. Sie hatten hinter ihren Reihen Fallgruben ausgehoben, in denen angespitzte Lanzen nach oben standen. An den Hängen hatten sie Geröll in Netzen verankert. Diese wollten sie bei Bedarf auf den Gegner fallen lassen. Bis zuletzt hatte Deluta versucht, mit den Grevwaldern gemeinsam die Situation friedlich zu lösen und er hatte auch unzählige Zusagen von Pelenzius erhalten. Doch mit jeder Zusage, die er von ihm bekommen hatte, wurde die Situation nur noch schlimmer.

So stellten sich die Nanus auf. Aregazie hatte die Nanus in den letzten Monaten ständig geschult und Übungen ausführen lassen, mit deren Hilfe sie die „Kriegskunst" erlernen sollten. Und nun war es an der Zeit, das Gelernte umzusetzen.

Schon von weitem konnte man das rhythmische Stampfen und Brüllen der herannahenden Grevwalder hören. Es waren unzählige Füße, die im immer gleichen Rhythmus auf den Boden stampften. Unterstützt wurden sie von großen Trommeln, die die Geschwindigkeit des Marsches bestimmten. Doch die Nanus standen fest in ihren Reihen und wussten, dass sie ihre zahlenmäßige Unterlegenheit durch ihre Schlauheit wettmachen würden gegen die Arroganz der Grevwalder. Zwar waren sie nicht so kampferprobt wie ihre Gegner, aber sie hatten den festen Glauben auf ihrer Seite.

Daheim

Obwohl Schringwir ihre Fracht durch die Magie verkleinert hatte, war sie nicht wesentlich leichter geworden. Auch die Tatsache, dass sie einen Zwerg zwischen ihren Flügel sitzen hatte, machte den Flug nicht wirklich leichter. Sie musste die Stadt so schnell wie möglich erreichen, denn sie spürte, dass die Magie ihren Tribut forderte.

Lezruw konnte es noch immer nicht fassen. Ein Zwerg gehörte in den Wald oder vielleicht noch in einen Berg, aber bestimmt nicht in die Lüfte auf dem Rücken eines viel zu großen Adlers. Er war in den letzten Jahren viel umhergewandert, doch von hier oben konnte er nicht viel Bekanntes erkennen. Er hatte gesehen, wie das Moor unter lautem Zischen von einer riesigen Menge rotglühenden Magmas überflutet wurde. Seine Heimat, also auch sein Wald, in dem er so lange gelebt hatte, grenzte direkt an dieses Moor und war somit auch verloren. Das Einzige, was ihm ein wenig Trost spendete, war die Tatsache, dass die Leverdeser, die seine Sippe ausgerottet hatten, mitsamt dem Moor, in dem sie hausten, vernichtet worden waren. Ob und was mit seinen zwei Begleiterinnen geschehen war, konnte er nicht sehen. Er hoffte nur, dass sie nach wie vor in den Fängen von Schringwir hingen.

Wie ein Fluch wurden sie am Himmel von dieser riesigen, schwarzen Wolke und am Boden, wohl etwas langsamer, von dieser glühenden Lavaflut verfolgt. Er merkte sehr wohl, wie viel Kraft es den Adler kostete, ihn auf dem Rücken und die zwei Frauen und die Kisten in den Fängen zu tragen. Sie flogen über eine riesige Schlucht und es sah so aus, als kämpften dort gerade zwei riesige Ameisenstämme gegeneinander. Er versuchte, irgendetwas von hier oben zu erkennen. Doch waren sie mittlerweile in einem Gebiet, in dem er noch nie zuvor gewesen war. Sie flogen über niedrige kleine Hügelketten und etliche Wälder.

„Schringwir, alte Freundin, sieh nur weiter rechts: Dort ist die Allee, die nach Practucolos führt. Es ist nicht mehr weit", hörte er die Stimme von Stalinia. Komisch, er konnte einen Teil der Kisten in den Fängen von Schringwir erkennen, er könnte aber schwören, dass das beim Start nicht der Fall gewesen war. Vielleicht war er auch zu sehr abgelenkt gewesen und hatte nicht richtig aufgepasst. Sein Sitz fühlte sich ebenfalls nicht mehr so sicher an und er begann bei jedem Flügelschlag hin und her zu rutschen. Langsam verloren sie an Höhe.

„Schringwir, sieh das kleine Haus dort neben dem Turm. Du kannst im Garten des Hauses landen. Das ist unser Ziel", hörte er Stalinia rufen. Wie ein Pfeil schoss der Adler auf den Garten zu. Lezruw hatte den Eindruck, sie würden mehr fallen als fliegen und außerdem wurde dieser Adler doch immer kleiner.

„Schringwir, flieg! Es ist nicht mehr weit." Angst schwang in Lezruws Stimme mit. Schringwir fehlte die Kraft, um etwas zu erwidern. Sie hatte ihre ganze Magie eingesetzt, um die Kisten und Frauen transportieren zu können. Es gab keine andere Wahl. Der Preis war ihre Größe. Im Moment der Verwandlung schon hatte sie begonnen, langsam zu schrumpfen. Gleichzeitig begannen die Kisten und auch die Frauen wieder zu ihrer ursprünglichen Größe zurückzukehren. Doch je weiter dieser Prozess fortschritt, umso schwerer wurde der Transport für Schringwir. Sie wusste, dass sie nur noch sehr wenig Zeit hatte, denn irgendwann war das Gewicht an ihren immer kleiner werdenden Fängen zu groß und sie musste es entweder loslassen – und damit wäre alles umsonst gewesen – oder es so schnell wie möglich absetzten. Sie entschloss sich, den Anflug im freien Fall durchzuführen. Sie wollte ihre ganze Kraft sammeln, um dann im letzten Moment gegenzusteuern und sanft zu landen.

Lezruw bekam es mit der Angst zu tun.

„Langsam, langsam!“, rief er immer wieder. Schringwir war jetzt nur noch halb so groß und er konnte sich kaum noch an ihr festhalten. Schringwir schrie, wie nur ein Adler schreien kann.

„Schringwir, alte Freundin. Es ist schön, dich zu sehen“, klang eine Stimme in Schringwirs Kopf, „lass dir ein wenig helfen. Ich bin es, dein alter Freund Mared. Ich denke, du hast deine Bestimmung erfüllt.“

Plötzlich kamen hunderte Falken wie aus dem Nichts, klammerten sich an die Kisten und fingen so das Gewicht ab. Langsam setzten sie die Kisten und die Frauen im Garten ab und genauso schnell, wie sie gekommen waren, verschwanden die Falken auch wieder, bis auf einen.

Lezruw purzelte erschöpft auf die Seite und blieb an den Fängen des Falken liegen. Er hielt die völlig erschöpfte Schringwir in seinem Arm. Sie hatte jetzt wieder die Größe eines normalen Adlers und auch die Kisten und die Frauen hatten wieder ihre normale Größe angenommen. Der Himmel verfinsterte sich. Die große Wolke aus glühendem Staub hatte sie eingeholt.

„Habt keine Angst. Hier ist der Palast der Zeit, es droht euch keine Gefahr.“

Ein dunkler Schleier legte sich über die gesamte Stadt und nichts und niemand konnte hier überleben. Doch wie unter einer schützenden Glocke blieben das kleine Haus und dessen Garten geschützt. Sie hatten viel Zeit, sich hier einzurichten und Haus und Garten zu erkunden. Obwohl beides aus der Luft so klein gewirkt hatte, war die wahre Größe unbeschreiblich. Es schien, als würde hier eine eigene Sonne scheinen, und auch der Mond war hier anders. Schringwir war sehr erstaunt, sie konnte unendlich weit in diesem „kleinen" Garten fliegen und doch erreichte sie dessen Grenze nie.

Sie richteten die Bibliothek ein und Stalinia begann, Lezruw und Zanderuska zu unterrichten, damit sie, wenn die Zeit reif war, gut vorbereitet waren.

Die Tage flogen nur so dahin und manchmal, wenn einer von ihnen durch eins der unzähligen Fenster des Hauses nach draußen blickte, konnten sie erkennen, dass sich die Welt da draußen langsam wieder von der Katastrophe erholte. Die Natur eroberte die Stadt zurück.

Wer siegt hier?

Jetzt konnten sie nicht nur das rhythmische Stampfen hören, sondern auch die gewaltige Masse der Krieger aus Grevwald sehen, die auf die Nanus zumarschierten. Durch den Gleichschritt der Männer wurden kleine Steine, die locker an der Kante der Schlucht lagen, in die Tiefe gerissen. Die Männer wirbelten beim Gehen eine Menge Staub auf, sodass der Eindruck entstand, sie würden sich in einer Wolke fortbewegen. In der Mitte der Krieger wurde Pelenzius auf einer Art Hochsitz getragen. Auf ein Zeichen von ihm blieben die Massen wie ein Mann stehen.

„Jetzt ist es so weit. Ich hatte gehofft, dass uns das erspart bleibt“, sagte Aregazie. Benziflo und Gasepler nahmen sich bei der Hand und begannen laut zu schreien und alle Nanus taten es ihnen gleich. Pelenzius konnte mit dieser Reaktion nichts anfangen. Er hatte sich noch immer nicht von dem Schock erholt, dass die Nanus in der Lage gewesen waren, ihn reinzulegen.

„Macht sie nieder! Ich will keinen mehr von ihnen sehen.“ Mit diesen Worten schickte er seine Männer in den Kampf. Ohne Disziplin und völlig wild rannten sie laut brüllend los.

„Noch nicht, wartet noch“, hörte man Aregazies Stimme. Die wilde Horde kam immer näher an die Reihen der Nanus heran.

„Wartet noch, wartet ... jetzt!“, rief Aregazie, doch anstatt anzugreifen drehten sich die Nanus herum und liefen davon.

Voller Erregung und mit Sabber in den Mundwinkeln rief Pelenzius: „Seht nur!“ Er konnte es kaum noch aushalten. „Sie laufen wie die Hasen! Schlachtet sie doch endlich ab!“

„Stopp!“, schallte die Stimme von Aregazie und die Nanus

blieben stehen, drehten sich um und knieten nieder. Sie waren genau vor ihren Kriegern, die mit Pfeil und Bogen ausgestattet waren, zum Stehen gekommen. Diese schickten nun eine nach der anderen Salve Pfeile den Grevwalder entgegen. Einige der Pfeile brannten, sie waren an der Spitze mit in Petroleum getauchtem Tuch umwickelt, das mit einer brennbaren Salbe gefüllt war. Wen ein solcher Pfeil traf, der würde heute nicht mehr kämpfen. Das anfängliche Kampfgebrüll schlug langsam in Schmerzensschreie um. Pelenzius schickte eine weitere Welle, damit die Nanus überrannt würden. Doch stattdessen liefen diese auf Aregazies Zeichen erneut davon.

„Stopp!“, schallte erneut ihre Stimme und die Nanus blieben wieder stehen. Dieses Mal schauten die Grevwalder zuerst genau hin. Nein, keine Bogenschützen und wieder erscholl ihr Kampfgeschrei und sie rannten los.

„Die Leinen!“ Die Nanus begannen, an den Stricken zu ziehen, die gerade noch verhindert hatten, dass sich die Fallgruben öffneten. Zigtausend der Grevwalder stürzten in die mit Lanzen gepickten Gruben und kamen dort zu Tode.

Pelenzius drehte sich angewidert in seinem Hochstuhl hin und her. Das konnte gar nicht sein, was er dort sah. Diese dummen Nanus konnten ihn doch hier nicht so vorführen. Er war so verstört, dass er nicht in der Lage war, den Angriff zu stoppen, und so liefen die Grevwalder weiter in ihr Verderben. Einer seiner Fürsten rief ihm immer wieder zu, er solle den Angriff stoppen. Doch er wollte ihn gar nicht hören und sagte nur: „Wenn die Gruben voll mit Leichen sind, kommen wir leichter rüber.“

Wer war nur der Anführer der Nanus? Er versuchte bei dem ganzen Durcheinander den Überblick zu bewahren, doch dies gelang ihm nicht. Die ersten Grevwalder gelangten nun über die Gruben. Sie sammelten sich kurz und rannten dann in Wellen auf die Nanus zu. Aregazie befahl nun, die Netze zu lösen. Der ganze Abraum, der aus den Gruben stammte, stürzte in die Schlucht und begrub unzählige Grevwalder unter sich.

Bis jetzt hatten nur Grevwalder ihr Leben gelassen. Die zahlenmäßige Überlegenheit war nun verloren. Pelenzius erkannte, dass es ein Weibchen war, das offensichtlich die Nanus anführte. Er teilte dies seinen Fürsten mit, damit diese den Angriff dahin verlagern sollten, wo die Frau sich aufhielt. Es konnte doch nicht sein, dass er von einem weiblichen Nanu blamiert wurde. Jetzt galt es, dieses Weibchen zu töten. Was würde sie noch für Tricks auf Lager haben? Dumm nur, dass Aregazie immer wieder ihre Position hinter den Linien veränderte.

Ein Grummeln ging durch die Schlucht und der Himmel verfinsterte sich. Was war das? Konnte diese Frau etwa auch den Himmel beeinflussen? Voller Selbstzweifel rutschte Pelenzius in seinem Stuhl von einer auf die andere Seite. Nein, das war nicht möglich. Er war es doch, der alle an der Nase herumführte. Er war es, der an diesem Tag mit erhobenem Kopf in den Palast einziehen wollte.

Die Kämpfe zwischen den beiden Parteien waren im vollen Gange. Ein riesiger Adler flog über die Schlucht, der in seinen Fängen eine seltsame Fracht trug. Es schien, als würde er von der Nacht verfolgt werden.

Die Überlegenheit der Grevwalder war verschwunden und die Nanus kämpften, als hätten sie nie etwas anderes getan. Für einen kurzen Moment trafen sich die Blicke von Pelenzius und Aregazie. Jetzt wurde Pelenzius endgültig klar, wen er da vor sich hatte. Diese Frau war einst eine Sklavin am Hofe seines Vaters gewesen. Sein Vater hatte sie unterrichtet und ihr Blick sagte ihm: „Nimm die Rache deines Vaters, du bist heute dem Tod geweiht."

In diesem Moment lief die glühende und zähfließende Lava in die Schlucht. Viele der Kämpfer merkten erst gar nicht, dass ihr Tod bereits besiegelt war, als der Berg weit weg von ihnen explodierte. So kämpften sie immer weiter. Einige ergriffen die Flucht und wollten irgendwie den Ausgang der Schlucht erreichen. Doch es war, egal, in welche Richtung sie auch liefen, umsonst. Die Lava lief von beiden Seiten in die Schlucht. Weder einer der Nanus noch einer der Grevwalder konnte die Schlucht verlassen.

Innerhalb dieses Tages füllte sich die riesige Schlucht komplett mit Magma und schloss so das Grab über die zwei Rassen. Jetzt sah die Schlucht fast so aus wie eine riesige, zugewachsene Narbe.

Es sollten noch viele schwere Jahre für die überlebenden Rassen folgen, denn ihre Welt hatte sich gewandelt. Viele Orte, die diese Welt ausgemacht hatten, waren nun von der Lava bedeckt oder durch die Beben zerstört worden.

Der Aufbruch

Sie hatten schon viel zu lang gezögert. Es wurde nun langsam Zeit, dass sie weitergingen. Flowneklaf hatte in den letzten Wochen einen gigantischen Fußmarsch hinter sich gebracht und die Zeichen, dass er nun bald auf die andere Seite treten könne, waren eindeutig. Er musste immer schmunzeln, wenn er darüber nachdachte, wie er Arkrobar, den Sohn seines alten Freundes Kiesbarts, gerettet hatte. Er konnte mit Worten nicht ausdrücken, wie sehr er sich freute, seinen alten Freund wiederzusehen. Doch nun drängte er zum Aufbruch. Es waren bestimmt noch vier lange Tagesmärsche, bis er sein Ziel erreichen würde.

„Du musst dich nun trennen, mein Freund, oder hierbleiben. Auf jeden Fall werde ich morgen direkt nach Sonnenaufgang weiterziehen", sagte er zu dem Wolf.

„Ich werde dich begleiten, nicht umsonst sind wir damals ausgebildet worden und außerdem, wie willst du ohne mich zurechtkommen?", schmunzelte Kiesbart. Es waren nun gute fünf Jahre vergangen, seit sie den Palast der Zeit verlassen hatten. Kurz darauf hatte Kiesbart das Rudel getroffen und seine Gefährtin kennengelernt. Die zwei Freunde beschlossen damals, getrennte Wege zu gehen. Kiesbart erzählte ihm, dass es nicht sehr lange gedauert habe, bis er zum Anführer dieses Rudel wurde. Seine Erfahrungen mit Flowneklaf und die Ausbildung waren, was das anging, sehr förderlich gewesen.

Flowneklaf berichtete seinem Freund, wie es ihm ergangen war. Er hatte so manch merkwürdige Gestalt kennengelernt und seine Wurzeln wiedergefunden. In einem kleinen Dorf, nur ein paar Tagesmärsche von hier entfernt, stand eine sehr alte Eiche. Dieser Ort war ihm auf Anhieb merkwürdig vertraut vorgekommen. Dort lebte ein ziemlich alter Dragaziner. Die hiesigen Bewohner des Dorfes meinten, er sei der Älteste ihrer Art, den es je gab. Über hundertfünfzig Monde zähle sein Alter, doch sei er ziemlich verwirrt und rede häufig wirres Zeug. Der Mann habe schon sehr früh seinen Sohn verloren. Da zählte der Knabe gerade so an die zehn Jahre. Seine Frau starb bald an Kummer über den Verlust und er blieb allein zurück. Jahrelang ging er immer wieder ins Land hinaus, um nach seinem Sohn zu suchen, doch er fand ihn nie. Nun, da er nicht mehr so gut zu Fuß war, wolle er warten, bis sein Sohn endlich zu ihm zurückkehre.

Flowneklaf hatte sich die Geschichte von dem alten Mann selbst erzählen lassen. Sie endete genau an dem Hang, an dem seine Erinnerung begann.

„Ich glaube, nein, ich weiß, obwohl wir lange Jahre im Haus waren, dieser Mann muss mein Vater gewesen sein. Als er mir die Geschichte erzählte, sah er mein Amulett, das des Falken, an meinem Hals und seine Augen begannen zu leuchten. Ich habe ihm noch erzählt, wie ich gelebt und was ich erlebt habe. Am nächsten Tag führte er mich an eine Stelle im Wald, die, wie er sagte, seine Frau ihm gezeigt habe und niemand außer ihm kenne, und du wirst es kaum glauben. Es war der Eingang nach Faktrarall, genau, wie es im Buch von GAR beschrieben steht. Nur war er noch nicht geöffnet. Ich blieb für eine Weile in diesem Dorf und lebte dort mit meinem Vater. Er blühte sogar richtig auf und wir erlebten wirklich schöne Dinge gemeinsam. Eines Morgens bat er mich darum, noch einmal mit mir an die Stelle zu gehen, an der er mich einst verlor, und so gingen wir los. Als wir oberhalb des Tales ankamen, blickten wir darüber hinweg und alle meine

Erinnerungen waren auf einmal wieder da. Wir saßen abends am Lagerfeuer und er lehnte seinen Kopf an meine Schulter. Hier sollte ich ihm die letzte Ehre erweisen. Ich stimmte ihm zu. Sein Kopf wurde immer schwerer an meiner Schulter und ich nahm ihn in meinen Arm. An diesem Abend schloss er für immer seine Augen. Er schlief glücklich in meinem Armen ein und sein Herz hörte einfach auf zu schlagen. Ich habe ihn dort begraben und über seinem Grab eine kleine Gedenkstätte aus Steinen errichtet. Nun hält er für immer Wache über unser Tal."

Flowneklafs Stimme klang sehr traurig. Er räusperte sich und sprach dann mit fester Stimme weiter: „Morgen werden wir aufbrechen, um das Tor nach Faktrarall zu öffnen. Die Zeit ist reif." Er wandte sich ab und ging zu seinem Schlafplatz. Auf dem Weg dahin rief er: „Schlafe gut, mein Freund, wir brechen morgen früh auf." Dann kroch er in seinen kleinen Unterstand. Lange noch lag er wach und dachte an seinen Vater. Welche Qualen hatte dieser erlitten und wie alt musste er werden, um zu sehen, dass sein Sohn noch lebte? Ihm blieb der Trost, dass er zumindest glücklich von dieser Welt gegangen war. Warum nur hatte er nicht früher diesen Weg angetreten? Er und sein Vater hätten doch noch so viele Dinge gemeinsam erleben können. Er begann, in den Sternen zu lesen.

„Es ist richtig, so wie es gekommen ist, mein Sohn", hörte er die Stimme seines Vaters und dann schlief er endlich ein. Am nächsten Tag wachte er schon früh auf und er fühlte sich besser. Die Erinnerung an seinen Vater stärkte ihn und hinterließ ein angenehmes, warmes Gefühl in ihm.

„Na, alter Freund!", hörte er Kiesbart rufen, „Können wir denn endlich los? Du bist ja ein richtiger Langschläfer geworden.“

„Komm schon her und lass dich klopfen.“ Kiesbart stürmte auf seinen Freund zu und blieb kurz vor ihm stehen, damit dieser ihn freudig klopfen konnte.

„Bist du so weit?“, fragte Kiesbart ihn. „Ich möchte so schnell wie möglich los, noch schlafen die Kleinen. So können sie nicht sehen, dass ich gehe, denn ich befürchte, dass sie uns sonst noch folgen.“

Flowneklaf schnürte flugs seine Sachen zusammen und hievte sie sich auf den Rücken.

„Von mir aus kann es losgehen“, erwiderte er. Neben Kiesbart stand eine Wölfin, die Flowneklaf argwöhnisch anblickte.

„Ich werde mein Bestes geben, um dir deinen Gefährten zurückzubringen“, sagte er an sie gewandt und sie antwortete ihm grimmig: „Warum nimmst du ihn überhaupt erst mit? Von welchem Nutzen kann er dir wohl sein? Er ist schließlich nur ein Wolf.“ Doch sie kannte die Antwort schon lange. Kiesbart hatte ihr die Geschichte immer wieder erzählt, doch sie wollte es einfach nicht wahrhaben. Noch einmal ging sie ganz eng an Kiesbart vorbei, sodass sich ihre Körper aneinander rieben. Dann biss sie ihm leicht in den rechten Hinterlauf und sagte traurig: „Wage es nicht, nicht zu mir zurückzukehren. Du weißt, was dir sonst blüht.“ Mit diesen Worten ging sie langsam zurück zu den schlafenden Kleinen. Sie wusste, würde sie sich jetzt noch einmal umdrehen, würde sie ihrem Mann nachlaufen und ihn nie gehen lassen. Doch sie war zu stolz zu zeigen, wie sehr sie litt.

Kiesbart aber wusste genau, was seine Frau empfand und er rief ihr nach: „Gewiss, mein Weib, ich kehre zurück.“ Er wandte sich dann an Flowneklaf: „Komm, mein Freund, lass uns schnell gehen. Es wird nicht leichter, je länger wir warten.“ Sie gingen schnell über den nächsten Hügel und waren außer Hör- und Sichtweite, als plötzlich Arkrobar aus einem Gebüsch vor ihre Füße sprang.

„Vater, lebe wohl. Ich werde an deiner Stelle auf Mutter und die anderen Acht geben.“

Stolz erfüllte Kiesbarts Brust. „Ja, du bist mein Sohn. Ich weiß, dass du auf unsere Leute gut Acht gibst. Lebe wohl.“

Der Weg zum Dorf

Grüne, saftige Wiesen – so weit das Auge reichte. Die kleinen Hügel waren alle damit bedeckt. Sie wurden von einem kleinen, sich dahin schlängelnden Bach durchzogen. Kiesbart, der trotz seiner stattlichen Größe nicht über das Gras hinweg schauen konnte, versuchte seinen Blick zu erweitern, indem er immer und immer wieder einen kleinen Hüpfer machte. Hätte jemand die Zwei beobachtet, hätte wohl niemand behauptet, dass dort ein gefährliches Raubtier neben einem Dragaziner durch die Wiesen lief.

„Bleib doch einfach unten, ich sage dir schon, wenn sich vor uns irgendetwas Spannendes tut", stichelte Flowneklaf seinen alten Freund Kiesbart.

„Nee, was hab' ich deine schlauen Sprüche vermisst", antwortete dieser.

Von dieser Seite war Flowneklaf noch nie nach Dragazien gekommen. Er wusste, dass sich die Landschaft bald verändern und dass sie dann wieder in waldiges Gebiet gelangen würden. Er genoss die Aussicht und so gingen sie frohen Mutes, bis sie den Waldrand von weitem sahen.

„Wir werden wohl noch ein bis zwei Tage durch diesen Wald gehen. Nimm dich bitte in Acht. Wölfe sind hier nicht gerade sehr willkommen, wie du weißt. Ich werde dir diesen Strick um den Hals legen, damit die Dragaziner denken, du wärst gezähmt. Es tut mir leid, mein Freund, aber sonst würden sie versuchen, dich zu töten", erklärte Flowneklaf seinem Freund.

„Puh, ist das komisch", erwiderte dieser, als ihm der Strick locker um den Hals gelegt wurde. So gingen sie gemeinsam in den Wald hinein. Dieser Wald war anders als die Wälder, die

Kiesbart kannte. Die Bäume standen hier völlig gerade und waren wohl angepflanzt worden. Kleine Wege zogen sich hier und da durch den Wald. Für Flowneklaf war das Gehen dadurch hier viel einfacher. Nur sehr selten hing hier und da mal ein Ast im Weg, sodass er sich bücken musste, um sich nicht den Kopf zu stoßen.

„Ja", sagte er, „meine Verwandten sind schon seit vielen Jahren Waldmenschen. Sie kümmern sich sehr eifrig um ihren Wald und er wird, obwohl sie viel von seinem Holz nutzen, immer größer, denn sie pflanzten immer wieder neue Bäume. Meist mehr, als sie fällten."

Jeden Abend richtete Flowneklaf ihnen ein Lager ein. Er entfachte dann ein kleines Feuer und sie aßen einige Wurzeln und Beeren. Obwohl Kiesbart den Strick um seinen Hals hasste und er ständig daran kratzen musste, behielt er ihn auch in der Nacht um.

In der zweiten Nacht wurde Kiesbart von einem seltsamen Geruch geweckt. Der Geruch kam immer näher und er hörte ein Knacken. Ja, da versuchte jemand oder etwas, sich dem Lager zu nähern. Vorsichtig drückte Kiesbart den schlafenden Flowneklaf mit seiner Schnauze am Kopf und brummte ganz leise: „Psst, leise. Werde wach, mein Freund. Da kommt etwas auf unser Lager zu."

Flowneklaf, durch seinen Freund geweckt, orientierte sich kurz und war direkt da. Er lauscht und konnte das Knistern und Knacken deutlich hören.

„Ich höre Schritte", flüsterte er seinem Freund zu. „Zwei Dragaziner, würde ich tippen. Sie sind nicht mehr allzu weit von uns entfernt. Ich denke, sie sind durch unser Feuer angelockt wurden. Ich werde sie rufen und ihnen klarmachen, dass wir sie gehört haben, damit sie wissen, dass wir nichts von ihnen wollen.“ Und so rief Flowneklaf in den dunklen Wald: „Hallo, wer ist da? Ich bin Flowneklaf, der Dragaziner, und heiße euch an meinem Feuer willkommen. Ich bin auf der Reise zum Dorf Lathcabsle.“

„Hallo Flowneklaf“, tönte es zurück, „ich bin’s, Hallbaret, mit meinem Bruder Jaseck. Wir kennen dich. Du warst vor einigen Monden bei uns im Dorf und hast Freundschaft mit dem verrückten Alten geschlossen. Wir haben das Feuer gerochen und wollten nach dem Rechten sehen.“

Die zwei Brüder traten aus der Dunkelheit in den Schein des Lagerfeuers. Ganz vorsichtig kamen sie näher. Sie hielten dicke Äste schlagbereit in den Händen.

„Hab Acht, da ist ein Wolf direkt hinter dir!“, rief Hallbaret, der Größere von beiden.

„Seht, ich habe ihn gezähmt“, erwiderte Flowneklaf und hielt den Strick hoch, damit die Brüder ihn sehen konnten. „Er ist mir bei der Jagd behilflich und in Nächten wie diesen hier ist er eine gute Wache. Er hat mich geweckt, da er euch gewittert hat.“

Die beiden Brüder ließen die Äste zu Boden sinken. Flowneklaf legte einige Scheite Holz in das Feuer und wies den Brüdern, Platz zu nehmen. Wie es sich gehörte bot er den zweien von seiner Mahlzeit an, was diese gerne annahmen. Sie erzählten eine Weile, dabei legte Kiesbart seinen Kopf auf Flowneklafs Schoß und ließ sich genüsslich kraulen. Die zwei Brüder hielten gebührenden Abstand, denn sie trauten dem Wolf nicht.

„Im Morgengrauen kehren wir zurück zu unserem Dorf. Wollt ihr uns begleiten?“, fragte Hallbaret.

„Gerne, so soll es sein“, erwiderte Flowneklaf, „dann will ich noch ein wenig bis dahin schlafen.“

„Aber bitte halte den Wolf gut fest. Wir fürchten, dass er uns sonst in der Nacht anfällt“, sagte Jaseck mit einem Zittern in der Stimme.

„Habt keine Angst“, erwiderte Flowneklaf, „seht her, ich binde ihn an diesem Baumstumpf fest.“ Mit diesen Worten nahm er das andere Ende des Stricks und band ihn offensichtlich fest um einen Baumstamm.

„Keine Sorge, mein Freund“, flüsterte er seinem sehr böse dreinschauenden Freund Kiesbart zu.

„Entschuldige, aber der Knoten ist so geschnürt, dass er sich öffnet, sobald du am Strick ziehst. Ich habe dir doch gesagt, dass sie Angst vor Wölfen haben.“

Die zwei Brüder waren beruhigt und richteten auf die Schnelle ihr Lager ein. Den Rest der Nacht verbrachten die Männer schlafend. Nur Kiesbart konnte kein Auge zumachen. Er hatte die ganze Zeit das Gefühl, zu ersticken. Obwohl er wusste, dass der Strick nicht wirklich fest war, kam er sich gefangen vor und das widerstrebte ihm zutiefst.

Am nächsten Morgen brachen die vier gemeinsam auf. Wie Flowneklaf schon sagte, brauchten sie bis zur Mittagszeit, um im Dorf Lathcabsle anzukommen. Fast alle der Bewohner betrachteten Kiesbart argwöhnisch. Nur einige Kinder fanden den Wolf spannend und fragten, ob sie ihn streicheln dürften. Kiesbart genoss es, von so vielen Händen gestreichelt zu werden.

„Nimm dir mal ein Beispiel an den Kindern“, brummte er sanft in Flowneklafs Richtung. „Die wissen, dass jeder Wolf eine Menge Streicheleinheiten braucht.“

Flowneklaf ging mit Kiesbart zum Haus seines Vaters. In dem hatte er bis zu seinem Tod gelebt. Es sah doch ziemlich heruntergekommen aus. Vorsichtig öffnete er die Tür und trat ein. Eine dicke Staubschicht lag über allem. Trotzdem sah es so aus, als würde hier jemand leben, so als wäre er nur kurz gegangen, um Besorgungen zu machen. Flowneklaf nahm sich einen Stuhl, wischte den Staub vorsichtig auf den Boden und setzte sich an den Tisch, den er ebenfalls mit einer kurzen Armbewegung säuberte. Sein Blick wanderte durch den Raum und fiel dann auf den Kamin.

„Auf unserer letzten Reise hat er immer wieder gesagt, dass ich hier kein Feuer entfachen dürfe. Dadurch würde ich den Zauber zerstören“, brach es aus Flowneklaf heraus.

„Immer und immer wieder hat er das gesagt.“

„Na dann mach es einfach nicht“, erwiderte Kiesbart.

„Aber das gibt doch gar keinen Sinn. Sieh her, er hat sogar das Holz aufgeschichtet, so als käme er gleich durch die Tür, um es selber anzuzünden“, entgegnete Flowneklaf.

Genau in diesem Moment flog die Tür auf und eine junge Frau betrat stürmisch den Raum.

„Oh, ich wusste nicht, dass … Er sagte, ich solle hin und wieder nach dem Rechten sehen und … Er hat nicht gesagt, wie lange … Dabei ist er doch gestorben … Nur das Feuer durfte ich nicht … Wer seid ihr und was macht ihr hier? Oh, der zahme Wolf, ich hörte von ihm“, sprudelte es aus ihr heraus.

„Langsam und hab keine Furcht“, sprach Flowneklaf, „Der Wolf hört auf den Namen Kiesbart. Der Mann, der hier wohnte, war mein Vater. Doch wer bist du und was war mit dem Feuer?“

„Du bist sein Sohn, der, den er so lange gesucht hat? Aber du bist doch viel zu jung. Ich habe für ihn das Haus gehütet, wenn er auf Wanderschaft war. Und das Feuer durfte ich nicht anzünden, weil der Kamin nicht richtig zog. Ich durfte aber nicht danach schauen. Das ist Männersache, so dein Vater. Hübsch, der Wolf, kann man ihn wirklich anfassen?“

„Das mit meinem Alter ist eine lange Geschichte. Doch jetzt ist nicht die Zeit, sie zu erzählen. Und ja, man kann ihn anfassen. Lasst uns doch mal nach dem Kamin schauen“, erwiderte Flowneklaf. „Ich habe da so eine Ahnung.“

Flowneklaf nahm eine Kerze und entzündete sie. Damit ging er zum Kamin. Er hielt die Kerze hoch über der Feuerstelle und, tatsächlich, die Flamme versuchte nicht, in die Höhe zu steigen. Durch den Schein der Flamme sah Flowneklaf auch, warum. Es steckte irgendetwas im Kamin. Er griff mit dem rechten Arm hoch in den Kamin und konnte etwas Weiches mit seinen Fingerspitzen fühlen. Es war offensichtlich Stoff. Vorsichtig zog er daran und er merkte, wie sich das weiche Etwas löste. Schon hatte er es in der Hand, ein Bündel. Es war, genau wie Flowneklafs Arm, ganz schwarz von Ruß. Flowneklaf legte es auf den Tisch und begann, es vorsichtig zu öffnen.

„Kein Wunder, dass der Kamin nicht zieht. Er war ja auch verstopft.“ In dem Bündel war ein großes, dunkelbraunes, hölzernes, dreieckiges Amulett. Ein Wolf und ein Falke waren darauf geschnitzt. Neben dem Amulett lag ein aufgerollter Brief. In großen Lettern stand darauf *für Jesamma* geschrieben und er war mit Sigellack versiegelt. Flowneklaf las laut vor: „Für Jesamma.“ Er machte eine kurze Pause und fragte: „Wer ist das?“

„Das bin ich“, erwiderte die junge Frau.

„Dann ist der für dich. Hier, nimm und ließ in Ruhe.“

Flowneklaf reichte Jesamma den Brief. Diese starrte das aufgerollte Papier an und langsam füllten sich ihre Augen mit Tränen.

„Was ist los, Jesamma? Was hast du denn?“, fragte Flowneklaf völlig verwirrt.

„Ich, ich kann doch nicht … Ich hab‘ doch nie … Niemand hat es mir gezeigt. Ich kann nicht lesen. Als ich ein Kind war … hatte keine Zeit, es mich zu lehren und dann war es … irgendwann, irgendwie zu spät“, schluchzte sie weinerlich. Kiesbart stupste sie vorsichtig mit seiner feuchten Nase an der Hand und sie begann automatisch, ihm sanft über den Kopf zu streicheln.

„Vielleicht kann ich dir helfen“, bot Flowneklaf sich an, „soll ich ihn für dich lesen?“

„Du kannst lesen? Ja, das wäre schön“, sagte Jesamma. Behutsam brach Flowneklaf das Sigel und entrollte den Brief. Dann begann er zu lesen:

„Liebe Jesamma,

ich weiß, dass du viel Zeit und auch viel Geduld mit mir hattest. Der verrückte alte Kauz, dem du immer geholfen hast, hat dich stets wie eine Tochter geliebt. Bis zuletzt habe ich dir dies leider nie sagen können.

Der Schmerz um den Verlust meines Sohnes und der Tod meiner Frau haben mich in tiefe Einsamkeit gestürzt. Nur die Suche nach meinem Sohn hat mich am Leben erhalten.

Eines Tages standst du vor meinem Haus und batst mich um Hilfe. An diesem Tag ist wieder ein wenig Licht in das Grau meines Lebens eingedrungen. Du berührtest mein Herz.

Nun, da du diese Zeilen liest, habe ich meinen Sohn und damit auch die Ruhe zu sterben gefunden. Ich hatte ein viel zu langes Leben, in welchem die Trauer viel zu präsent war. Lass dir sagen, dass ich durch dich endlich wieder lachen konnte. Ich danke dir dafür.

Ich hinterlasse dir mein Haus und all mein Hab und Gut. Finde einen tollen Mann, mit dem du viele Kinder hast, und erfülle dein Leben. Gerne wäre ich dein Vater gewesen. Darum halte mich in deinem Herzen als solchen. Du wirst für immer meine Tochter bleiben.

Meinem Sohn hinterlasse ich das große Amulett, das bei diesem Brief lag. Ich habe es von seiner Mutter kurz vor ihrem Tod bekommen. Mir blieb immer verschlossen, wofür es gut ist. Er wird wissen, was damit zu tun ist.

In Liebe, dein Vater"

Flowneklaf schluckte und betrachtete das Amulett mit dem Falken und Wolf darauf. Er nahm Jesamma in den Arm, küsste sie auf die Stirn und sagte mit Tränen in den Augen:

„Ich danke dir, meine Schwester. Dieses Amulett ist der Schlüssel für das Tor. Jetzt endlich können wir es öffnen." Und dann sagte er an seinen Freund gewandt: „Morgen, Kiesbart, morgen gehen wir auf die große Reise. Ich bin gespannt, was uns erwartet. Wir werden nur das Nötigste packen und gleich nach Sonnenaufbruch gehen wir los."

Kiesbart blickte seinen Freund mit einem nicht ganz so euphorischen Blick an. Er ahnte bereits, dass nicht alle Abenteuer von der angenehmen Art sein würden. Aber schließlich waren die zwei genau für diesen Weg ausgebildet worden. Gerne hätte Kiesbart noch einige Zeit länger darauf gewartet, dass sie ihn betraten.

„Ich freue mich beinahe so sehr wie du“, erwiderte er seinem Freund. Doch der erkannte die Zweifel, die Kiesbart hatte, nicht nur in dessen Augen. Er erkannte es auch an seiner Rute, die Kiesbart unwillkürlich zwischen seinen Hinterläufen eingeklemmt hatte.

Faktrarall

Schon oft hatte ihm das Oktrawill in besonders dunklen Nächten Licht gespendet, doch war er erstaunt darüber, dass das Licht auch nach zwei Wochen rein gar nichts von seiner Intensität einzubüßen schien. Vor zwei Wochen hatten sie das Tor geöffnet und hatten, wie sie dachten, mit ausreichender Verpflegung ausgerüstet, das Reich von Faktrarall betreten.

Aus alten Schriften ging hervor, dass niemand, der dieses Reich je betreten würde, jemals wieder zurückkehren könne. Von schwarzen, pfeifenden Malukus war die Rede. Jene Wesen, die in der Dunkelheit lebten und denen man deshalb viel Böses nachsagte. Niemand konnte jemals eines Malukus habhaft werden.

Das Tor hatte sich kaum, nachdem sie eingetreten waren, mit einem lauten Knall wieder hinter ihnen geschlossen. Flowneklaf hatte halbherzig versucht, es wieder zu öffnen, doch er war sich im Klaren darüber, dass seine Versuche zum Scheitern verurteilt waren. Dennoch, versuchen musste er es, denn wie sagte er immer: „Gelerntes wird erst dann wahr, wenn man es in der Praxis selbst ausprobiert." Und so waren sie losgezogen, um das andere Tor zu finden. Nicht einen Laut hatten sie seit zwei Wochen gehört außer diesem Tropfgeräusch, welches mit fortlaufendem Beschreiten des Weges intensiver wurde. Kiesbarts Nackenfell war permanent aufgestellt. Es war für beide eine völlig unbekannte und unnatürliche Umgebung. Hier waren viele Steine, wenig Erde und überall tropfte Wasser. Seltsame, zerbrechliche Gebilde hingen von der Decke oder schienen auf dem Boden zu wachsen. Pflanzen waren nur sehr spärlich vorhanden und nicht mit dem zu vergleichen, was sie von „oben“ kannten. Das Wasser sammelte sich in kleinen Pfützen oder floss in kleinen Rinnsalen davon. Manchmal mussten sie sich schon sehr bemühen, um einen Weg zu finden, der sie weiterführte. Wie bei einem Kompass ließ das Oktrawill einen leicht rötlichen Lichtstrahl immer in die eine Richtung scheinen, egal, wie Flowneklaf es auch drehte. Somit wies das Oktrawill ihnen zwar die Richtung, in die sie gehen mussten, aber es war nicht immer ein gangbarer Weg. So kam es vor, dass sie auch schon mal im Zick Zack laufen mussten, um letztlich weiter zu kommen. Hin und wieder standen sie auch vor riesigen Felsen und es schien, als gäbe es kein Weiterkommen. Aber meistens fanden sie doch einen Weg, ob nun kletternd oder kriechend. Das Letztere war für Kiesbart wesentlich leichter als für Flowneklaf. Manchmal schien es, als befänden sie sich in einem riesigen Saal und wenn sie dann das nächste Hindernis überwunden hatten, war plötzlich kaum noch Platz für nur einen vorhanden.

Flowneklaf hatte ganz am Anfang ihrer Reise Kiesbarts Pfoten mit Stofftüchern umwickelt und verschnürt, nachdem er die Ballen mit Lederlappen gepolstert hatte. Mittlerweile war Kiesbart ihm dankbar dafür, denn ohne diese Polster hätte der Wolf wohl nur noch zerfetztes Fleisch an den Enden seiner Beine gehabt.

Seit fast einem Tag wurden sie von einem Rauschen begleitet, das durch das sich irgendwo sammelnde Wasser erzeugt wurde. Je weiter sie gingen, desto lauter wurde es. Flowneklaf war mal wieder damit beschäftigt, wie er es mehrfach in den letzten Tagen tat, den richtigen Sitz der Stofftücher an Kiesbarts Pfoten zu kontrollieren, als sie ein leises Pfeifen vernahmen. Es breitete sich überall in der Höhle aus. Dann herrschte wieder Stille. Kiesbarts Nackenfell schien sich noch weiter aufzurichten. Er blickte seinen Freund mit dem Blick an, der zu sagen schien: „Nein, ich habe keine Angst, sag mir nur, wohin ich laufen muss, um den Ausgang zu finden.“

Flowneklaf versuchte sich an den Unterricht im Haus zu erinnern, hatte es da nicht geheißen die Malukus würden pfeifen? Und schon wieder drang dieses Pfeifen durch die Höhle. Doch nun setzte Flowneklafs Talent ein und in seinem Kopf formte sich das Pfeifen zu zwei Wörtern „Achtung, Fremde“ und er verstand noch mehr. In diesem Pfeifen schwang noch ein Gefühl mit – Furcht!

„Alles in Ordnung, mein Freund. Jene, die da so pfeifen, fürchten sich vor uns“, sagte er zu Kiesbart und gebot ihm, weiterzugehen. Kiesbart, der noch vor einer Stunde immer vier bis fünf Schritte vorgelaufen war, blieb nun merklich näher bei seinem Freund – natürlich nur, um ihn im Notfall beschützen zu können.

Doch plötzlich war der Weg zu Ende. Drei riesige runde Säulen versperrten ihnen den Weg. Nirgends schien es weiterzugehen. Flowneklaf hielt das Oktrawill in die Höhe, um besser sehen zu können. Was er da sah, ließ ihm den Atem stocken. Er hatte gar nicht gemerkt, dass sie eine andere Höhle betreten hatten. Die Höhle hatte eine Grundfläche, die nicht größer war als eine normale Wohnstube eines Dragaziners, nur ungefähr zwei Mal so hoch. Die Decke, die nun durch das Licht des Oktrawills angestrahlt wurde, funkelte, als bestünde sie aus vielen Millionen bunt glitzernden Steinen, deren Aufgabe nur darin zu bestehen schien, das Licht bis in die letzten Winkel der Höhle zu bringen. Durch diesen Effekt wurde das Licht des Oktrawill um ein Vielfaches verstärkt. Es hingen viele Gebilde wie Stacheln von der Decke herab, an deren Ende kleine Wassertropfen glitzerten. Den Stacheln gegenüber standen auf dem Boden Säulen mit ebenfalls spitzen Enden, genau dort trafen sich die herabfallenden Wassertropfen. Das Ganze wirkte wie ein riesiges Gebiss und sie, Flowneklaf und Kiesbart, standen inmitten desselbigen. Es war solch ein Gebiss, wie es Flowneklaf nur aus seinem Unterricht kannte.

Das Rauschen des Wassers war hier viel deutlicher zu hören als noch vor ein paar Schritten. Flowneklaf wusste schon lange nicht mehr, aus welcher Richtung sie ursprünglich gekommen waren, und auch Kiesbart hatte vollständig die Orientierung verloren. Hier gab es keinen Mond oder Sterne, an denen sie sich hätten orientieren können, und offensichtlich waren sie auf dem falschen Weg. Schon wieder ein Pfiff.

„Kiesbart, siehst du irgendwo einen Weg?“, fragte Flowneklaf.

„Nein und langsam bin ich es auch leid. Mittlerweile weiß ich gar nicht mehr, wo ich bin und wohin ich soll oder was ich hier soll.“

Ein Schatten schien an der Stelle zu wackeln, von der, so Flowneklafs Vermutung, sie gekommen waren. Doch plötzlich erschienen drei grau, blau leuchtende Punkte in diesem Schatten.

Ein Pfiff war alles, was Kiesbart hörte. Doch Flowneklaf verstand mehr. Er pfiff zurück und die drei Punkte wurden größer.

„Kiesbart, schau. Da ist ein Malukus direkt am Ausgang dieser Höhle und ich kann mit ihm reden.“ Er drehte sich zurück zu dem Malukus und begann zu pfeifen.

„Verzeiht. Wir hoffen, Euch nicht gestört zu haben. Ich bin Flowneklaf von Dragazien und dies ist Kiesbart, mein treuer

Weggefährte und Freund. Wir sind auf dem Weg, um das Tor zur Welt der Gedarler zu finden. Wir sind schon lange unterwegs und kommen aus der Welt, die einst als Zellatus bekannt war. Könnt Ihr uns helfen, den Weg zu finden?“

Die drei Punkte verengten sich zu kleinen Schlitzen:

„Wieso sollte ich Euch Glauben schenken? Zuerst weckt Ihr uns mit eurem Getapse und Getrampel. Dann bringt Ihr dieses fürchterliche Licht in unsere Welt und nun wollt Ihr auch noch, dass wir Euch helfen? Eigentlich würdet Ihr ein schönes Festmahl für uns abgeben oder meint Ihr nicht?“ Hinter den einzelnen Säulen kamen nun noch mehr Schatten hervor. Jetzt erst erkannte Flowneklaf, dass diese Wesen all das Licht in ihrer Umgebung aufsaugten und deshalb wie Schatten wirkten. Instinktiv öffnete Kiesbart leicht sein Maul, kräuselte dabei seine Schnauze und begann ganz tief aus seinem Inneren zu brummen. Dies blieb nicht ohne Wirkung. Die Malukus wichen ein wenig zurück, obwohl sie das strahlende Weiß von Kiesbarts Fangzähnen sehr anziehend fanden.

„Kiesbart, hör auf damit!“, rief Flowneklaf seinem Freund zu. „Ich will etwas versuchen. Ich glaube, die Malukus kommen wie die Motten zum Licht.“ Kiesbart stellte das Brummen augenblicklich ein, ließ aber trotzdem seine Fangzähne gut sichtbar. Man konnte ja nie wissen, wozu das vielleicht noch gut sein konnte. Flowneklaf wandte sich wieder dem ersten Maluku zu und sprach, ein wenig theatralisch, damit die Malukus sich wichtiger und größer fühlen würden: „Ich weiß sehr wohl um Euren schrecklichen und gefährlichen Ruf, werte Malukus, doch ich hoffe, dass Ihr in unserem Falle nichts Böses im Schilde führt.“ Dies war allerdings die Wahrheit. Langsam nahm er sein Oktrawill ein wenig tiefer.

Die Punkte in den Teilen, die Flowneklaf als deren Gesichter verifiziert hatte, waren, so seine Theorie, offensichtlich die Augen der Malukus. Tatsächlich, sie wurden in dem Augenblick, als das Licht weniger wurde, um einiges größer und deren Körper schienen etwas mehr Gestalt anzunehmen. Blitzschnell hob er das Oktrawill wieder an und die Punkte in den Gesichtern der Malukus wurden wieder kleiner. Für einen kleinen Augenblick blitzte die wahre Gestalt ihrer Körper auf.

„Vielleicht kann ich Euch einen kleinen Handel vorschlagen. Allerdings nur, wenn Ihr etwas zum Handeln habt."

Plötzlich fingen alle Malukus an, wie wild durcheinander zu pfeifen. Flowneklaf versuchte, sie zu verstehen, doch es waren einfach zu viele, er erhaschte daher nur einige Wortfetzen: „… noch nie einen Handel …",

„… unser Vorteil ...",

„… lasst sie einfach ziehen …",

„… seht die großen Zähne …",

„… sie haben doch Angst …",

„… zum blauen Licht bringen …", und

„… was sagt denn dann Ukulam dazu?"

Ein durchdringender lauter Pfiff durch die Höhle: „Ruhe! Seid ihr denn alle von Sinnen?"

Die Malukus hörten augenblicklich auf zu pfeifen. Ein riesiger Malukus betrat lautlos die Höhle und er begann mit den Worten: „Man nennt mich Ukulam. Ich bin der Älteste der Malukus. Ich heiße Euch in meinem Reich willkommen. Leider können wir Euch das Tor nach Gedarler nicht zeigen, da wir selbst nicht wissen, wo genau es ist, aber wir werden Euch zu einem Ort bringen, der Euch vielleicht weiterhilft. Wir nennen ihn das blaue Licht. Dies ist der Ort, an dem wir hauptsächlich leben, denn wir ernähren uns von dem blauen Licht. Darum seid Ihr für meine Jungs auch so interessant. Euer Licht ist ein sehr schmackhaftes. Ich selbst habe in meinem Leben noch nie ein solches Licht gekostet. Ihr seid die, die auch unser Schicksal beeinflussen werden. Verzeiht, dass ich nicht früher einschreiten konnte, aber wir hatten hier schon seit Ewigkeiten keinen Besuch mehr und diese Jungs hier sind noch sehr unerfahren."

„Habt Dank, Ukulam. Ich werde nun meinen Freund davon abhalten, euch Etwas anzutun, denn er versteht von dem, was wir hier besprechen, nichts. Bitte weist uns den Weg zum blauen Licht. Vielleicht kann ich Euch ja doch noch als Gegenleistung lehren, wie man ein Feuer entzündet. Somit hättet Ihr dann auch einmal ein anderes Licht, das Ihr verspeisen könntet." Zu Kiesbart gerichtet sagte er: „Alles in Ordnung, mein Freund, der Große ist der Älteste von ihnen und hat hier das Sagen. Sie werden uns helfen."

„Hier entlang", pfiff Ukulam. Er ging an den zweien vorbei. Hinter den drei Säulen huschten zwei Malukus zur Seite. Flowneklaf und Kiesbart blickten ungläubig in deren Richtung, denn diese Lichtfresser hatten doch tatsächlich den Ausgang unsichtbar gemacht, indem sie sich einfach davorgestellt hatten.

„Was ist das für ein fauler Zauber?", dachte Flowneklaf und ging hinter dem wabernden schwarzen Etwas, das sich Ukulam nannte, her. Sie gingen etwa noch eine Stunde und trafen dann auf eine Stelle, an der sie sahen, was das Rauschen der letzten Tage erzeugte hatte. Wasser. Ein kleiner Bach stürzte in ein etwa einen Meter breites, kreisrundes Loch. Eine Art Tunnel, der einfach nur ins Nichts zu führen schien.

„Es ist sehr angenehm, mit Euch zu gehen", sprach Ukulam, „ständig dieses äußerst leckere Licht um mich herum, hmmm. Hier müssen wir nun einzeln weitergehen. Dies ist unser Zugang zum Saal des blauen Lichts, Ihr müsst einfach nur hier runter, vertraut mir."

Kiesbart und Flowneklaf schauten sich verunsichert an. Ein Maluku nach dem anderen sprang in das Loch. Ihr Pfeifen, mit dem sie in die Tiefe rutschten, wurde immer leiser. Flowneklaf versuchte abzuschätzen, wie weit oder auch wie tief dieser Abgang wohl sein könnte, aber er war nicht imstande, dies abzuschätzen. Ukulam war der Letzte der Malukus.

„Kommt jetzt, folgt mir." Mit diesem Pfiff sprang auch er in das Loch und verschwand.

„Hey, was war denn das jetzt?", fragte Kiesbart seinen Freund. „Und du willst doch nicht etwa, dass ich da runter gehe, oder?"

„Ich fürchte, es gibt nur diesen einen Weg. Ich bitte dich, nur an meiner Seite oder direkt hinter mir zu bleiben, denn ich würde mich dann erheblich sicherer fühlen." Flowneklaf hatte immer noch das Gefühl, das Selbstbewusstsein seines Freundes mit solchen Worten stärken zu müssen.

„Hallo mein Freund, ich bin kein kleiner Wolf mehr, dem du unter die Arme greifen oder den du gar beschützen müsstest", antwortete Kiesbart, drehte sich auf der Stelle um und sprang mit einem riesigen Satz in das dunkle Loch.

„Entschuldigung!", rief Flowneklaf hinter ihm her und machte auch einen Schritt auf das Loch zu. Doch mit dem, was jetzt folgte, hatte er nicht gerechnet. Der Boden war hier so glatt, dass ihm von der Strömung des Wassers augenblicklich die Beine unter seinem Körper weggerissen wurden. Er landete sehr unsanft auf seinem Hinterteil. Mit der einen Hand versuchte er, noch irgendwie Halt zu erlangen und in der anderen hielt er krampfhaft das Oktrawill fest. Er rutschte und rutschte und wurde dabei immer schneller. Rasant ging es mal nach rechts und mal nach links, aber stets weiter abwärts. Da, schon wieder eine schnelle Rechtskurve, dann gab es einen Ruck und Flowneklaf hatte seinen Freund Kiesbart auf dem Schoß sitzen.

„Auf dem Hintern ist man hier wohl schneller als auf vier Pfoten!", rief er ihm zu und gemeinsam rasten sie in die Tiefe. Kiesbart musste lachen und rief seinem Freund zu: „Was bin ich froh, dass uns hier so niemand sehen kann!"

Sie rutschten noch einige Minuten weiter und beide waren mittlerweile bis auf die Haut durchnässt. Ganz weit unten konnten sie einen leichten, blauen Schimmer erkennen, auf den sie zurasten. Flowneklaf steckte sein Oktrawill unter seine Weste und hielt sich an Kiesbart fest. Die Rutschfahrt endete abrupt mit einem riesigen Satz, einem kurzen Flug und dann mit einem lauten Platsch mitten in einen kleinen See. Schnell schwammen die beiden Freunde an das Ufer, an dem die Malukus schon warteten.

Verwirrt und tropfend blickten sie sich um. Die Höhle wurde von einem hellblauen Licht durchflutet. Sie war riesengroß, aber nicht sehr hoch. Genau in ihrem Zentrum, auf der anderen Seite des kleinen Sees, war eine ovale Scheibe, von der das blaue Licht ausging.

Diese Scheibe hat die Farbe von einem blauen, wolkenlosen Sommerhimmel, dachte Flowneklaf. Dieses Licht konnten die Malukus offensichtlich nicht vollständig absorbieren. Daher blieb davon etwas zurück, sodass man ihre Gestalt erkennen konnte. Sie waren beinahe so groß wie Flowneklaf, allerdings um einiges runder. Außerdem hatten sie sieben Extremitäten, von denen drei menschlichen Armen glichen.

Das erklärte, warum sie so gut klettern konnten. Vier Augen hatte Kiesbart gezählt und wusste nun, warum sie keinen Hals hatten und ihr Kopf direkt an dem angewachsen schien, was man als Brustkorb bezeichnen würde.

„Hier, in der Halle des Lichts, halten wir uns für gewöhnlich drei bis vier Quadas auf", fing Ukulam an zu erklären. „Durch dieses Licht wird unser Volk gespeist. Wer aber länger als fünf Quadas bleibt, wird immer dicker. Irgendwann kann man sich dann nicht mehr bewegen und kommt von hier nicht mehr weg. Das wäre der sichere Tod für uns, denn das Licht ist ja immer da. Wer vier Quadas hier bleibt, muss anschließend mindestens zehn Quadas durch die umliegenden Gänge ohne Licht laufen, bis uns der Hunger sagt, dass wir zurück müssen. Ich selbst bin aber auch schon dreißig und mehr Quadas unterwegs gewesen. Man ist dann halt ziemlich dünn, wenn man hier wieder ankommt. Wer zu weit weg geht und kein Licht findet, ist genauso dem Untergang geweiht, wie der, der zulange hier verweilt." Ukulam erklärte den beiden alles, was sie wissen wollten. Er endete mit den Worten: „Einige von uns haben versucht, an die Oberwelt zu gelangen, und haben dabei ihr Leben lassen müssen. Überall in Eurer Welt ist Licht und es gibt nur wenige Orte der Dunkelheit, an denen wir verweilen könnten."

Sie waren nun schon einige Zeit um den See gegangen und näherten sich allmählich der ovalen, blauen Scheibe im Zentrum der Halle. Es sah aus, als ständen sie unter einer zu ihnen hin gewölbten Scheibe. Darüber schien eine Art Meer zu sein. Flowneklaf, Kiesbart und Ukulam standen jetzt genau in der Mitte unterhalb der Glocke. Lichtwellen schienen vom Zentrum aus zum Rand der Scheibe zu laufen und tatsächlich bildete sich genau über ihren Köpfen ein kleiner dunkler

Punkt, der langsam immer größer und größer wurde. Ein Geräusch, das an Intensität zunahm, schien genau aus diesem Punkt zu kommen. Die Malukus wichen zurück und Flowneklaf hörte Ukulam beim Weglaufen rufen:

„So etwas habe ich noch nie gesehen! Schnell! Geht zur Seite."

„Wartet, Freund", sagte Flowneklaf. Über den Köpfen der beiden war nun ein dunkler Kreis zu sehen.

„Habt Dank, ihr Malukus", sagte Flowneklaf und beinahe gleichzeitig senkte sich eine Art Glocke herab. Ukulam war in sicherem Abstand stehen geblieben und blickte sich um. Er hörte die Stimme von Flowneklaf und sah dann, wie sich die ovale Scheibe nach unten beulte und den Boden berührte. Mit einem lauten, platschenden Geräusch schoss sie dann wieder nach oben an die Höhlendecke, wo sie dann, wie eh und je, einfach nur ihr Licht verbreitend, hing. Flowneklaf und Kiesbart aber waren verschwunden.

***

Gerade noch waren die Freunde von Licht umflutet gewesen und jetzt war es einfach nur schwarz und dunkel. Mit der einen Hand tastete Flowneklaf neben sich und war erfreut, das Fell seines Freundes zu spüren. Dieser zuckte bei der Berührung kurz zusammen, aber Flowneklaf hörte dann das leise Schwingen des Schwanzes seines Freundes und so wusste er, dass auch Kiesbart sich über diese Berührung freute. Mit der anderen Hand fuhr er unter seiner Jacke hin und her, bis er endlich das Oktrawill ertastete und es hervorholte. Endlich wurde dieser Ort vom Licht des Oktrawills erhellt. Langsam erkannten sie, dass sie sich in einem feuchten und engen Gang befanden. In ihrem Rücken befanden sich kalte, nasse Felswände.

„Jetzt weiß ich, was im Buch von GAR mit ‚aus Licht wird Stein' gemeint war", sagte Flowneklaf.

Doch was war das? Dort vorne schien das Ende des Ganges zu sein. Er drehte sich um, wie konnte das sein? Dieser Gang hier im massiven Gestein war gerade mal so breit, dass sie nebeneinanderstehen konnten. Gerade so hoch, dass Flowneklaf sich nicht den Kopf stieß, und vielleicht zwanzig Schritte lang. Angst stieg in Flowneklaf auf. Hatte er doch einen Fehler gemacht? Sollte diese schmale Höhle ihr Grab sein, in dem er und sein Freund nun lebendig begraben zu sein schienen? Das Licht des Oktrawill wurde ein wenig dunkler.

„Was stand noch in dem Buch? Du hast mir doch immer daraus vorgelesen", sagte Kiesbart zu seinem Freund und er fuhr fort: „Da war doch eine Stelle mit Aussagen wie: ‚wo du keinen Weg siehst, muss nicht immer auch kein Weg sein.' und ‚Lasse dich nicht von deinen Augen täuschen, fühle und gehe!' Also, wenn uns diese Worte hier nicht weiterhelfen, dann weiß ich nicht, wo sie sonst helfen könnten. Flowneklaf, du musst jetzt hier mal was unternehmen!"

Und Flowneklaf überlegte. Er schloss die Augen und tastete sich der Wand endlang. Iiih, was war denn das? Er öffnete die Augen und wunderte sich. Vor ihm war ein mannsgroßes Loch in der Wand. Es war bedeckt mit einer Art Vorhang. Der Vorhang war glitschig und er schimmerte in vielen verschiedenen Farben, aber man konnte hindurchschauen.

„Hier, Kiesbart, schau her, hier scheint eine Art Tür zu sein." Er hob langsam das Oktrawill in die Höhe und, tatsächlich, hinter diesem Vorhang konnte er eine geräumige

Höhle erkennen. Vorsichtig drückte er mit seiner linken Hand gegen den Vorhang. Langsam gab dieser ein wenig nach und beulte sich in die Richtung der Höhle. Flutsch, beinahe lautlos war seine Hand auf die andere Seite des Vorhangs gefahren, wo er sie genau sehen konnte. Auf dieser Seite war es merklich kälter als hier in diesem Gang.

„Nun geh schon“, sagte Kiesbart, „hier in diesem Gang will ich nicht länger bleiben.“

Flowneklaf zog die Hand zurück, drehte sich zu seinem Freund um und ging rückwärts durch den Schleier. Kiesbart sah seinem Freund nach. Plötzlich verfinsterte sich dessen Blick und Kiesbart konnte die Furcht in den Augen seines Freundes sehen. Völlig aufgeregt rief er: „Was ist los? Sag mir, wann ich zu dir kommen soll.“ Dann sah er, wie Flowneklaf von der anderen Seite zunächst mit den Händen gegen den Vorhang drückte und dann dagegen schlug. Doch nichts geschah. Er konnte sehen, wie Flowneklaf den Mund öffnete, als wolle er ihn rufen, und dann erlosch das Oktrawill.

***

Einen Moment später, nachdem Flowneklaf durch den Vorhang gegangen war, hatte sich dieser verändert. Gerade eben noch konnte er seinen Freund sehen, doch dann war der plötzlich verschwunden. Er wollte noch nach ihm rufen, versuchte, wieder zurück zu gelangen, doch da war jetzt nur noch steinerne Wand. Zuerst drückte er dagegen, dann schlug er mit beiden Fäusten dagegen. Er musste doch zurück. Zu allem Überfluss erlosch dann auch noch sein Oktrawill. Panik schoss in ihm auf. Er hatte sich all die Jahre auf das Oktrawill verlassen. Nie war es so schnell erloschen, was war nur geschehen? Und wo war sein Freund? Hoffentlich würde er ihm gleich folgen. Er hatte keine Ahnung von dem, was hier vor sich ging. Hier war es so furchtbar kalt. Dann stolperte er und fiel auf den harten Boden. Tränen der Furcht und des Schmerzes schossen ihm in die Augen. Was sollte er nur tun? Er konnte doch nichts mehr sehen?

***

Zweierlei Dinge waren hier geschehen – so etwas hatte Kiesbart noch nie zuvor erlebt: Erstens: diese Angst in den Augen seines Freundes und zweitens: Das Licht des Oktrawill war noch nie so schnell erloschen. Nun stand er hier allein und im Dunklen. Was sollte er tun? Hier in diesem Gang bleiben, bis sein Freund zurückkommen würde? Oder ihm folgen? Eigentlich gab es nur eine Lösung. Vorsichtig schnüffelnd kroch er in die Richtung, an der eben dieser Vorhang gewesen war, und tatsächlich, er war noch da. Merkwürdig glibberig fühlte er sich an und war dennoch fest. Der Vorhang gab jetzt ein wenig nach und beulte sich in die Richtung der Höhle. Vorsichtig drückte Kiesbart weiter und tatsächlich, es fühlte sich an, als wäre da eine dünne Haut vor seiner Schnauze. Dann spürte er, wie diese Haut zerriss und sich seiner Schnauze anpassend um diese legte. Ja, mit der Nase war er nun auf der anderen Seite. Er konnte seinen Freund riechen und er sah, wie das Oktrawill wieder anfing, zu glimmen. Sehr vorsichtig und ganz langsam kroch er weiter und je weiter er sich vorschob, umso heller leuchtete das Oktrawill. Jetzt konnte er seinen Freund erkennen. Dieser lag auf dem Boden und hielt sich die Hände vors Gesicht. Nun hatte er seinen Kopf beinahe ganz durch den Vorhang ge-

steckt und leise sagte er: „Hey, Flowneklaf alter Freund, was ist mit deinem Oktrawill?“
Flowneklaf riss die Hände von seinem Gesicht, griff mit der einen Hand an seinen Gürtel, in dem sein Messer steckte.

„Bleib bloß da, du Monster!“, rief er. Mit einem riesigen Satz sprang Kiesbart in die Höhle hinein und packte blitzschnell, vorsichtig, aber bestimmend die Hand, in der Flowneklaf das Messer hielt. Augenblicklich ließ dieser das Messer fallen. Das Oktrawill leuchtete nun wieder so intensiv, wie sie es gewohnt waren. Kiesbart ließ die Hand seines Freundes los.

„Was ist denn in dich gefahren? Ich hatte für einen Moment das Gefühl, du wolltest mir mit deinem Messer ans Fell.“

„Es tut mir leid, in diesem schummrigen Licht habe ich dich nicht erkannt und du hast mich angeknurrt.“ Flowneklaf wandte sein Gesicht von seinem Freund ab, damit dieser nicht seine Tränen sehen konnte.

„Du denkst auch, du könntest mir etwas vormachen, alter Freund. Merke dir eins, bevor du weißt, dass du gleich anfängst zu weinen, habe ich das schon gerochen. Du kannst nicht immer nur stark und furchtlos sein. Ich bin dein Freund. Ich würde immer wollen, dass du weißt, wie ich mich fühle. Andersherum sollte es genau so sein und jetzt komm, ich werde dir die Tränen aus dem Gesicht lecken.“ Bei den letzten Worten hatte Kiesbart seine Stimme verstellt, damit Flowneklaf merkte, dass die letzten Worte zur Aufmunterung gedacht waren. Gerne nahm Flowneklaf diese Aufforderung an, ging zu ihm und drückte und klopfte ihn herzlich.

„Ich weiß, mein Freund, ich glaube, inzwischen achtest du mehr auf mich als ich auf dich. Aber verstehe doch, in meinen Augen bist du immer noch der junge, tapsige Wolf, der einst meine Hilfe brauchte. Ich dachte gerade, ich wäre verloren und du könntest mir nicht mehr helfen. Warum ist nur das Oktrawill erloschen?“

„Pass auf, Flowneklaf. Ich werde etwas versuchen. Rufe du immer wieder meinen Namen!“ Mit diesen Worten rannte Kiesbart los. Je weiter er lief, desto dunkler wurde das Oktrawill. Er hörte Flowneklaf rufen: „Kiesbart, Kiesbart, Kebrt, Kirer, erer, uuuuu!“ An dieser Stelle stoppte er, blickte sich um. Das Oktrawill glomm nur noch und er konnte seinen Freund nicht mehr sehen. Dann rannte er wieder zurück. Jetzt wusste er es. Sie waren da. Sie hatten es tatsächlich geschafft und ihm wurde mit einem Male klar, was es bedeutete, ein Träger zu sein.

„Wir sind angekommen, Flowneklaf. Hier sind wir nun – in der anderen Welt.“

In der Tiefe der Höhle schien es, als würde ein kleines Licht erscheinen und Kiesbart meinte, einen leisen Pfiff gehört zu haben.

„Komm, mein Freund. Lass uns in diese Richtung gehen. Mir scheint, als müssten wir dort lang“, schlug Kiesbart vor und so machten sie sich auf den Weg. Flowneklaf war noch immer erstaunt darüber, dass das Oktrawill nur in der Nähe seines Freundes funktionierte. Genau so hatte er es in den letzten Jahren gelernt. Sein Freund, Kiesbart, war der Träger. Hier, in dieser Welt, konnte die Magie nur existieren, wo er war. Jetzt war es noch wichtiger als in den letzten Jahren, dass Flowneklaf auf seinen Freund aufpasste.

Endlich hatten sie es geschafft. Doch Flowneklaf spürte auch Angst in sich aufsteigen. Angst vor dem, was einmal ohne seinen Freund sein würde.

Alan auf dem Weg

Er hatte nun lange genug gewartet und so ging er zum Generator, um zu prüfen, ob noch genug Treibstoff im Tank war. Es war ihm in den letzten Wochen oft genug passiert, dass er plötzlich im Dunklen stand. Dann musste er, mit der kleinen Grubenlampe bewaffnet, die er immer dabei hatte, den langen Weg zum Ausgang laufen und den Generator neu betanken und wieder anschmeißen. Doch heute war genug Diesel im Tank und der Generator pochte und klopfte leise vor sich hin.

Langsam ging er in die Höhle. Ganz hinten konnte er das spartanische Licht ahnen, das die Arbeitslampe vor sich warf. Immer noch schmeckte die Luft nach Staub. Diese praktische Arbeit war für ihn immer der angenehmere Teil seiner Arbeit gewesen. Hier, wo er der Vergangenheit so nah war, wo er sie buchstäblich anfassen konnte. Ja, dies war seine Erfüllung, seine Berufung. Er merkte, wie sich all seine Haare am Körper aufrichteten. Die Erregung lief ihm in Schauern über den Rücken.

Langsam ging er den stetig flacher werdenden Gang entlang. Endlich war er angekommen. Da war der Hebel, an dem er einfach so leichtsinnig gezogen hatte, und tatsächlich, die Wand hinter dem Hebel schien sich ein wenig verdreht zu haben. Vorsichtig tastete er die Wand ab bis er zu der Stelle kam, an der sich die Wand wie eine Tür einen Spalt nach vorne geöffnet hatte. Die Arbeitslampe stand so, dass der Spalt im Schatten der Tür lag und er dadurch nicht sehen konnte, was sich hinter dem Spalt befand. Er nahm das Stativ, auf dem die Lampe stand, und stellte es einige Meter versetzt wieder auf. So, jetzt fiel das Licht genau in den Spalt hinein und er blickte voller Erstaunen auf die andere Seite.

Hinter diesem Tor befand sich eine Höhle, über dessen Größe er, zumindest im Moment, nicht imstande war, eine Aussage zu machen. Merkwürdig, sie hatten doch diese Gegend mit allen möglichen Messgeräten vermessen. Nichts, aber auch gar nichts hatte auf einen Hohlraum von einem solchen Ausmaß hingewiesen. Er legte seine Finger an den Mund und pfiff so laut er konnte. Ja, der Hall, der durch den Pfiff erzeugt wurde, ließ darauf schließen, dass diese Höhle ziemlich gewaltig war. Schade, so gerne würde er jetzt weitergehen, doch er musste zuvor auf jeden Fall zurück zum Camp. Ohne die richtige Ausrüstung wäre es zu gefährlich, die Höhle zu betreten. So macht er sich ein wenig enttäuscht wieder zurück auf den Weg zum Ausgang. In seinem Jeep hatte er leider nicht genügend Material. Seile, Haken, seine ganze Bergsteigerausrüstung würde er hier brauchen. Zur Markierung des Weges wollte er Phosphorspray mitnehmen. Dies würde den Rückweg erleichtern. Mit einem riesigen Satz sprang er in seinen roten Jeep und fuhr so schnell, wie es der Weg hergab, zurück zum Lager.

Die Sachen waren schnell gepackt, denn er war für seine Ordnungsliebe bekannt. Diese, von manchen Außenstehenden vielleicht als peniblen Tick bezeichnete Marotte war die logische Konsequenz aus seinem Beruf. Würde er mit den Fundsachen nicht akribisch genau umgehen, wäre jede Ausgrabung zum Scheitern verurteilt. Und so hatte alles im Lager seinen ihm bestimmten Platz. Zusätzlich zur Ausrüstung packte er auch noch ein Zelt und Lebensmittel ein. Jetzt würde er direkt am Eingang der Höhle übernachten können, falls dies erforderlich würde, und dadurch würde er letztlich nicht so viel Zeit verlieren. Das Fieber in ihm war wieder geweckt und er musste sich beherrschen, den Jeep nicht zu schnell über die kieseligen Straßen zu jagen und um die Kurven zu schleudern. Endlich war er wieder am Höhleneingang angekommen. Mist, er hatte schon wieder vergessen, den Generator abzuschalten. Eigentlich versuchte er, ihn nicht unnötig laufen zu lassen, alleine schon wegen des leidigen Nachtankens. Nicht, dass er nicht genug Treibstoff gehabt hätte, aber der musste zum einen seinen Weg hierhin finden und zum anderen wollte er die Umwelt nicht unnötig belasten. Er stellte den Jeep unmittelbar neben dem Eingang ab. In Windeseile baute er sein Zelt auf, schnappte sich den Kanister und füllte noch einmal den Tank des Generators auf. Mit wenigen geübten Handgriffen hatte er den Rest Ausrüstung geschultert und gesichert. Jetzt konnte er sich auf den Weg machen. Er schätzte, dass es noch ungefähr vier Stunden bis Sonnenuntergang dauern würde. Spätestens eine halbe Stunde früher wollte er zurück sein.

Es blieb immer ein mulmiges Gefühl, wenn er allein in eine Höhle ging, doch was sollte er machen? Dies war für ihn nun schon seit einiger Zeit Routine geworden. Sollte ihm dort etwas passieren, würde dies so schnell keiner bemerken. Er hatte zwar einen Freund, bei dem er sich alle zwei Tage meldete, doch wenn dieser erst nach zwei Tagen versuchen würde, Hilfe zu holen, wäre es vielleicht schon zu spät für ihn gewesen. Der genaue Ort dieser Ausgrabungsstätte war nur ihm und den anderen Expeditionsteilnehmern bekannt und ob sein Freund auch nur eine von deren Telefonnummern hatte, wagte er doch arg zu bezweifeln. Sei's drum, er griff nochmals zum Telefon und rief seinen Freund an.

„Tuuut, tuuut, tuuut. Klick. Hier spricht der automatische Anrufbeantworter von Gerhard Stehbaldhier. Zurzeit bin ich verreist. Sollten Sie eine wichtige Nachricht für mich haben, sprechen Sie bitte nach dem Ton. Ach ja, Alan, ich habe versucht, dich zu erreichen. Sorry, ich musste unerwartet nach Übersee. Ich melde mich so in vierzehn Tagen wieder bei dir. Bitte pass auf dich auf." Piep. Das war wieder so typisch Gerhard. Gerade eben war er noch deine Lebensversicherung und im nächsten Moment ..., na warte: „Gerhard. Hallo. Haallloo. Gerhard, du wirst es kaum glauben. Ich habe es geschafft. Hier ist ein riesiger Schatz und ich habe ihn gefunden. Der ist Millionen wert. Schade, ich wollte eigentlich mit dir teilen aber nun …" Klick.

„Alan, alter Freund, ich dachte mir, dass du das bist. Ich hoffe, du hast den Spruch auf dem AB nicht allzu ernst genommen", hörte er seinen Freund völlig außer Atem sagen.

„Nein, nein, natürlich nicht. Ich hoffe, du hast die Sache mit dem Schatz auch nicht allzu ernst genommen, oder?"

„Wie jetzt, doch kein Schatz?" Ein kurzes Schweigen folgte und dann: „Hör zu, ich muss tatsächlich für ne Weile los. Also so für circa zehn Tage. Ich hoffe, das geht für dich in Ordnung. Ich kann mich ja trotzdem mal so alle zwei Tage bei dir melden. Ist das OK für dich?"

„Du weißt doch, ich komme schon klar. Mach dir wegen mir kein schlechtes Gewissen. Ich wünsche dir viel Glück bei deiner Reise."

„Alan, du weißt doch, ich …", doch Alan legte, ohne weiteren Kommentar und reichlich angesäuert, auf. Hätte er seinen Freund nicht heute angerufen, wäre dieser tatsächlich einfach so gefahren. Irgendwie nahm ihn selbst sein „bester Freund" nicht so richtig ernst.

Nun gut, sei's drum, dachte er, zog seinen Rucksack noch einmal etwas strammer und machte sich auf den Weg in die

Höhle.

Wie oft war er in den letzten Wochen hier entlanggegangen! Immer auf der Suche nach etwas Besonderem. Nun endlich hatte er es gefunden. Doch war dies bei weitem nicht das, was er sich erträumt hatte.

Angekommen an der Tür, die er geöffnet hatte, nahm er das Dreibein, auf dem der Scheinwerfer stand, und ging in die Höhle. Weiter reichte das Kabel nicht und so stellte er das Dreibein ab und schwenkte dabei den Scheinwerfer. Ja, so würde ein guter Teil der Höhle vom Licht erfasst werden. Vorsichtig ging er in Richtung Dunkelheit, immer darauf bedacht, eine Markierung für den Rückweg zu hinterlassen. Nach einer Weile verließ er den Bereich, der von dem Lichtkegel erfasst wurde. Nun war er gezwungen, seine Helmlampe zu aktivieren. Merkwürdig, der Boden war völlig eben – als hätte jemand hier einen Weg angelegt. War dies die Stätte, von der er sein Leben lang geträumt hatte? War dies der Beweis für seine Theorie, in der er davon ausging, dass bereits eine hochentwickelte Kultur existiert hatte, schon lange, bevor sie hier waren? Doch noch hatte er nichts entdeckt, was eben auf all dies hinwies.

Im Schein seiner Lampe konnte er, nicht allzu weit vor sich, etwas erahnen, was aussah wie …, ja, wie ein Thron. Dahinter schien er ein Licht zu sehen, und dann plötzlich …

Die Begegnung

Flowneklaf ging bedächtig neben Kiesbart her. Er hatte sich, wie schon so oft, das Oktrawill vor den Bauch gebunden, damit das Licht, das davon ausging, den Weg vor ihnen erleuchtete. Hier waren wohl schon viele vor ihnen gegangen, denn der Boden war, von vielen Schritten abgetreten, eben und glatt. An den Seiten des Weges standen kleine geometrische Säulen, auf denen in früherer Zeit offensichtlich eine Art Kerze gestanden haben musste. Dies hier schien eher ein Saal zu sein, als dass es eine Höhle war. Am Rande des Weges standen kleine, steinerne Statuen. Flowneklaf hatte den Eindruck, dass diese, kaum, dass sie vom Licht des Oktrawills berührt wurden, sich zu bewegen begannen. Sobald sie jedoch den Schein des Oktrawills verließen, erstarrten sie wieder zu Stein. Er war sich allerdings nicht sicher, ob er sich das alles nicht nur einbildete.

Langsam bewegten sich die zwei Freunde weiter. Plötzlich wurde das Licht in der Ferne heller und sie blieben für einen kurzen Moment stehen. Doch weiter passierte nichts und so gingen sie, bis sie schließlich an ein Gebilde gelangten, das ihnen den Weg versperrte. Es lag ein gutes Stück höher und man konnte es über eine Treppe besteigen. Flowneklaf ging langsam einmal um das Gebilde herum, dabei schulterte er das Oktrawill wieder auf den Rücken, um das Gebilde ungestört mit den Händen untersuchen zu können. Er kramte in den Tiefen seines Gedächtnisses. Irgendwo hatte er schon einmal dieses Gebilde gesehen. Ja, auf einer Zeichnung damals in der Bibliothek und selbst die Umgebung, in der sie sich befanden, kam ihm merkwürdig bekannt vor. Er hatte darüber schon etwas gelesen. Er war sich sicher, das Gebilde vor ihm war der Thron von Gestopet.

Laut der Sage war dies hier einst die Verbindung zwischen den Welten gewesen. Ein Ort voller Magie, doch bei der Teilung der Welten war Gestopet geflohen und er hatte die Magie mit sich und damit von diesem Ort genommen. Niemals wieder, so stand es geschrieben, würde die Magie zu diesem Ort zurückgelangen können. Er blickte seinen Freund an und fragte ihn: „Kannst du dir vorstellen, dass dies hier einst ein Thronsaal war? Hier schau, ungefähr so muss der König dieses Reiches hier gesessen und auf sein Volk herabgeblickt haben.“ Mit diesen Worten ließ sich Flowneklaf auf den Thron niedersinken und lehnte sich zurück. Ohne es zu merken versank dabei das Oktrawill auf seinem Rücken in einem Loch in der Rückenlehne des Thrones, so, als ob dieses Loch nur für das Oktrawill geschaffen worden wäre.

Die Schnüre um Flowneklafs Rücken und Bauch begannen wild zu pulsieren. Kiesbart stellte sein Nackenfell auf, denn er sah einen kurzen Anflug von Angst in den Augen seines Freundes. Flowneklafs Rücken wurde immer wärmer und das Pulsieren immer schneller. Plötzlich lösten sich alle Schnüre von seinem Körper und sie umschlangen den Thron. Flowneklaf stand auf und trat zurück. Das Oktrawill hatte sich fest mit der Lehne des Throns verbunden und die Schnüre hatten sich in dieselbige gebohrt. Der ganze Thron begann zu leuchten und auf einmal schoss eine helle Lichtfontäne bis an die Decke der Höhle. Wellenförmig breitete sich das Licht in der ganzen Halle aus und die zwei Freunde konnten jetzt erkennen, dass sie sich tatsächlich in einer Art riesigem Saal befanden.

Links und rechts entlang des Weges, den sie gekommen waren, entzündeten sich die Kerzen auf den Säulen und die Statuen erwachten zum Leben. Dies war tatsächlich das alte Volk von Gestopet. Sie erblickten Flowneklaf, der neben dem Thron stand, und riefen: „Heil dir, König von Gestopet!“

Flowneklaf war das sichtlich unangenehm, denn er war nicht ihr König. Vielmehr machte er sich Sorgen um sein Oktrawill. Doch er erkannte in dem Moment, dass dies noch nie sein eigenes gewesen war, er durfte letztlich nur dessen Träger sein und nun hatte er es an seinen Ursprung zurückgebracht.

Ja, erst jetzt, nach all den Jahren, hatte er die wahre Funktion des Oktrawills erkannt. Es war das Herz des Throns der Zwischenwelt.

***

„Hallo, ich … ähm, wer oder was …?“, stotterte Alan vor sich hin. Eben noch war er hier allein in der Dunkelheit und nun waren da dieser Mann und dieser Wolf und dahinter diese Gestalten, die alle das gleiche Unverständliche von sich gaben. Der Mann in der merkwürdigen Kleidung erhob seinen Arm und sprach: „He da, ich bin Flowneklaf, Flowneklaf von Dragazien, und dies ist mein Freund und Gefährte Kiesbart, Träger seines Zeichens.“

Kiesbart hatte es sich zur Gewohnheit gemacht, sich immer dann, wenn Flowneklaf ihn so förmlich vorstellte, ein wenig aufzubauen, um so noch größer und kräftiger auszusehen.

„Wir sind auf der Suche nach den Teilen des Dolches von Pektrulon. Wir müssen sie zurück ins Bebenland zum Utorris bringen, um unsere Welt zu retten. Dies ist unsere Aufgabe, unser Schicksal. Wer bist du und was suchst du hier?“

Alan sammelte sich einen Moment denn er war völlig überwältigt. Dann sprach er und versuchte dabei eine möglichst feste Stimme zu halten: „Ich bin Alan Hastings und bin Archäologe. Ich suche alte Dinge, die vor langer Zeit verloren, zerbrochen oder vergessen wurden. Ich finde sie, ordne sie und lese ihre Geschichte. Ich habe dahinten eine Tür gefunden und habe sie durchschritten. So bin ich hier in diese Höhle gelangt. Von den Orten, von denen du sprichst, habe ich noch nie gehört. Aber sag mir, wie kommt ihr hierher und wo wollt ihr hin?"

Flowneklaf antwortete: „Das ist eine lange Geschichte. Du bist, wie ich deinen Worten entnehme, ein Sucher und du kommst aus der anderen Welt. Wir müssen hier den ersten von vier Teilen des Dolches finden. Der zweite Teil ist in deiner Welt – dort wollen wir hin. Du bist der Sucher, so wie es in der alten Schrift vorhergesagt wurde. Wärst du bereit, mit uns die Suche fortzusetzen und uns in und durch deine Welt zu führen, Alan?"

Alan musste nicht lange nachdenken. Endlich passierte etwas in seinem Leben. Die Zweifel, ob er es hier mit einem Spinner oder aber tatsächlich mit jemandem aus einer anderen Welt zu tun hatte, verwarf er schnell und sagte: „Ich wäre erfreut, euch helfen und begleiten zu dürfen. Doch sagt mir, was ist ein Schantarack und wie sieht das genau aus?"

Flowneklaf entfaltete ein kleines Stück Pergament und legte es vor Alan auf den Boden. „Schau, dies ist der Text, der in einem der alten Bücher über das Schantarack steht", erklärte er und wies auf das Pergament. Alan war bemüht, die Schrift zu entziffern, doch solch eine Schrift war ihm nicht bekannt. Er meinte, Teile der Schriftzeichen der Maja zu erkennen, auch ägyptische Einflüsse schienen vorhanden zu sein. Andere Zeichen jedoch waren ihm völlig fremd.

„Sag, kannst du das etwa lesen?“, fragte er Flowneklaf.

„Ja, ich bin in der Lage viele Schriften zu lesen. Auch diese hier ist mir bekannt. Nur geben die Worte irgendwie keinen rechten Sinn. Hier steht so etwas wie: Der Sitz des Herzens ist relevant. Nicht in die Tiefe gelangt. Die Ader dir den Weg bald weist. Nicht eins, noch zwei. Die Drei verkehrt. Löst sich das Belat und nutze es im Rücken. Im Kreis und im Eck. In Blut getränkt das Licht erwacht.“

Alan rieb sich mit den Fingern über die Stirn. Was sollte das nur bedeuten? Er blickte sich um, damit er alles in der Umgebung in sich aufnehmen konnte. Was war nur mit diesen Worten gemeint? Ihm war klar, dass sie irgendetwas hier finden mussten, das ihnen später von Nutzen sein würde. Er hatte überhaupt keinerlei Vorstellung davon, wie dieser Gegenstand wohl auszusehen hatte. Es schien ihm logisch, dass mit „der Sitz des Herzens“ wohl dieser merkwürdige Thron gemeint war, und so schaute er sich diesen noch einmal genauer an.

Alles wirkte so unrealistisch, aber dennoch passierte das gerade wirklich. In der Lehne pulsierte das große Herz. Ja, genau, dies war der Sitz des Herzens und er solle nicht in die Tiefe greifen. Langsam ließ er seine Hand über die Lehne nach oben gleiten. Seine Fingerkuppen waren höchst sensibel. Er spürte das leichte Pulsieren der Stränge, die nach oben führten, und folgte dem Rhythmus. Oben angekommen, umfasste er mit einem geübten Griff die linke der drei Spitzen, die oben auf dem Thron befestigt waren. Er ließ seine Hand zur nächsten Spitze gleiten, um nach einer kurzen Pause zur letzten zu gelangen. Behutsam versuchte er, diese zu drehen. Dann dachte er über die Worte nach und ließ seine Hand wieder zur ersten gleiten, umfasste sie und, siehe da, der obere Teil der Spitze schien lose zu sein. Vorsichtig und mit leichtem Zug drehte er das Ende hin und her. Er fühlte, dass das Ende langsam höher rutschte, um sich dann mit einem leisen Plopp zu lösen. Alan hielt das Ende der Spitze in seiner Hand. Nun betrachte er die Spitze genauer. Am unteren Ende war eine Art Zylinder. Dieser hatte genau oben in den Thron gepasst.

Jetzt hatte er die Spitze in der Hand, aber was nun? War dies der gesuchte Teil? Nein, der Schriftzug ging weiter. Irgendwas mit Rücken. Langsam ging er um den Thron herum. Ja, das war der Rücken des Throns, aber was sollte er hier? Erneut ließ er seine Finger über den Thron gleiten. Doch ohne Erfolg. Langsam ging er ein Stück zurück. Manchmal sehen die Dinge ja anders aus, wenn man sie aus der Ferne betrachtet. Und, tatsächlich, um den Thron herum sah er eine Furche im Boden, sie bildete einen Kreis und so wie es schien, liefen von links und rechts vorne kommend zwei Furchen aufeinander zu. Sie waren die Schenkel eines Dreiecks, dessen Basis der Rücken des Throns bildet. Die Spitze traf hier genau auf den Kreis. Alan tastete behutsam mit seinen Fingern durch die Furche. Er nahm sein Messer aus der Tasche und kratzte vorsichtig den Dreck heraus. Er legte ein leicht schräges Loch frei. Er wusste direkt, dass der eben gefundene Gegenstand hier einzuführen war. Ganz vorsichtig schob er den Zylinder in das Loch. „Passt genau und jetzt?“ Alan blickte Flowneklaf und Kiesbart fragend an.

„Du bist der Sucher“, entfuhr es Flowneklaf, der nun um den Thron herum schritt und sich darauf niederließ. Das Oktrawill in Flowneklafs Rücken begann, stärker zu pulsieren, und der Thron fing an, sich mit einem kratzenden Geräusch zu drehen. Alan und Kiesbart blickten Flowneklaf erstaunt an. Mit einem lauten „KLOCK“ blieb der Thron dann genau andersherum stehen. Die Armlehnen des Throns waren jetzt parallel zu den Schenkeln des Dreiecks. Flowneklaf spürte, dass das Pulsieren in seinem Rücken immer stärker wurde. Unterhalb der Armlehnen begann plötzlich Blut zu tropfen. Es lief langsam durch die zwei Schenkel in Richtung der Spitze. In dem Moment, als das Blut die Spitze berührte, begann dies zu leuchten und der Lichtstrahl wurde auf die gegenüberliegende Wand projiziert. Alan folgte dem Licht. Er war erstaunt. In der Wand war ein Bild eines Falken eingemeißelt. Als Alan dieses Bild berührte, hatte er für einen kurzen Moment das Gefühl, der Falke hätte sich bewegt. Dann aber klappte das Stück Stein mit dem Falken zur Seite und ein kleiner, etwa fußballgroßer Hohlraum wurde sichtbar. Vorsichtig nahm Alan etwas heraus. Flowneklaf, der das Ganze vom Thron aus beobachtet hatte, stand nun auf, um sich den Gegenstand genauer anzusehen. Augenblicklich klappte der Steinfalke empor und das Licht erlosch. Flowneklaf betrachtete den Gegenstand in Alans Händen. „Das ist der Griff des Dolches. Wegen ihm sind wir hier. Der erste Teil ist gefunden.“

Alan ging das hier alles viel zu schnell. Da, wo er eben noch den Falken gesehen hatte, war nun nichts mehr als eine gewöhnliche Steinwand, und trotzdem hielt er etwas in der Hand, was er so gar nicht zuordnen konnte.

„Ich hätte da noch die ein oder andere Frage“, begann er zu reden. Doch Flowneklaf fuhr ihm über den Mund und sagte: „Nicht hier. Lass uns diesen Ort verlassen. Es wird Zeit, dass ich den Himmel sehe. Sei so lieb und führe uns hier heraus.“ Ihm war klar, dass der ganze Saal und auch der Thron ohne

Kiesbarts getragene Magie wieder zu leben aufhörte. Trotzdem entschied er, das Oktrawill hier zu belassen. Denn das war der Ort, wo es sein musste.

So viele Fragen gingen Alan durch den Kopf, doch hatte er Verständnis und so sagte er: „Nun gut. Ich führe euch zu meinem Lager, aber dann müsst ihr mir einiges erklären."

„So machen wir's. Komm, Kiesbart, bald gibt es endlich wieder frische Luft und Tageslicht", erwiderte Flowneklaf. Er beobachte beim Hinausgehen, dass die Lichter im Zulauf zum Thron langsam erloschen und auch der Thron selbst wurde, je weiter der Abstand wurde, immer dunkler. Eine Wehmut umklammerte Flowneklafs Herz.

Später am Lagerfeuer berichtete Flowneklaf Alan, was er und Kiesbart in den letzten Jahren erlebt hatten. Er erzählte ihm von seiner Welt, von den Pflanzen und Tieren und von seiner Aufgabe. Alan hörte ihm gebannt zu und sehnte sich nach der Welt, aus der Flowneklaf zu kommen schien. Hätte er diese Dinge in der Höhle nicht alle selbst erlebt, würde er jetzt dafür sorgen, dass dieser Mann schnellstmöglich in eine Anstalt eingeliefert würde.

Alan erklärt, dass Flowneklaf seine Kleidung tragen müsse, damit er hier in dieser Welt nicht so auffiel. Auch Kiesbart konnte hier nicht frei herumlaufen. Er musste ein Halsband tragen und Flowneklaf musste eine Leine für ihn mit sich führen. Alan erklärte, wie sich Hunde zu verhalten hatten. Dann galt es, den Ort zu finden, an dem der zweite Teil zu suchen war. Alan hatte schon eine gewisse Vorstellung davon, wo sie diesen Ort suchen mussten. Er wollte jedoch noch einige Recherchen durchführen, bevor er Flowneklaf darüber unterrichtete.

Ferner fragte er sich, wie sie wohl zurück in diese andere

Welt gelangen konnten, denn laut Flowneklaf gab es keinen direkten Weg und sie mussten nach Zeichen suchen. Oft, so Flowneklaf, fand der Weg den Suchenden und nicht umgekehrt.

Das Labyrinth

Hier musste es doch weitergehen. Auf der steinernen Karte stand es doch genau beschrieben. Doch die Abzweigung, die auf der Karte eingezeichnet war, schien einfach nicht zu existierten. Flowneklaf versuchte die Fassung zu bewahren. Sollten sie all diese Mühen auf sich genommen haben, um nun festzustellen, dass hier ein Fehler in der Karte war? Oder waren sie am falschen Ort? Wo sollten sie denn jetzt weitersuchen? Es war schon schwierig genug gewesen, hier unbemerkt hinein zu gelangen.

Alan hatte sich eine Genehmigung der Stadt geholt und war somit offiziell hier in den Katakomben unterwegs. Er hatte den Begleiter, der ihm als Aufsicht zur Seite gestellt worden war, mit endlosen Monologen über die verschiedenen Zusammensetzungen des Gesteins hier unten so sehr gelangweilt, dass dieser ihm inoffiziell völlig freie Hand ließ.

„Ich habe auf dem letzten Rundgang etwas vergessen. Es wäre sehr wichtig, dass ich diese schnellstmöglich hole", so sein Begleiter. „Sie kommen doch auch bestimmt allein zurecht, Professor, oder? Können Sie dann das Gatter wieder schließen, wenn Sie hier unten fertig sind?"

Das war der Freifahrschein, auf den Alan spekuliert hatte. Mit gespielter Traurigkeit über das Gehen seines Begleiters hatte er so etwas gesagt wie: „Ich hätte Ihnen aber schon noch gerne das mit den Quarzeinschlüssen in diesem speziellen Stein genauer erörtert …" Und schon hatte sich seine „Aufsicht" auf dem Absatz umgedreht und war verschwunden.

Flowneklaf und Kiesbart waren als Besucher hierhergekommen. Alan hatte für kurze Zeit das Licht in der Kammer ausgeschaltet. Bei dem dadurch aufkommenden Durcheinander konnten die zwei unbemerkt durch das Gatter in die Katakomben gelangen. Hier hatten sie nur darauf gewartet, dass die Besuchszeit zu Ende ging und Alan zu ihnen zurückkehrte. Jetzt konnten sie mit ihren Erkundungen beginnen.

Flowneklafs Geduld wurde auf eine harte Probe gestellt. Seit über zwei Stunden hatten sie nun diese drei Gänge durchstreift und nichts gefunden. Kiesbart lief, die Nase in die Luft haltend, ein Stück voraus und kam dann wieder zurück. Er rannte an Flowneklaf und Alan vorbei, um sich nach einem kurzen Stück erneut abrupt umzudrehen und wieder ein Stück zurückzulaufen.

„Hm, habe ich es mir doch gedacht. Hier stimmt was nicht.“ Er ging langsam, schnuppernd, an der Wand entlang, stellte sich plötzlich auf seine Hinterbeine und blieb mit seinen Vorderbeinen an der Wand stehen. „Hier, seht euch doch diese Steine mal an. An dieser Stelle riecht die Wand anders. Ich weiß nicht, wie ich es sagen soll, ja, einfach jünger.“

Und tatsächlich, bei genauerer Betrachtung konnte man sehen, dass die Farbe der Fugen eine Nuance heller war als der Rest der Fugen entlang der Wand. Es schien so, als wäre hier einst eine Öffnung gewesen. Sie war kreisförmig. Alan schätzte, dass die untere Kante dieses Kreises etwa einen Meter über dem Boden war. Den Durchmesser schätzte er auf sechzig Zentimeter. Irgendjemand hatte sich wirklich Mühe gegeben und die Kreiskante beim Zumauern so versetzt, dass man die Rundung an der Wand nicht sehen konnte. Tatsächlich hatte keiner der Forscher, einschließlich Alan, bei den Untersuchungen der Gänge diese Stelle im Mauerwerk erkannt. Es war vor knapp zwölf Jahren, als man diese drei Wege unterhalb der so genannten Grabkammer gefunden hatte. Nach langen Debatten über den Sinn und Zweck dieser Wege und unzähligen Untersuchungen hatte man beschlossen, diese zusätzlichen Wege nicht der Öffentlichkeit bekannt und somit auch nicht zugänglich für sie zu machen. Keiner der Forscher hatte dort noch irgendetwas von Belang vermutet.

Alan und Flowneklaf stemmten ihre Körper gegen die Steine, aber es passierte nichts.

„Wartet, ich habe einen Hammer und ein kleines Brecheisen im Rucksack. Wenn wir erst einen Anfang haben, geht der Rest fast von ganz allein.“ Alan ließ seinen Rucksack vom Rücken gleiten. Schnell nahm er den Hammer, der an einer Schlaufe von außen am Rucksack befestigt war, und begann mit der Spitze gegen einen der oberen Steine zu klopfen. Tatsächlich, der erste Stein lockerte sich. Schnell griff Flowneklaf nach dem Brecheisen und setzte es an der nun fast freien Fuge an. Mit drei, vier kräftigen Bewegungen hebelte er den Stein nach vorne. Alan konnte den Stein mit den Fingern fassen, zog ihn zu sich und nahm ihn aus der Wand. Mit seiner Taschenlampe leuchtete er in das gerade entstandene Loch und blickte vorsichtig hindurch. Sein Herz begann schneller zu schlagen. Dies war der Traum eines jedes Forschers. Seit wie vielen Jahren galt der Dom jetzt schon als erforscht und nun kam er hierher, um, natürlich nicht ganz ohne Hilfe, diesen Eingang zu einer, wenn er der Karte glauben schenken durfte, ganzen Reihe von Gängen und Kammern, die unter der Erde lagen, zu finden.

„Wahnsinn, Leute, gleich hinter dieser Wand ist noch eine weitere! Wenn ich aber ein wenig zur Seite schaue, scheint es mir, als wäre dies ein Gang, der ein Stück zu diesem hier parallel verläuft. Lasst uns vorsichtig weitermachen."

So hebelten und schlugen sie weitere Steine aus der Wand. Alan legte die Steine in einer langen Reihe fein säuberlich an der Wand entlang. Er hoffte, dass von der letzten Abzweigung aus niemand dieses Loch oder gar die Steine auf dem Boden sah. Er wusste, dass hier unten höchstens einmal in der Woche ein Kontrollgang stattfand, wenn überhaupt. Mit ein wenig Glück würde niemand etwas bemerken, da die meisten Wächter nur kurz das Licht ihrer Lampe in diesem Gang auf Patrouille schickten. Dabei würden sie die Steine, die direkt neben der Wand auf dem Boden lagen, wahrscheinlich gar nicht wahrnehmen. Warum sollten sie auch diesen Gang entlanggehen? Es war ja schließlich nur eine Sackgasse.

So, das Loch war nun groß genug, damit sie, einer nach dem anderen, hindurch gelangen konnten. Alan mit der Taschenlampe zuerst, dann Kiesbart und zuletzt Flowneklaf. Jetzt waren sie auf der anderen Seite. Der Gang, in dem sie nun standen, war so unvorstellbar lang. Alan ließ den Lichtkegel seiner Lampe die Wand entlanglaufen. Der Kegel fand aber kein Ende und kam auf der anderen Seitenwand zu ihm zurück. Das Gleiche war in der anderen Richtung zu beobachten. In welche Richtung sollten sie gehen?

„Hier geht's lang!", rief Flowneklaf, der die Karte vor sich hielt und versuchte, diese zu lesen. In Wirklichkeit aber folgte er seinem Freund Kiesbart, der schon wieder vorauslief.

„Wartet doch auf mich!", rief Alan ihnen hinterher. „Ich habe auch noch Taschenlampen für euch." Das war ja so gar nicht sein Ding. Einfach so loszulaufen ins Nichts. Blitzschnell nahm er eine Dose mit Phosphorspray aus seinem Rucksack und begann schnellen Schrittes damit den Weg zu markieren. Nie hätte er es sich träumen lassen, einem Wolf durch irgendwelche Gänge zu folgen. Aber sei's drum. Der Weg ist das Ziel. Bei den zweien angekommen, gab er Flowneklaf eine Taschenlampe an die Hand und macht eine an Kiesbarts Halsband fest. So, jetzt konnten alle etwas sehen.

Deilnelees

Erschrocken fuhr sie aus dem Schlaf hoch. Mit vor Panik weit aufgerissenen Augen versuchte sie in die Dunkelheit zu blicken, aber dort war nichts. Sie saß auf ihrem Bett, so wie fast jede Nacht in den letzten Wochen, und hörte nur ihren eigenen Atem, der raste, als habe sie eben einen Wettlauf hinter sich gebracht. Vorsichtig zündete Deilnelees die Lampe neben sich auf dem Tisch an. Schweißperlen liefen ihr das Gesicht herab. Warum hatte sie nur immer diesen Traum? Sie versuchte, sich zu erinnern, doch es fiel ihr schwer. Nur an einige Dinge konnte sie sich verschwommen erinnern.

Da war diese merkwürdige Tür, durch die sie ging, und da war dieses weit aufgerissene, riesige Maul, das auf sie zugeschossen kam und jedes Mal, kurz bevor sie verschlungen wurde, wurde sie wach.

Das ging nun schon seit Wochen so mit ihr. Ihr Vater, ein ausgewachsener Fendlocker, sagte immer zu ihr, das käme davon, wenn man zuviel mit den großen Jungs spiele. Die würden ihr nur Flausen in den Kopf setzen.

Sie nahm ihre Decke in die eine und die Lampe in die andere Hand und schlich auf nackten Füßen vorsichtig zur Tür, öffnete sie und ging durch den kurzen Flur zum Zimmer ihres Vaters. Nachdem sie eingetreten war, schloss sie die Tür ganz leise und kroch zitternd vor Angst und Kälte in dessen warmes Bett. Sie war darum bemüht, ihn nicht zu wecken, doch kaum hatte sie sich hingelegt, spürte sie seinen starken Arm, mit dem er sie vorsichtig und schützend an sich zog.

„Na, meine Prinzessin“, flüsterte er, „ich wusste, dass du kommst. Hast du schon wieder diesen Traum gehabt? Ich passe jetzt auf dich auf und wenn das Monster kommt, werde ich mit ihm ein ernstes Wörtchen zu reden haben."

Es waren nun schon fast zwei Jahre her, dass ihr die Mutter und ihm die Frau genommen wurden. Eigentlich war sie schon fast erwachsen und sollte nicht mehr zu ihrem Vater ins Bett kriechen. Er behandelte sie immer noch, als wäre sie ein kleines Kind. Ihr Vater hatte stets versucht tapfer zu sein, doch an manchen Tagen hatte sie bemerkt, dass auch er, wenn er sie tröstete, zu weinen begann. Aber er wollte es einfach nicht wahrhaben.

Es wurden schon immer viele Geschichten über das Verschwinden von Frauen erzählt, doch war dies, soweit sie es wusste, in ihrem Dorf noch nie vorgekommen. Die Alten hatten immer gesagt, dass ihr Dorf, weil es so hoch gelegen und der Weg hier herauf zu beschwerlich sei, von den Degendorfern verschont bleiben würde. Die anderen Fendlocker im Dorf taten so, als wäre dies alles nicht geschehen, und der Dorfalltag ging seine gewohnten Bahnen. Niemand wusste genau, was die Degendorfer mit den Frauen machten. Doch war, so die Geschichten, noch niemals eine von ihnen zurückgekehrt.

Ihr Vater hatte zuerst jeden männlichen Fendlocker im Dorf angesprochen und sogar angefleht, ihm zu folgen, um ihm dabei zu helfen, seine Frau zu suchen. Doch keiner war bereit dazu, mit ihm zu gehen. Sie müssten schließlich über ihre Frauen wachen, falls die Degendorfer zurückkehren würden. Und so hatte er nach einer ganzen Weile aufgegeben, nach Hilfe zu suchen. Er hatte, so schien es, viel von seiner ehemaligen Kraft verloren. Seine Haare waren weiß geworden. Doch jetzt, wo sie seinen Arm um sich spürte, wusste sie genau, dass ihr Vater alles für sie tun würde.

„Schlaf jetzt ein, meine Prinzessin, die Nacht ist noch lang", sagte er und löschte das Licht der Lampe. Sie lag noch eine Weile wach und lauschte seinem immer flacher werdenden Atmen, das dann langsam in ein leises Schnarchen überging. Dieses Geräusch ließ sie wieder in den Schlaf sinken und sie begann erneut zu träumen.

Sie sah das lachende Gesicht ihrer Mutter, die umringt war von vielen, etwa daumengroßen, blauen, hübschen Frauen. All diese Frauen trugen vier Flügel auf dem Rücken und schwirrten um das Gesicht ihrer Mutter. Plötzlich hörte sie die Stimme ihrer Mutter. Sie war so real, als würde sie neben ihr sitzen: „Deilnelees, mein Kind, mach dich auf den Weg, die Zeit ist nun reif. Die Thipfs können dir helfen und du ihnen. Hab keine Angst vor dem Fremden, denn du kannst sehen, was wird. Freund und Feind zu erkennen wird das Wichtigste sein."

Eine der kleinen Thipfs kam mit einer gelben Wasserrose auf sie zugeflogen. Dieses kleine Wesen hatte allerhand damit zu tun, da die Rose größer war als sie selbst. Als sie über Deilnelees Kopf angekommen war, ließ sie die Rose fallen. Deilnelees versuchte, die Rose zu fangen, doch das Bild verschwand und ihr Traum blieb schwarz.

Von den ersten warmen Lichtstrahlen der Sonne, die durch das offene Fenster fielen, wurde sie geweckt. Wie schön es hier doch war. Sie konnte den blauen Himmel mit den kleinen weißen Wolken durch das Fenster sehen. Sie drehte vorsichtig ihren Kopf und blickte zu ihrem Vater, der sie immer noch in seinem Arm hielt. Er schlief tief und fest. Langsam ließ sie ihren Blick durch den inzwischen sonnendurchfluteten Raum schweifen. Vieles in diesem Raum erinnerte sie an ihre Mutter. Vater hatte nichts von all ihren Sachen weggeräumt. Warum auch? Sie würde doch zurückkommen.

Da öffnete sich die Tür und ihre Mutter kam herein. Sie hatte das buntgeblümte, trägerlose Frühlingskleid an, das Vater so sehr an ihr liebte. Barfuß wie immer zwinkerte sie Deilnelees zu und mit einem Lächeln auf den Lippen schritt sie zu ihrem Kleiderschrank, öffnete zuerst die Schranktür und dann die obere Schublade mit einem Schlüssel.

„Sieh her, meine Tochter, dies ist für dich." Und mit einer fixen Bewegung legte ihre Mutter etwas hinein. Dann verschloss sie Lade und Schrank wieder und ließ den Schlüssel in einer der Rosenblüten gleiten, die eine Blumenvase auf dem Tisch neben dem Kleiderschrank füllten.

Deilnelees sprang auf und rannte laut rufend auf ihre Mutter zu. „Mama, Mama!"

„Schon gut, meine Kleine, pssst", hörte sie die Stimme ihres Vaters, „du hast schon wieder geträumt."

Sie öffnete verwirrt ihre Augen und fand sich sitzend auf dem Bett wieder. Vor sich sah sie das ihr so vertraute, behaarte Gesicht ihres Vaters. Seine Tränen suchten sich mühsam einen Weg durch die Haare auf seinen Wangen.

Das Fenster stand offen, sie konnte den grauen Himmel erkennen und den Regen hören, der unablässig auf ihr Dach trommelte. Es war wieder so ein grauer Morgen, an dem sie sich fragte, wie das alles weitergehen sollte. Sie zog kurz die Nase hoch und wischte sich mit dem linken Handrücken die Tränen aus dem Gesicht.

„Vater, ich habe Mutter gesehen. Sie hat etwas für mich in den Schrank gelegt, in die obere Lade." Sie zeigt in die Richtung des Schrankes.

„In der oberen Lade kann nicht viel sein. Deine Mutter hat, noch bevor du geboren wurdest, den Schlüssel verloren. Ich wollte oft das Schloss austauschen, doch deine Mutter hat gesagt, es wäre nicht wichtig und ich würde den Schrank dadurch nur kaputt machen. Daher habe ich es gelassen. Komm her, mein Kind, du zitterst ja am ganzen Körper." Er nahm seine Tochter in den Arm und drückte sie sanft an sich.

„Aua, du zerdrückst mir ja die Hand", sagte Deilnelees. Vorsichtig zog sie ihre Hand hervor. Sie öffnete sie und die beiden guckten sich verdutzt an.

In ihrer Hand hielt sie eine zerdrückte, gelbe Wasserrose und in der Mitte der zerknitterten Blütenblätter sahen sie einen kleinen rostbraunen Schlüssel.

Der Lauf der Dinge

Das ganze Dorf war herbeigeeilt, um der Attraktion beizuwohnen. So etwas hatte es noch nie gegeben. In all den Jahren hatte sich keiner getraut, das Dorf länger als zwei Tage zu verlassen. Diese beiden mussten völlig von Sinnen sein. Wenn man bedenkt, was sie in der letzten Zeit durchgemacht hatten.

Das Kind war schließlich bekannt dafür, dass es, vorsichtig ausgedrückt, ein wenig merkwürdig ist. Angeblich würde sie Dinge träumen, die bald geschehen. Sie hatte dem kleinen Jegazu einmal erzählt, er würde vom Baum fallen und sich dabei einen Arm brechen. Jegazu war seinen Lebtag noch nie von einem Baum gefallen und doch hatte er eines Tages einen gebrochenen Arm gehabt. Er hatte allen erzählt, er wäre beim Eintreiben der Schagazen von einem von ihnen getreten worden. Einmal hatte das Mädchen dem Heiler des Dorfes eine Stelle gezeigt, an der er Asperitas ernten konnte. Doch war dort nichts als Gestrüpp. Erst ein Jahr später war dort Asperitas gewachsen. Wer das da wohl angepflanzt hatte?

In den letzten Wochen hatte man das Kind immer wieder des Nachts schreien hören. Der Vater war völlig aufdringlich und unnormal hilfsbereit. Wer wusste schon, was sich in diesem Haus so abgespielt hatte? Aber als echter Fendlocker hatte man sich nur bedingt um das zu kümmern, was um einen herum geschah. Man wollte ja nun wirklich nicht unnötig tief hineingezogen werden. Dies war einer der typischen Charakterzüge der Fendlocker.

Deilnelees Vater und ihre Mutter waren keine typischen Vertreter der Fendlocker. Sie hatten durchaus Interesse am

Wohlergehen ihrer Umwelt. Nicht umsonst war die ganze Familie als recht unbequem eingestuft worden. Doch was sie jetzt vorhatten, sprengte jeden Rahmen. Vater und Tochter wollten tatsächlich durch die Welt ziehen, wobei doch jeder wusste, dass man da draußen keine Chance zum Überleben hatte. Sie hatten sich aus alten Säcken Rucksäcke gebaut und dort das Wichtigste von ihrem Hab und Gut hineingepackt. Der Rucksack von Deilnelees war, im Verhältnis zu dem ihres Vaters, klein, doch sie hatte darauf bestanden, einen eigenen Rucksack zu tragen.

Viel zu lang hatte der Vater auf diesen Tag gewartet. Fast zwei Jahre waren vergangen, seit ihm seine Frau genommen wurde. Immer hatte er auf ein Zeichen gewartet. Er gestand sich selbst ein, dass auch er fendlocktypisch eine gewisse Portion Feigheit in sich trug. Es war doch bequem zu Hause und wenn man dann all die Gefahren dachte, die da draußen auf sie warteten ... Zumal da ja auch noch seine Tochter war. Sie war genauso hübsch wie ihre Mutter und ihr wie aus dem Gesicht geschnitten. Sollte er dieses Kind wirklich all diesen Gefahren aussetzen?

Jetzt endlich war das Warten vorbei. Er hatte sich dazu durchgerungen, loszuziehen, und wenn er sich etwas einmal in den Kopf gesetzt hatte, war es schwierig bis unmöglich, ihn davon abzuhalten. Doch dass er damit einen solchen Auflauf heraufbeschwören würde, hatte ihn dennoch überrascht.

Er ließ noch einen letzten Blick durch das Haus streifen und zog dann die Tür hinter sich zu. Er kletterte die Strickleiter herab und stellte sich neben seine Tochter.

Was mag das für ein Anblick sein?, fragte er sich. Auf der einen Seite er und seine Tochter und auf der anderen Seite fast das ganze Dorf, so als wolle man sie an den Pranger stellen.

„Nun, liebe Freunde. Ihr wisst alle, was ich und meine Tochter vorhaben. Ich bitte euch, unser Haus zu hüten, als wäre es das eure. Die Schagazen gebe ich in deine Obhut, mein Vetter Gezuras. Möge ihre Milch und der Käse deine Familie gut nähren, solange wir fort sind. Nun sorgt euch nicht länger um uns." Er wusste, dass sobald sie sich umgedreht hatten, ihre Sorgen ohnehin vergessen sein würden. „Meine Tochter und ich haben ein Ziel vor Augen und dieses Ziel gibt uns das Recht für alles, was wir tun. Nun wünsche ich, Pytrepus, Gemahl von Niretter und Vater von Deilnelees, euch viele sorgenfreie Tage und dergleichen Nächte."

Mit diesen Worten drehten sie sich von der Meute ab, gingen den schmalen Pfad entlang, ohne sich noch ein weiteres Mal umzudrehen. Sie wussten, dass dort keiner stehen blieb, um ihnen nachzuwinken, denn so war es halt bei den Fendlockern. Aus den Augen, aus dem Sinn.

Sie gingen immer weiter bergab, wollten erst einmal einen Tag gehen und dann die Richtung wählen. Nur Deilnelees kannte den Weg. Sie hatte mit dem Schlüssel aus der Rose die Lade geöffnet und dort das Vermächtnis ihrer Mutter gefunden. Man konnte ohne Übertreibung sagen, dass es sich um einen wahren Schatz handelte. Es war die verloren geglaubte Karte *von Sumbatz*.

Diese Karte steckte voller Magie. Auf ihr waren viele der geheimen Verbindungen und Wege eingezeichnet, mit denen aus einen mehrere Tage andauernden Marsch ein Spaziergang von wenigen Minuten werden konnte. Es hieß, dass die Karte von Sumbatz dieses Land mit den Zwischenländern verband. Nur wenige waren je in der Lage gewesen, diese Zwischenländer zu betreten, geschweige denn sie wieder verlassen zu können. Nur Könige waren früher im Besitz dieser Karte gewesen. Bis sie schließlich vor langer Zeit verloren ging. Die Karte schien zu leben, denn die Zeichen darauf änderten sich unaufhaltsam. Die Zeichen waren in der alten Sprache verfasst und Deilnelees begriff erst jetzt, warum ihre Mutter ihnen diese alte und schon lange nicht mehr gesprochene Sprache so eindringlich gelehrt hatte.

Pytrepus stellte sich in diesem Moment die Frage, welche Geheimnisse seine Frau wohl noch vor ihm gehabt haben mochte. Denn eines stand für ihn fest, seine Frau war nicht die Fendlockerin gewesen, für die sie sich ausgegeben hatte. Denn wie sonst hätte sie in den Besitz dieser, schon seit mehreren hundert Jahren verschollenen Karte gelangen können? Er kannte die Wahrheit.

Und so gingen sie den Weg weiter, bis sie an eine Abzweigung kamen.

„Wo müssen wir entlanggehen, Vater?“, fragte Deilnelees und er antwortete: „Ich denke, wir müssen zum Utorris ins Bebenland. Irgendwo dort leben die Degendorfer und da werden wir dann auch deine Mutter finden. Aber den Weg zu finden ist deine Aufgabe. Du hast die Karte. Ich kann dich nur begleiten.“

Nachdem sie mehrere Stunden gegangen waren, suchten sie einen Platz, an dem sie die Nacht verbringen konnten. Sie waren sich einig, dass sie die Karte nur herausholen sollten, wenn niemand in der Nähe war. Und so kletterten sie auf einen Baum und errichteten sich dort im Handumdrehen ihr Nachtlager.

In dieser Nacht träumte Deilnelees seit langer Zeit das erste Mal nicht von dem riesigen Maul, das auf sie zugeschossen kam und sie zu zerreißen drohte. Ja, jetzt war sie endlich auf dem Weg, den sie schon lange hätte gehen sollen, und zu ihrem großen Glück war ihr Vater bei ihr.

Früh am Morgen hatte Pytrepus das Lager verlassen. Er konnte nicht mehr schlafen, denn etwas ging ihm nicht mehr aus dem Kopf. Er musste es ihr einfach sagen, obwohl er und Niretter sich einig gewesen waren, es ihr nicht zu erzählen. Aber die Zeiten hatten sich geändert und damit auch die Einstellungen. Er sammelte allerhand Beeren, Pilze und was er sonst noch so Essbares finden konnte, ein. Als er dann zum Lager zurückkam, fand er Deilnelees immer noch schlafend vor. Er weckte sie mit einem Kuss auf die Wange und sie begann sich sofort zu recken und zu strecken.

„Guten Morgen, Vater."

„Guten Morgen, mein Kind." Eigentlich war sie ja gar kein Kind mehr, eher eine junge Frau. Sie war schließlich schon ausgewachsen, aber Töchter bleiben in den Augen ihrer Väter halt immer ihre kleinen Mädchen. Pytrepus grübelte immer noch und beschloss, nach dem Frühstück mit ihr über sein Geheimnis zu sprechen. Nachdem sie die Pilze und Beeren verspeist hatten, begann er vorsichtig mit den Worten: „Also, meine Tochter, es ist nun an der Zeit, dass ich dir etwas von meiner Vergangenheit erzähle. Ich bitte dich, mir gut zuzuhören, und denke immer daran, ich bin dein Vater. Du bist alles, was mir geblieben ist. Ich liebe dich. Und, nun sei's drum: Ich bin kein richtiger Fendlocker. Lange bevor du geboren wurdest, lebte ich im Wald bei den Dragazinern. Es gibt nicht mehr viele wie mich. Meine Vorfahren waren ein Mischvolk aus Grevwaldern und Nanus. Diese Gruppe lebte weit ab von ihren Völkern. Keiner der Völker war bereit, uns Mischlinge zu akzeptieren. Unsere Existenz wurde verschwiegen. Die Grevwalder haben sich dann in einem Krieg gegen die Nanus gestürzt und beide Völker sind während dieses Krieges durch eine große Katastrophe ausgerottet worden. Meine Abstammung zwingt mich immer wieder, bei anderen Rassen zu leben. Es wurde für uns immer schwieriger, Partner zu finden, daher vermählten sich einige, genauso wie ich ja letztlich auch, mit anderen Rassen. Ich habe gelernt, wie ich meine Gestalt so anpassen kann, dass das entsprechende Volk gar nicht bemerkt, dass ich nicht von ihrer Rasse bin. So fand ich immer wieder bei fremden Völkern Unterschlupf. Meine wahre Gestalt ähnelt der eines Grevwalders und ist der eines Fendlockers recht ähnlich. Als deine Mutter damals in das Dorf der Fendlocker kam, habe ich mich gleich in sie verliebt und es dauerte auch nicht lange und wir wurden vermählt. Deiner Mutter habe ich lange vor unserer Hochzeit von meinem Geheimnis erzählt. Allerdings kennt sie mich, genauso wie du, nur so, wie du mich heute siehst. Seither habe ich die Gestalt eines Fendlockers nie abgelegt."

Mit weit aufgerissenen Augen sah Deilnelees ihren Vater an.

„Heißt das, dass ich gar nicht weiß, wie mein Vater wirklich aussieht?" Tränen schossen ihr in die Augen. „Wie siehst du denn in Wirklichkeit aus?"

„Ich kann es dir gar nicht genau sagen, da auch meine ‚echte' Gestalt altert. Wie gesagt, ich bin seit vielen Jahren Fendlocker. Wenn ich meine Gestalt wandle, geht das nicht in ein paar Sekunden. Das dauert, je nach Wandel, bis zu einer Woche. Außerdem habe ich es lange nicht mehr gemacht."

Deilnelees Interesse war nun geweckt und ihre anfängliche Furcht wurde von Neugierde verdrängt. „Vater, kannst du mir das zeigen? Bitte. Wie siehst du wirklich aus?"

„Nun gut. Aber es wird bestimmt einige Tage dauern, denn ich habe schon lange die jetzige Gestalt und im Wandeln keine Übung mehr. Bitte sei auch nicht zu sehr enttäuscht", teilte er ihr mit und begann, sich zu wandeln.

Im Land der Thipfs

Sie mussten einen Weg finden, der sie schnellstmöglich zu ihrem Ziel bringen würde. Also beschlossen sie, die Karte zu benutzen, um nach einem geeigneten Weg zu suchen. Vorsichtig rollte Deilnelees die Karte aus und beobachtete das Geschehen darauf. Die gesamte Karte schien permanent in Bewegung zu sein. Sie konnte erkennen, dass an manchen Wegen Zahlen- und Buchstabenkombinationen standen, die wohl irgendwie der Zeit entsprachen, die man benötigen würde, um das Ziel am anderen Ende zu erreichen. Einige Zahlen änderten sich, wurden mal kleiner und mal größer. Die Verbindungslinien zwischen den einzelnen Punkten auf der Karte waren mal gerade und mal sahen sie wie sich windende Schlangen aus. Es schien, als wäre das ganze Land stetig in Bewegung und würde sich wandeln. Wenn man zu lange auf diese Karte blickte, sah man vor lauter Bewegung kein einziges Detail mehr.

„Vater, sieh! Wenn wir diesen Punkt finden, können wir unseren Weg abkürzen. Sieh, er führt durch das Land der Thipfs. Ich finde, wir sollten diesen Weg gehen", schlug Deilnelees vor und Pytrepus stimmte ihr zu.

„Wir müssen nur den Übergang finden." So gingen sie weiter und langsam veränderte sich die Umgebung. Bald waren sie in einer Gegend, in der kaum Bäume wuchsen. Das Land war hier weit und zog sich über kleine Hügel hinweg. Oben auf den Hügeln konnte man über saftig grüne Wiesen hinwegsehen. Der Wind wiegte das Gras hin und her und man hatte den Eindruck, man stände inmitten eines grünen Meeres. Irgendwo hier musste der Punkt sein, der auf der Karte eingezeichnet war. Deilnelees und Pytrepus suchten eine

Weile.

Pytrepus bemerkte die Felsengruppe in einer Senke zuerst. Die Steine ragten ihm in ihrer Höhe eine Handbreit über den Kopf. Es schien als hätte sie jemand im Halbkreis aufgestellt. Bei genauer Betrachtung sah er, dass einer der Steine irgendwie nicht ganz ins Bild passte. Er war ein wenig heller und in seiner Struktur feiner. Pytrepus trat in den Halbkreis und untersuchte den Stein genauer. Er versuchte, an ihm zu ziehen und ihn zu drücken, doch all seine Mühe blieb vergebens. Da bewegte sich nichts. Er umrundete das Gebilde, aber auch von der anderen Seite konnte er nichts erkennen.

„Wir sind doch jetzt genau an dem Punkt, den uns die Karte zeigt, es muss einfach hier sein“, sagte Pytrepus. Deilnelees betrat den Halbkreis und ließ ihre schmalen Finger über den Stein gleiten, so als wolle sie ihn liebkosen. In Kopfhöhe ließ sie ihre Finger kurz verweilen. Sie fühlte eine feine Kerbe, eine Art kleinen Riss. Er war ein wenig mit Moos überwachsen. Vorsichtig löste sie das Moos und fuhr mit den Fingern weiter, immer dem Riss folgend. Der Riss war absolut gerade. Er machte einen Knick nach rechts, lief dann erneut absolut geradeaus weiter. Dreimal noch wechselte er seine Richtung, bis sie schließlich wieder an dem Punkt angekommen war, an dem sie ihre Suche begonnen hatte. Sie legte ihre Hand auf das durch den Riss begrenzte Quadrat und drückte vorsichtig dagegen. Und tatsächlich gab der Stein nach und sie konnte das Quadrat ein Stück in den Stein hineindrücken. Mit lautem Getöse begann sich der gesamte Stein zu drehen. Der Boden unter ihren Füßen schien leicht zu vibrieren. Hastig machte sie einen Schritt nach hinten und hätte dabei fast ihren Vater umgerempelt. Dieser hatte sich das ganze Geschehen, hinter ihr stehend, angeschaut. Nun sahen sie, wie sich der Stein ganz langsam um seine eigene Achse nach links drehte. Nach einer Vierteldrehung blieb der Stein stehen und sie blickten erstaunt in seine Richtung.

Der Stein war von innen hohl, man konnte durch ihn hindurchsehen. Doch sahen sie nicht den mit Gras bewachsenen Hügel, der sich hinter der Steinformation befand, sondern sie sahen einen kleinen Fluss. Der Mondschein funkelte in dessen kristallklarem, vielleicht knöchelhohem Wasser. In kleinen Wellen strömte es flink über den mit Sand und Kieselsteinen bedeckten Grund. Der Fluss floss an einem kleinen Hang entlang, der mit saftig grünem Farn bewachsen war. Die Farne schwangen langsam im Wind hin und her.

Spätestens jetzt war auch Pytrepus klar, dass diese Karte Türen öffnete. Sie hatten den Weg in ein anderes Land gefunden.

„Komm schon, Vater, wir müssen jetzt weiter.“ Mit diesen Worten wandte sich Deilnelees an ihren Vater und zog ihn am Ärmel. Plötzlich setzte sich der Stein erneut in Bewegung und drehte sich langsam wieder zurück. Eiligst schritten die zwei durch das sich nun schließende Tor. Auf der anderen Seite angekommen, drehte sich Pytrepus um. Mit dem, was nun geschah, hatte er nicht gerechnet. Das gleißende Sonnenlicht fiel durch das Tor auf ihre Seite. Der Lichtstrahl wurde immer dünner. Mit einem lauten, knirschenden Geräusch schloss sich das Tor im Felsen und das Licht war verschwunden.

Auf dieser Seite gab es eine ähnliche Steinformation wie auf der anderen Seite, doch erstaunlicherweise standen sie nun auch wieder im Inneren des Halbkreises und nicht dahinter, wie er es erwachtet hätte. Es war schon sehr merkwürdig, eben noch war heller Tag und jetzt waren sie in einem Land, über dem gerade der Mond am Himmel stand.

Langsam drehte er sich um und schaute nach vorn. Alles um sie herum schien friedlich. Er fragte sich, wann hier wohl die Sonne aufgehen würde.

„Ich denke, wir müssen uns ein Lager suchen, um dann bei Sonnenaufgang weiterzugehen“, sprach er an seine Tochter gewandt. Diese nickte. Sie spürte, dass hier eine Gefahr lauerte, doch sie konnte das Gefühl nicht genauer bestimmen und so sagte sie: „Bitte, Vater, sei vorsichtig, ich fühle mich hier nicht wohl. Irgendetwas ist hier anders. Schau! Dort hinten ist eine Baumgruppe, dort sollten wir den Rest der Nacht verbringen.“ Und so gingen sie langsam ein Stück den kleinen Fluss entlang, der leise vor sich hinplätscherte, bis sie die Baumgruppe erreicht hatten. Erstaunt blickten sie sich an. Eine solche Baumart war ihnen gänzlich unbekannt. Die Bäume hatten alle dicke Stämme, deren Wurzeln sich wie gewaltige Krallen in den Boden gruben, um so wohl auch dem stärksten Wind zu trotzen. In einer gewissen Höhe begannen sie damit, sich zu verzweigen. Genau wie die Bäume aus ihrer Heimat. Doch die Blätter, die sie trugen, waren erstaunlich. An einem der Bäume wuchsen die Blätter in den verschiedensten Formen. Manche von ihnen sahen aus wie, ja tatsächlich, sie sahen beinahe so aus wie die Buchstaben ihrer alten Schriften.

Deilnelees erinnerte sich an die Gute-Nacht-Geschichten, die ihre Mutter ihr manchmal abends am Bett erzählt hatte. Ihre Erzählungen waren immer so gewesen, als habe sie all diese Abenteuer selbst erlebt. In einer diesen Geschichten hatte sie ihr von der Entstehung der Sprache und der Schrift erzählt. Laut dieser Erzählung gäbe es besondere Bäume, die so genannten Staben. Wenn man deren Blätter, die sehr unterschiedlich gewachsen waren, zwischen zwei Pergamentseiten eines Buches presste und so einige Tage liegen ließ, hinterließen sie einen Abdruck und das waren die so genannten Buchstaben. Vor langer Zeit, so ihre Mutter, entstanden so zufällig Wörter. Wörter, die in der heutigen Sprache immer noch ihre Bedeutungen hätten.

Pytrepus fuhr sich mit der Hand über den Kopf und fühlte eine Beule. Seine Wandlung war schon fortgeschritten. Das merkte er, da er nun bereits ein gutes Stück größer geworden war. Beim Durchschreiten des Tors hatte er sich deshalb auch seinen Kopf angestoßen. Er merkte sehr wohl, dass Deilnelees ihn immer wieder unauffällig anschaute und die kleinen Veränderungen beurteilte. Sie fand diese gar nicht so schlimm. Vor allem, dass die Behaarung in seinem Gesicht weniger wurde, war ihr außerordentlich sympathisch.

Sie kletterten auf den Baum, der ihrer Meinung nach in der Mitte der Baumgruppe stand, um dort ihr Lager zu errichten. Deilnelees breitete die Karte aus und ihr entfuhr ein kleiner Schreckensschrei. Die Karte hatte sich gewandelt. Sie war nun die Karte dieses Landes und von der Außenwelt war auf ihr nicht mal ein kleiner Rand zu sehen. An den Rändern und auch hier und da mitten im Land waren einige Türen eingezeichnet. Einige veränderten ihre Farbe und andere verschwanden, um an anderer Stelle wieder zu erscheinen. Es war ein ganz schönes Durcheinander auf dieser Karte. An einer Tür auf der gegenüberliegenden Seite der Karte stand in verschnörkelten Lettern das Wort Degendorf. Genau dort wollten sie hin und genau dort mussten sie das Land wieder verlassen.

„Wer hat Euch erlaubt, auf diesen meinigen Baum zu steigen? Dieser Baum ist schon seit Generationen im Besitz meiner Familie und Ihr erdreistet Euch nicht nur, auf unseren Ästen zu sitzen, sondern tretet uns auch noch mit Euren Füßen."

Erschrocken blickte sich Deilnelees um. Wer hatte das gesagt? Hier war doch niemand. „Vater, hast du das gerade gesagt?"

Doch noch während sie ihm diese Frage stellte, sah sie in seinem Gesicht die gleiche Verwunderung, die auch sie verspürte.

„Nein, das war nicht Euer Vater, ich war es. Bertold, der Bäumling. Ich bin hier direkt unter Euren Füßen."

Deilnelees zog erschrocken ihre Füße hoch und blickte nach unten. Sie sah eigentlich nur den Baum, auf dem sie saßen, und sie fragte: „Herr Bäumling ich kann Euch nicht sehen, wo seid Ihr?"

„Arrrg, schaut doch ordentlich hin und Ihr werdet mich sehen, hier bin ich, puhhhh, wartet, ich komme höher", antwortete er mit kratzender und genervter Stimme. Tatsächlich – ein Teil der Baumrinde schien sich dort unten vom Baumstamm zu lösen und bewegte sich mit lautem Stöhnen sehr, sehr langsam nach oben. Jetzt konnte sie den Bäumling erkennen. Er war ungefähr so groß wie ihr Unterschenkel lang war, etwa zwei Finger dick und so breit wie ihre Hand. Langsam kletterte er höher, bis er ungefähr auf Augenhöhe mit ihnen war. Sein, wenn man es so nennen konnte, Rücken, sah aus wie ein Stück Baumrinde. Drei kleine Astlöcher im oberen Bereich schienen die Augen dieses Wesens darzustellen.

„Wir hatten lange keinen Besuch mehr von Außen. Eigentlich schon seitdem unsere Königin dieses Land und damit ihr Volk, das der Thipfs, vor langer Zeit verlassen hat. Wer hat Euch den Weg hierher gewiesen? Was führt Euch hierher?

Warum steigt Ihr des Nächtens auf meinen Baum? Und wer seid Ihr? Euer Antlitz ist dem unserer Königin sehr ähnlich. Doch Ihr scheint jünger zu sein. Wenn ich es nicht besser wüsste … Nun, sie kam ja auch nur dreimal hier vorbei“, sagte der Bäumling mit einer recht trägen Stimme. Deilnelees blickte ihren Vater fragend an. Der ergriff das Wort und erwiderte dem Bäumling: „Also, eins nach dem anderen. Ich bin Pytrepus und das ist meine Tochter Deilnelees. Wir sind auf der Suche nach meiner Gemahlin und nach ihrer Mutter. Sie wurde schon vor langer Zeit von den Degendorfern verschleppt. Ihr Vermächtnis an ihre Tochter ist eine Karte, mit der wir diesen Weg fanden, durch sie können wir schneller zu ihr gelangen. Wir sind auf diesen Baum gestiegen, weil es für unsere Art typisch ist, auf Bäumen zu rasten. Sollten wir hier nicht erwünscht sein, ist es für uns ein Leichtes, uns eine andere Raststätte zu suchen.“

„Nein, nein“, entfuhr es dem Bäumling geschwind, „seid willkommen, es kommen nur so selten Fremde, dass man fast vergisst, wie man sich zu benehmen hat. Hört, was ich Euch zu sagen habe, denn es ist von Bedeutung für Euch.“ Und so begann Bertold, der Bäumling, zu berichten: „Hier, im Lande der Thipfs, leben neben den Thipfs und einigen anderen Rassen die letzten der Bäumlinge. Vor langer Zeit waren wir fast im ganzen Land verteilt. Die großen Feuer, die vor vielen hundert Jahren getobt haben und die in der letzten Zeit hier immer wieder einfallenden Gnome haben den größten Teil von uns vernichtet. Wir leben im Großen und Ganzen unser ganzes Leben auf ein und demselben Baum. Nur um uns zu paaren oder wenn es unserem Baum schlecht geht und wir ihm nicht weiterhelfen können, ziehen wir zu einem anderen Baum. Das dauert, je nachdem wie weit der nächste

Baum weg ist, mehrere Tage. Bewegen können wir uns nur im Dämmerlicht oder des Nachts, wenn es dunkel ist. Das Licht lähmt uns und wir können uns nicht mehr regen. Deshalb ist Feuer für uns auch so gefährlich. Hier, seht."

Mit diesen Worten drehte sich der Bäumling um. Nun konnte man dessen Unterseite sehen. Sie war glatt und eher mit der einer Schnecke zu vergleichen. Mann konnte eine Art Bohrer erkennen und einige Haken, die wohl der Fortbewegung zu dienen schienen.

„Hiermit bohren wir uns ganz vorsichtig in den Baum und zapfen ihn so an. Wir nehmen uns nur so viel, wie wir zum Leben brauchen, und nie so viel, dass es dem Baum schadet. Als Gegenleistung halten wir den Baum von Parasiten frei, da wir in der Lage sind, verschiedene Flüssigkeiten zu produzieren, die ihm die Plagegeister von der Rinde hält. Doch nun genug von uns. Kommen wir zu denen, die hauptsächlich hier leben und wegen denen dieses Land so heißt, die Thipfs. Sie sind um einiges kleiner als wir Bäumlinge und ähneln Euch, denn sie haben auch diese langen Dinger, die ihr zum Laufen und Greifen braucht. Bei ihnen sieht man ausschließlich Weibchen. Niemand kann sagen, wie sie sich vermehren, aber, und das könnt ihr mir glauben, sie schaffen es irgendwie. Spindeldürr, blau und vier Flügel auf dem Rücken – das ist so das Wesentliche, was sie auszeichnet. An der Intensität der blauen Farbe kann man erkennen, wie alt sie sind. Die Jungen sind ganz hellblau und die Alten sind entsprechend dunkelblau. Es gibt hier viele von ihnen und es scheint, als stehe ihnen der Sinn nur danach, Späße zu machen oder anderen Streiche zu spielen. Ihr werdet sie nur am Tage treffen, denn sie fürchten die Nacht. Eigentlich sind sie sehr friedlich, doch seitdem die Gnome sie immer wieder heimsuchen, ist ihre natürliche Abneigung gegen Männer noch größer geworden. Nimm dich also in Acht, denn wenn sie dich finden, werden sie dich mit Sicherheit töten. Ihre Königin war keine Thipfs, sie hatte ungefähr Eure Größe. Sie hat die Thipfs vor vielen Jahren verlassen, weil sie, wie sie selbst sagte, das königliche Geschlecht fortsetzen müsse und das könne sie hier niemals tun. Offensichtlich ist ihr das, so wie ich das gerade sehe, auch gelungen denn ihr, meine liebe Deilnelees, seid ihr wie aus dem Gesicht geschnitten. Ihr seid die Tochter der Königin. Die Karte, mit der ihr uns gefunden habt, kann nur die Karte unserer Königin sein, die Karte von Königin Niretter."

„Niretter." Er hatte tatsächlich Niretter gesagt. Als aus Bertolds Mund dieser Name kam, zuckte es in Deilnelees Körper und ihr lief ein Schauer über den Rücken. Ihr Vater war nicht der oder besser das Wesen, für das er sich ausgegeben hatte, und nun erfuhr sie, dass auch ihre Mutter nicht die gewesen war, für die sie sie immer gehalten hatte, nämlich einfach nur ihre Mutter. Sie war hin und her gerissen und wusste erst gar nicht, was sie sagen sollte. Doch dann stotterte sie: „Was soll das bedeuten? Meine Mutter soll die Königin dieses Reiches sein, Vater?" Sie wandte sich ihrem Vater zu und sah in seinen Augen, dass all dies der Wahrheit entsprach. Und ihr fiel auch wieder dieser Traum ein. Hatte sie nicht von einem kleinen, blauen, fliegenden Wesen den Hinweis auf den Schlüssel in der Schublade ihrer Mutter erhalten?

„Meine Tochter", hörte sie ihren Vater sprechen, „es stimmt. Vor langer Zeit, als wir, deine Mutter und ich, zusammengekommen sind, haben wir beschlossen, dir von alldem nichts zu erzählen, bis die Zeit reif ist. Leider haben sich die Ereignisse überschlagen und wir sind nicht mehr dazu gekommen, dir die Wahrheit zu sagen. Ich kann in diesem Land nicht bleiben, denn die Thipfs dulden hier nun mal keine männlichen Wesen."

„Außer uns Bäumlinge natürlich!", rief Bertold dazwischen.

„Ja, ja", fuhr Pytrepus fort, „hätten sie mich damals hier geduldet, so wären wir hierher zurückgekehrt und du wärst hier aufgewachsen. Ich könnte mich jetzt auch in einen Bäumling verwandeln – nur würde dies Wochen dauern und so viel Zeit hast du nicht. Noch bevor die Sonne aufgeht, werde ich dieses Land wieder verlassen müssen und du musst dann alleine deine Mutter suchen und retten. Pass auf, mein Kind. Die Thipfs werden deine Abstammung erkennen und versuchen, dich hier zu halten. Bleibe nicht zu lange hier, denn sonst kommst du zu spät, um deine Mutter zu retten." Pytrepus zog seine Tochter an sich und drückte sie. Noch lange blieben sie so sitzen und verabschiedeten sich so auf ihre Art und Weise.

„Ich werde mit Mutter zurück in unser Dorf kommen. Willst du dort auf uns warten?", fragte sie ihren Vater. Dieser nickte nur, denn die Tränen, die seine Augen verlassen wollten, schnürten ihm die Kehle zu.

„Ich liebe dich, mein Kind, bitte gib Acht auf dich", flüsterte er mit zittriger Stimme, „ich werde nun gehen." Er kletterte den Baum hinunter und ging zurück zu der Steinformation, durch die sie gekommen waren. Deilnelees sah, wie er an einigen Stellen drückte und hörte dann das schleifende Geräusch der Steine. Er drehte sich noch einmal um, winkte zu ihr herüber und rief: „Bis bald, mein Kind!" Dann drehte er sich um und ging geradewegs in das Licht und so durch das Tor. Erneut ertönte das Geräusch, das von dem sich schließenden Tor herrührte, und es wurde wieder tiefe

Nacht.

„O je, das ist aber tragisch“, hörte sie Bertolds Stimme. „Was habt Ihr nun vor?“

„Ich werde wohl erst noch ein wenig schlafen und warte erst einmal ab, bis es Tag wird. Dann werde ich weiter nach Süden gehen, so wie es die Karte zeigt und den Ausgang nach Degendorf suchen. Dies ist schließlich mein Ziel und das gilt es zu erreichen“, erwiderte sie und wischte sich mit ihrem Handrücken die Tränen von den Wangen.

„Wenn Ihr nach Süden geht, dann nehmt Euch in Acht. Von dort dringen immer wieder Gnome in unser Land ein. Sie führen nichts Gutes im Schilde. Wenn Ihr mögt, könnt Ihr hier auf meinem Baum schlafen. Ich werde den Rest der Nacht über Euch wachen. Ich habe ja ohnehin nichts anderes vor“, sagte Bertold großzügig. Doch sie war so überwältigt von den Ereignissen, dass sie vor Müdigkeit das Ende des Satzes schon nicht mehr vernahm.

***

„Hi Hi Hi, es ist ein Mädchen, es schläft.“

„Wir könnten es vom Baum werfen, das wäre bestimmt sehr witzig.“

„Nein, nein, kitzelt ihm an den Füßen. Das ist viel lustiger, vielleicht fällt es dann anschließend von allein herab. Das wäre doch toll.“

Mit diesen Sätzen, einem merkwürdigen, flirrenden Geräusch und einem Luftzug, als würde ihr jemand ins Gesicht pusten, wurde Deilnelees aus dem Schlaf gerissen. Sie öffnete die Augen und sah eine kleine blaue Frau vor sich in der Luft, aus ihrem Rücken kamen zwei, nein, vier kleine Flügel, mit denen sie kräftig schlug. Erschrocken wich die Frau ein Stück zurück.

„Hoppla, ich glaube, ich habe sie geweckt." Und dann, noch etwas lauter: „Achtung, sie ist nun wach!"

Deilnelees reckte und streckte sich, wobei sie sich umschaute. Jetzt wusste sie auch, woher dieses merkwürdige Geräusch kam, das sie die ganze Zeit im Unterbewusstsein gehört hatte. Es war der Flügelschlag dieser Wesen. Da, wo sie eben, bevor sie ihre Augen geschlossen hatte, noch Bertold klar und deutlich gesehen hatte, war nichts mehr zu sehen außer einer kleinen Erhebung, die natürlich gewachsen zu sein schien. Sie wusste es jedoch besser, diese Erhebung war Bertold, der Bäumling. Was für eine Tarnung, dachte sie. Rings um sie herum schwirrten kleine blaue Frauen hin und her, die die ganze Zeit redeten. Deilnelees setzte sich aufrecht auf den Ast und blickte den blauen Frauen mit festem Blick entgegen.

„Seht nur, sie sieht aus wie unsere Königin."

„Quatsch, du hast unsere Königin noch nie gesehen, woher willst denn du wissen, wie die aussieht? Lass sie uns trotzdem vom Baum schmeißen."

„Doch, doch, sie hat Recht! Sieh nur, sie hat das gleiche Haar."

„Nun gut", begann Deilnelees, „ich bin Deilnelees, Tochter von Pytrepus, dem Wandler, und Niretter, eurer Königin. Ich bin gekommen, um meine Mutter zu suchen, denn sie wurde vor einiger Zeit verschleppt."

„Puh, sie ist unsere Prinzessin", sprach eine der Thipfs.

„Los, sagt allen Bescheid!", rief eine der Thipfs und der nächste kreischte: „Wir müssen uns versammeln!" Eine Handvoll der Thipfs flogen hektisch in wilden Zickzackkurs davon und riefen unentwegt: „Unsere Prinzessin ist da, los, schnell, sagt allen Bescheid, wir treffen uns bei den Staben." Das Stimmengewirr um Deilnelees herum erlosch. Langsam blickte sie sich um. Einige der Thipfs waren hiergeblieben und blickten Deilnelees ehrfürchtig an, die ihrerseits fragte: „Warum seid ihr jetzt so still?"

Keine der Thipfs wagte es, zu antworten. Deilnelees blickte sich um. Ganz weit hinten schien der Horizont bläulich zu leuchten. Egal, in welche Richtung sie auch blickte, das Leuchten war ringsherum am Horizont und es kam immer näher. Was war das? Es sah beinahe so aus, als würde eine große Welle auf sie zukommen und das Land würde darin versinken. Doch dann erkannte sie, was da auf sie zukam. Es waren offensichtlich alle Thipfs aus diesem Lande. Deilnelees konnte es nicht fassen. Es waren so unsagbar viele, die alle nur ein Ziel zu kennen schienen und das war der Baum oder vielmehr der Baum, auf dem sie, Deilneless, saß.

Vorsichtig kletterte sie herunter. Zu dem blauen Leuchten kam jetzt noch ein surrendes Geräusch hinzu, es wurde von den unendlich vielen Flügeln der Thipfs erzeugt. In einem gebührenden Abstand zum Baum landeten die Thipfs und, wie auf ein geheimes Kommando hin, hörten alle gleichzeitig auf, mit ihren Flügeln zu schlagen. Jetzt war es absolut still. Hinter sich hörte Deilnelees einen dumpfen Schlag, so als wäre etwas herabgestürzt. Sie drehte sich um und sah eine kleine, beinahe weiße Thipfs auf dem Boden liegen. Sie hatte offensichtlich, als alle aufgehört hatten, mit den Flügeln zu schlagen, ihre Landung noch nicht beendet und wollte durch ihren Flügelschlag die Ruhe nicht stören. Ergo stürzte sie halt ab. Deilnelees machte eiligst zwei Schritte auf sie zu und wollte sie behutsam aufheben.

„Aua, es tut mir leid, Prinzessin. Wir wollten Euch doch

nur standesgemäß willkommen heißen. Ich bin aber auch zu ungeschickt“, hörte sie die kleine Thipfs schüchtern sagen. Sie versuchte, sich aufzurappeln, doch ihr kleiner Körper krümmte sich vor Schmerzen und sie sackte zurück auf den Boden.

„Das macht doch nichts. Ich hoffe, du bist nicht verletzt. Wie ist dein Name?“, fragte Deilnelees, um die kleine Thipfs abzulenken. Sie konnte erkennen, dass einer der vier Flügel auf dem Rücken merkwürdig abgeknickt war. Er war offensichtlich gebrochen.

„Ich … äh, wir … äh … haben keine Namen. Aua, es tut so weh! Mein rechter großer Flügel tut so weh“, erwiderte die kleine Thipfs verstört.

„Nun gut, du sollst ab sofort Pefee heißen und ich erkläre dich zu meiner Begleitungthipfs. Lass mich mal nach deinem Flügel schauen.“ Mit diesen Worten nahm Deilnelees den gebrochenen Flügel zwischen ihre Finger und fuhr langsam daran entlang, vom Körper weg bis zur Flügelspitze. Als sie an die Bruchstelle kam, klappte sich der Flügel in seine ursprüngliche Stellung zurück. Die kleine Pefee krümmte sich vor Schmerzen. Deilnelees verharrte einen Moment mit ihren Fingerspitzen an dieser Stelle, bis diese warm zu werden begann. Ihre Fingerkuppen begannen ganz leicht zu leuchten und dieses Leuchten ging auf den Flügel über. Nach einem kurzen Moment erlosch das Leuchten. Pefee stand auf. Der Schmerz war verschwunden. Sie streckte ihre Flügel komplett aus und flatterte kräftig damit. Dann legte sie die Flügel eng an ihren Körper an, machte eine tiefe Verbeugung und sprach: „Habt Dank, Prinzessin Deilnelees. Ihr gabt mir meinen Flügel zurück und auch noch einen Namen. Ich werde ab jetzt immer in Eurer Schuld stehen und Euch von nun an nicht mehr von Eurer Seite weichen."

Die anderen Thipfs hatten den Vorfall beobachtet und stimmten nun wildes Jubeln an.

„Es lebe unsere Prinzessin Deilnelees, sie hat ihre Herkunft soeben bewiesen!"

Deilnelees war völlig erstaunt über das soeben Geschehene. Was hatte sie da gerade getan? Pefee setzte sich auf ihre Schulter und einige andere nahmen sie behutsam an den Händen und führten sie so ein Stück ins Land.

Sie ließ die folgenden Stunden einfach geschehen. Das gesamte Land schien vor Freude zu brodeln. Nach einiger Zeit waren sie vor einem kleinen Schloss angelangt. Hier, so Pefee, habe ihre Mutter immer genächtigt. Dies sei das Schloss der Königin. Langsam kam Deilnelees wieder zu sich und blickte sich um. Dieses Schloss war für die Verhältnisse der Thipfs als wirklich groß zu bezeichnen, doch aus ihrer Perspektive war es wohl eher klein.

„Tritt ruhig ein", entgegnete Pefee ihr und so ging sie mit leicht gebeugtem Kopf durch die etwas zu niedrige Tür. Tatsächlich, hier drinnen wirkte es doch größer, als es von außen den Anschein gehabt hatte. Pefee war, auf ihrer Schulter sitzend, mit eingetreten und begann nun das Gespräch: „Hier schläft für gewöhnlich nur die Königin, doch Eure Mutter hat uns damals geheißen, dass auch wir unser Quartier hier beziehen mögen. Selbst redend können wir nicht alle hier einziehen, Ihr habt gesehen, wie viele wir sind. Doch wir werden von Tag zu Tag weniger. Ihr müsst uns im Kampf gegen die Nettar unterstützen."

Der Ton entscheidet

Es war schon erstaunlich, sie hatten fast drei Wochen in Alans Wohnung zusammengelebt und alles war so „normal". Flowneklaf und Kiesbart hatten sich hervorragend an den Tagesablauf angepasst. Nur in Sachen Essen konnten sie sich nicht so recht anfreunden. Kühlschrank oder sogar Essen kommen lassen war schon recht merkwürdig. Zum Glück gab es in der Nähe ein Geschäft, in dem man rohes Fleisch für Hunde kaufen konnte.

Nun aber waren sie hier unter dem Dom und folgten schon eine ganze Weile diesem Gang. Flowneklaf war sich darüber im Klaren, dass sie hier nur sein konnten, solange Kiesbart bei ihnen war. Nur seiner „getragenen" Magie war es zu verdanken, dass diese Welt hier für sie erreichbar war. Gedankenverloren folgte er den zweien und er merkte gar nicht, dass Kiesbart und Alan stehen geblieben waren. Ungebremst rannte Flowneklaf ihm in den Rücken.

„Autsch. Warum bleibt ihr stehen?", fragte er. Doch die Frage erübrigte sich in dem Moment, in dem er nach vorne schaute: Sie hatten den Raum des Elfantals gefunden.

Der Raum wurde nur mäßig von ihren Taschenlampen ausgeleuchtet. Alan wollte gerade aus seinem Rucksack einen größeren LED-Scheinwerfer holen, da hielt Flowneklaf seine Hand fest und sprach: „Ich glaube, die brauchen wir nicht. Warte."

Mit diesen Worten ließ er die Hand Alan los und ging zu der Schale, die in der Mitte des Raumes stand. Geschwind rieb er seinen Feuerstein an der Klinge seines Messers vorbei. Die Funken sprühten in die Schale und augenblicklich begann darin eine Flamme zu brennen. An dem hinteren Halbkreis der Schale waren acht Kerben, die im gleichen Abstand voneinander entfernt waren. Aus ihnen schien eine träge Flüssigkeit in die Schale zu laufen. Diese Flüssigkeit begann nun auch, gespeist von den Flammen der Schale, zu brennen. Kiesbarts Nackenfell stellte sich auf. Er hatte sich immer noch nicht so richtig an das Feuer gewöhnen können. Die Flammen liefen jetzt langsam und gleichmäßig bis zur Wand. Es sah aus, als wäre die Schale die Sonne und ihre Strahlen würden den Weg suchen. An der Wand angekommen, folgten die Flammen jeder einer Rinne hinauf in Richtung einer Fackel. Aus ihnen schien die träge Flüssigkeit zu kommen. Mit einem leisen „Wuff" entzündeten sich die acht Fackel beinahe zeitgleich.

Jetzt konnten die drei den ganzen Raum und dessen Inhalt sehen.

„Wow. Da können sich die Pyrotechniker beim olympischen Feuer aber mal eine Scheibe von abschneiden", entfuhr es Alan, obwohl ihm direkt einfiel, dass seine Begleiter wahrscheinlich gar nicht wussten, was Olympia überhaupt war.

Jetzt erkannten sie, dass sie sich in einem kreisrunden, komplett mit Marmor verkleideten Raum befanden. Genau gegenüber der Tür, durch die sie gekommen waren, stand an der Wand im jetzt beleuchteten Teil des Raumes eine Art Thron. Auf dem saß eine Statue eines großen schlanken Manns. Er hatte das eine Bein über das andere geschlagen und schien entspannt dort zu sitzen. Seine Lippen waren merkwürdig geformt und die Hände hatte er neben seinem Gesicht, als würde er …

„Ist das möglich?", entfuhr es Flowneklaf.

Merkwürdig, Alan war direkt aufgefallen, wie sauber dieser

Raum war. Als hätte hier eben noch einer feucht durchgewischt. Langsam traten die drei näher. Flowneklaf durchsuchte seine Tasche. Irgendwo musste sie doch sein. Ja. Da war sie. Er nahm den langen grauen Gegenstand aus seiner Tasche. Es war die Flöte von Stalinia. Vorsichtig legte er die Flöte in die Hände der Statue und drehte das Mundstück zu dessen Mund. Er ging zwei Schritte zurück und blickte die Statue an. Ja, diese Statue sollte Flöte spielen, aber sein Erschaffer hatte ihr keine Flöte gegeben. Jetzt war sie vollkommen.

Die Flöte in den Händen der Statue begann ganz leicht zu leuchten. Das Licht wurde langsam stärker und mit einem Mal war die Flöte nicht mehr grau, sondern silbern. Die eben noch marmorierte Statue verfärbte sich und sah nun aus, als würde sie leben. Nur dass sie ganz leicht zu leuchten schien. Flowneklaf bekam eine Gänsehaut, denn plötzlich begann die Statue zu spielen. Er hörte das Lied, das er so lange nicht mehr gehört hatte. Es war das Lied, das Stalinia immer am Brunnen gespielt hatte. Als das Lied verklungen war, wurde die Statue immer heller. Die drei wichen langsam zurück und hielten sich die Augen vors Gesicht. Kiesbart stellte sich hinter Flowneklaf und ließ die Augen geschlossen. Es wurde immer heller und greller. Plötzlich, als das Licht unerträglich zu sein schien, wurde es stockdunkel.

Das Feuer in der Schale, das in den Rinnen und auch die Fackeln waren erloschen. Die Augen der Drei mussten sich an die plötzliche Dunkelheit erst wieder gewöhnen. Nur noch ihre Taschenlampen erhellten den Raum. In dessen Mitte stand eine zerbrochene Schale. Eine dicke Staubschicht lag auf dem Boden. Auf der anderen Seite der Tür, durch die sie den Raum betreten hatten, stand eine Art Thron. Auf ihm lag ein langer Gegenstand, eine Art Schaft, und ein Pergament, auf dem eine Karte gezeichnet war. Allerdings war die Statue verschwunden.

Sie blickten sich verwundert an. Flowneklaf nahm die zwei Dinge an sich und sagte: „Hier gibt es nun nichts mehr für uns zu tun. Das ist das Geschenk von Elfantals. Der zweite Teil, den wir gesucht haben, und eine Karte, die uns die Tür in unsere Welt zeigt. Den dritten Teil sollten wir dort finden."

Alan hatte schon länger damit aufgehört, sich alles mit seiner naturwissenschaftlichen Ausbildung erklären zu wollen. Er hatte akzeptiert, dass hier Magie oder wie immer man das ausdrücken wollte im Spiel war. Hier war nun offensichtlich ein Stück der Aufgabe erledigt und die drei entschlossen sich, wieder zum Domkeller zurückzukehren. Zum Glück hatte er den Weg markiert und so fanden sie schnell zurück.

Geschwind kletterten sie zurück in den Domkeller. Dann trennten sie sich. Flowneklaf und Kiesbart verließen den Dom unbemerkt, um zurück zu Alans Wohnung zu gehen. Sie genossen den einstündigen Spaziergang zurück zur Wohnung. Dort angekommen, begannen sie damit, die Karte zu studieren, um den Weg zurück in ihre Welt zu finden. Alan wollte noch ein wenig im Domkeller aufräumen, wie er sagte. Als die Freunde gegangen waren, begann er damit, die Steine vor dem Loch zu stapeln. Ihn wunderte schon lange nichts mehr. Interessanterweise war dort, wo eben noch das Loch zum Gang war, jetzt eine feste Wand aus Stein und Lehm. So als wären sie nie auf der anderen Seite gewesen.

Als Alan in seiner Wohnung ankam, waren Flowneklaf und Kiesbart bereits dabei, die Karte zu studieren. Wobei das studieren bei Kiesbart sich darin gestaltete, dass er sich die ganze Zeit von Flowneklaf den Nacken kraulen ließ, während dieser die Karte anstarrte in der Hoffnung, irgendetwas zu erkennen. Doch er konnte nichts von dem Gesehenen eindeutig zuordnen.

„Wie lange starrst du jetzt auf die Karte?“, fragte ihn Alan. „Komm, iss erstmal etwas. Ich habe dir etwas von der Bude mitgebracht.“ Er reicht Flowneklaf einen Döner. Dieser guckte nicht mal genau hin. Er nahm den Döner, befreite ihn aus der Alufolie und biss gedankenverloren hinein.

„Danke. Ich verstehe immer noch nicht, dass nicht jeder sein Essen selber fängt und zubereitet und ihr diese komischen Fressbuden habt. Obwohl … das ist gar nicht so schlecht“, erwiderte er und biss erneut zu.

Sie hatten jetzt gute drei Wochen zusammen in Alans Wohnung gelebt. Am Anfang war es für Flowneklaf und Kiesbart schon komisch gewesen, in Köln zu leben. So viele Menschen, Häuser, Straßen, Fahrräder und Autos. Sie staunten über die verschiedenen Geschäfte und die, wie sagte Alan immer, Fressbuden. So richtig daran gewöhnen konnten sie sich nicht. Auch diese komische Art zu tauschen. Wenn man etwas mitnehmen wollte, tippte der Mann oder die Frau etwas in ein Gerät ein oder man ließ etwas piepsen und dann legte man ein paar Scheine oder Münzen auf den Tisch oder man nahm eine Plastikkarte und tippte ein paar Zahlen in ein Gerät. Dann bekam man diese Plastikkarte zurück. Flowneklaf verstand das alles nicht. Was hatten die Leute davon?

Das Schlimmste für Kiesbart aber war das „Hundefutter“ aus den Dosen. Es roch komisch, schmeckte komisch, aber der Hunger trieb es rein.

Zum Glück war Alans Wohnung nicht weit vom Lindenthaler Tierpark entfernt. So gelangten Kiesbart und Flowneklaf durch den ca. zwei Minuten entfernten Stadtwald, vorbei an einem Weiher schnell dorthin und Kiesbart konnte wenigstens dort ein wenig seinen Bewegungsdrang ausleben. Leider durfte Kiesbart dort nicht jagen. Anweisung von Alan. Gerne hätte er mal wieder etwas „Richtiges“ zwischen die Zähne bekommen.

Als Alan mal wieder alleine in die Innenstadt zum Dom fuhr, um weitere Vorbereitungen zu treffen, waren Flowneklaf und Kiesbart im Wald unterwegs. Kurz vor Kiesbart sprang ein Kaninchen auf und Kiesbart konnte nicht anders. Er hatte es in wenigen Augenblicken erwischt.

„Es ist mir quasi ins Maul gesprungen. Ich konnte nichts ändern“, so versuchte er sich bei Flowneklaf zu entschuldigen. Dieser musste augenblicklich laut lachen und sagte: „Ich glaube das eine Kaninchen ist nicht so schlimm. Schau nur, dass dein Maul nicht so blutig ist. Sonst können wir nicht zurück in die Wohnung.“

Das war letzte Woche gewesen. Nun saßen sie hier und Flowneklaf und Alan aßen ihren Döner.

„Lass mich mal gucken“, sagte Alan und mit diesen Worten drehte er die Karte so, dass er sie besser sehen konnte. „Das ist ja ein Ding. Das sieht ja aus wie der Rhein. Gar nicht weit von hier. Ungefähr eine Dreiviertelstunde Fahrt. Das müsste das Siebengebirge sein. Hier – der Berg heißt Drachenfels. Siehst du, da. Nur sind auf dieser Karte gar keine Straßen oder Eisenbahnschienen eingezeichnet.“ Er zeigte auf eine Stelle auf der Karte.

„Ganz in der Nähe, ungefähr da“, und er zeigte wieder auf einen Punkt, „ist die Ruine der Löwenburg und nicht weit weg davon ist ein Wirtshaus, von dort sollten wir starten.“

Alan nahm sein Tablet und schaltete es ein. Ruckzuck war

dort die Karte des Siebengebirges. Ja, das war dieselbe Karte. Nur hier waren die Straßen und Städte eingetragen, die auf der Karte, die sie unter dem Dom gefunden hatten, fehlten. Flowneklaf sagte erstaunt: „Du redest von Magie und zeigst mir dieses Ding? Aus dem Nichts habe ich eine Karte vor mir."

„Das ist noch garnichts", erwiderte Alan. „Schau." Und mit zwei Fingern zoomte er die Löwenburg ins Zentrum der Karte. Dann klickte er auf die Burg und direkt erschien ein Bild von den Ruinen. Flowneklaf war fassungslos. „Das ist wahre Zauberei. Ich kann mir all diese Orte ansehen, ohne jemals dort gewesen zu sein. Wahnsinn. Lasst uns morgen früh aufbrechen."

„Endlich geht es weiter und wir kommen vielleicht zurück nach Hause", brummelte Kiesbart.

Der geheime Gang

Weit hinten am Horizont konnten sie einen kleinen Wald erkennen. Es sah so aus, als würde er versuchen, den Bergrücken zu erklimmen. Eine große, alte Tanne, die offensichtlich um ein Vielfaches älter war als die übrigen Bäume in diesem Wald, überragte alle um ein gutes Stück. Man konnte sie schon von weitem erkennen. Dorthin sollten sie gehen.

An ihrem Fuß angelangt, erkundeten sie deren Umgebung. Hier war die Ruine der alten Schmiede, genau wie es die alte, merkwürdige Frau, die sie gestern im Wirtshaus getroffen hatten, erzählt hatte. Komisch, eigentlich war das Wirtshaus nicht gut besucht gewesen. Sie hatten sich in der Gaststube getroffen, um noch eine Kleinigkeit zu sich zu nehmen. Alan hatte Flowneklaf dazu überredet, dieses merkwürdige Getränk, das sie hier Bier nannten, zu probieren. Nach drei Gläsern war es Flowneklaf ein wenig flau im Kopf geworden und plötzlich war dann diese alte, schrullige Frau aufgetaucht.

„Darf ich euch für einen Moment Gesellschaft leisten?“, fragte sie mit ihrer rauen Stimme und Alan bot ihr einen Platz an. Als Flowneklaf ihr in die Augen sah, hatte er den Eindruck, dass sie direkt in seine Seele blickte. Ein Schauer durchlief seinen Körper.

„Hab keine Angst, Fremder“, hörte er ihre Stimme in seinem Kopf. „Mein Leben lang schaue ich den Menschen in die Seele, doch keiner bemerkt es. Du bist der Erste, der es bemerkt hat. Ich sehe es in deinen Augen. Deine Seele ist rein.“ Erschrocken wandte er den Kopf von der Alten ab.

„Entschuldigt, ich habe den Eindruck, dass ihr etwas Bestimmtes sucht. Kann ich euch vielleicht behilflich sein? Ich bin Hirtin und komme recht weit herum“, begann sie an Alan gerichtet. Flowneklaf drehte langsam den Kopf zurück und war erfreut darüber, dass sie nun in Alans Richtung blickte. Erstaunt sah er, dass Kiesbart seinen Kopf in ihren Schoß gelegt hatte und sich von ihr genüsslich kraulen ließ.

Flowneklaf verfolgte das Gespräch zwischen Alan und der Alten wie durch einen Nebel. Der Klang der Worte drang zwar an seine Ohren, doch den Sinn konnte er nicht erkennen. Irgendwann lenkte die Frau ihren Blick erneut in seine Richtung und ihre Blicke trafen sich.

„Gehe mit deinen Freunden zu dem kleinen Bach. Nicht weit von hier. Dort wirst du die alte, zerfallene Schmiede finden. Wenn der Mond für euch günstig steht, wirst du dort Hilfe finden. Vertrau mir. Denn ich kenne euer Ziel.“ Die Worte hallten in seinem Kopf nach und er wusste, sie waren auch nur für ihn zu hören gewesen. Sie drehte ihren Kopf zu Alan und sagte: „Ich weiß, für das Geschwätz von alten Frauen habt ihr keine Zeit. Ich muss ohnehin los, meine Ziegen warten auf ihrer Weide. Eine glückliche Reise euch zweien und auch dir, alter Wolf.“ Sie klopfte Kiesbart dreimal kräftig in die Seite und erhob sich dann vom Tisch. Sie blickte ein letztes Mal in Flowneklafs Augen und er hörte ihre Stimme erneut: „Das Tor ist nah, viel Glück, denn du rettest auch mich.“ Dann wandte sie sich ab und verließ das Lokal.

„Puh, das war aber mal eine merkwürdige Zeitgenossin“, hörte er Alans Stimme. „Mein Gott, was ist denn mit dir los? Ich vermute, das ist das Bier. Wir sollten wohl besser sehen, dass wir in die Betten kommen, damit wir für morgen fit sind. Wer weiß schon, was morgen wird.“

Und so hatten sie sich schlafen gelegt, doch Flowneklaf hatte noch lange wach gelegen und über die Alte nachgedacht. Er versuchte, sich an den Klang der Stimme zu erinnern. Sie kam ihm so merkwürdig vertraut vor, doch wusste er nicht, woher.

Das war gestern, jetzt, nach einem 30-minütigem Fußmarsch, standen sie hier vor der alten Schmiede. Die Tür an dem alten Haus stand offen, da sie nur noch an dem unteren, schmiedeeisernen Scharnier festhing. Dem Oberen fehlte der große Dorn, der die Tür mit dem Rahmen normalerweise verband. Das Dach war wohl schon vor sehr langer Zeit eingestürzt und ein großer Teil des alten Backsteingemäuers wurde von den unterschiedlichsten Pflanzen überwuchert. Die hohe Giebelwand mit dem großen Kamin, an der die eigentliche Feuerstelle für das Schmiedefeuer gewesen war, sah noch genauso aus wie am Tag ihrer Erbauung. Sie stand und trotzte allen Herausforderungen, so, als wolle und müsse sie noch Jahrhunderte standhalten. Vorsichtig betraten die drei das Haus. Es roch sogar noch nach Feuer, so, als hätte hier eben noch jemand geschmiedet. Merkwürdig, irgendjemand hatte sich die Mühe gemacht, die heruntergefallenen Dachschindeln an der gegenüberliegenden Wandseite aufzustapeln. Auch der Ambos, neben dem ein großer Hammer und diverse Zangen lagen, sah so aus, als wäre er noch in Gebrauch. Selbst trockenes Holz und schwarze Kohle lagen bereit.

„Was verschafft mir die Ehre eures Besuchs?“, dröhnte eine tiefe Stimme aus dem hinteren Teil der Schmiede. Ein dicker, kleiner Mann mit einem sehr witzigen, geröteten Gesicht trat aus dem Schatten hervor, der einen Teil des Raumes bedeckt hatte. Kiesbarts Nackenfell stellte sich steil aufrecht und er machte eine drohende Bewegung in die Richtung des Mannes.

„Ruhig, haltet den Hund zurück, ihr betretet schließlich

mein Haus. Also solltet ihr euch ein wenig besser zu benehmen wissen“, fuhr der Mann fort.

„Kiesbart, hör auf! Wir sind die Eindringlinge und nicht er“, zischte Flowneklaf zu seinem Freund und zum alten Mann gewandt sagte er: „Verzeiht, aber er hat sich für einen Moment erschrocken. Wir dachten, das Haus stünde leer. Ihr müsst es ihm nachsehen. Was macht Ihr hier in diesem zerfallenen Haus? Gestern noch hat man uns erzählt, dass hier niemand mehr lebt. Deshalb wollten wir schauen, ob wir hier für diese Nacht unser Lager aufschlagen können, bevor wir morgen unseres Weges ziehen.“

„Man nennt mich Rochtal und ich bin Schmied. Doch viel zu schmieden gibt es hier in der Gegend nicht mehr, deshalb kehre ich nur von Zeit zu Zeit hierher zurück und schaue nach dem Rechten und schmiede dies und jenes für den täglichen Bedarf. Schon mein Vater und auch meines Vaters Vater waren hier bereits Schmied. Sie wiesen, im Schweiße ihres Angesichts, so manchem Eisen hier seine ihm vorherbestimmte Form. Schaut her!“ Mit diesen Worten trat er an die Feuerstelle und begann, mit dem rechten Fuß auf den großen Blasebalg zu treten. Er trat auf das obere Holz und das alte, faltige Leder drückte sich zusammen. Für einen kurzen Augenblick erhellte sich die Feuerstelle und der Schmied wiederholte diese Bewegung einige Male. Dann nahm er eine der Zangen, die neben dem Amboss lagen, und griff damit in das Feuer, um aus diesem ein langes, beinahe weißglühendes Stück Eisen heraus zu ziehen.

„Seht her, nur aus diesem Stück kann genau das hier entstehen.“ Mit diesen Worten drehte er sich zu dem Amboss um und begann mit dem Hammer auf das glühende Eisen zu schlagen. Rhythmisch fuhr der Hammer immer wieder auf das Eisen nieder. Ein Schlag auf das Eisen und drei immer schwächer werdende auf den Ambos. Es klang fast wie eine Melodie. Pum, pom pom pom. Pum, pom pom pom. Bei jedem Schlag veränderte sich die Form und auch die Farbe wurde immer dunkler. Dann hielt der Schmied das Eisen in ein Gefäß mit Wasser. Ein kurzes Zischen und er steckte es wieder ins Feuer.

„Noch einmal“, sagte der Schmied, „dann ist er wohl fertig und ihr könnt ihn mitnehmen.“ Flowneklaf und Alan blickten sich fragend an. Was das wohl bedeuten sollte? ... *ihr könnt ihn mitnehmen* ... Gerade wollte Flowneklaf fragen, da nahm der Schmied das Eisen erneut aus dem Feuer und begann, es zu bearbeiten. Gespannt sahen die drei zu. Noch ein letztes Mal das Zischen vom Abkühlen im Wasser, fertig.

„Vor einigen Tagen traf ich diese merkwürdige alte Frau mit ihren Ziegen. Sie gab mir dieses Eisen und sagte zu mir, ich solle es in die rechte Form bringen. Ich sah es an und wusste genau, wie dieses Eisen richtig auszusehen hatte. Sie sagte, es würden bald Leute kommen, die verstünden, wozu es diene. Ich denke, ihr seid diejenigen.“ Mit diesen Worten nahm der Schmied das fertig gewordene Eisen und reichte es Alan.

Der wollte seinen Augen nicht trauen. Zögernd nahm er den Gegenstand entgegen. Hatte der Schmied nicht eben mit aller Gewalt auf diesem Eisen herumgehauen? Er hielt nun einen Stab in der Hand, der genauso aussah wie der Hebel damals im Tunnel. Es schien eine exakte Kopie zu sein. Auch die verschiedenen Muster und Ornamente schienen identisch zu sein. Er wusste nun, was er in der Hand hielt. Dies war der Schlüssel für das Tor, das Tor zurück in die Welt seines Freundes. Der Schmied sah das Erkennen in Alans Gesicht und sagte: „Ich sehe, du weißt, was das ist und wofür du es gebrauchen kannst. Damit ist meine Aufgabe hier erfüllt. Ich soll euch nur noch Folgendes von der alten Frau mit auf den Weg geben. Vielleicht könnt ihr mit den Worten etwas anfangen. Ihr werdet auf die Botin am Kreuz des Pontoall treffen. Sie kommt nicht allein. Befreit sie von ihrer Not." Nach einem kurzen Schweigen sprach er weiter: „Ja, ich glaube, so hat sie sich ausgedrückt. Jetzt werde ich gehen, denn es gibt für mich hier nichts mehr zu tun." Der Schmied drehte sich um und ging, noch ehe einer etwas erwidern konnte, schnellen Schrittes davon.

„Was ist das denn für ein Stab?", fragte Flowneklaf und Alan erwiderte: „Bevor ich auf euch in der Höhle traf, musste ich eine Art Tür öffnen. Genau mit einem solchen Schlüssel tat ich dies damals. Jetzt haben wir den Schlüssel – fehlt nur noch das entsprechende Schloss. Aber es dämmert schon. Lasst uns hier unser Lager aufschlagen. Ich schlage vor, dass wir morgen weitersuchen."

Die drei Freunde begannen damit, ihr Lager herzurichten. Alan legte noch etwas Holz in das Schmiedefeuer, damit die Stube noch ein wenig wärmer wurde. Dann begann er seine Isomatte auszurollen und seinen Schlafsack auszupacken. Er legte sich nicht weit entfernt vom Feuer nieder. Flowneklaf brauchte nicht allzu lange, um seinen Schlafplatz herzurichten. Er zog eine Decke aus seinem Bündel und nutzte sie als Kissen. Alan bewunderte es immer wieder, wie Flowneklaf mit einer merkwürdigen Falttechnik in Windeseile aus dieser Decke einen Schlafsack faltete. Genauso verwundert war er über das Material, aus dem diese Decke bestand. Sie war kaum dicker als ein Blatt Papier, aber doch genauso warm wie sein Schlafsack. Mit dem Feuer in der Schmiede und ihrem Wolfsfreund drohte ihnen hier wohl keine Gefahr. Es war schon drollig anzusehen. Kiesbart liebte es, sich an Flowneklafs Seite zusammenzurollen, und er genoss es, wenn dieser ihn den ganzen langen Abend kontinuierlich kraulte.

Alan und Flowneklaf saßen noch eine Weile aufrecht auf ihren Lagern und unterhielten sich über die Geschehnisse der vergangenen Tage. Hin und wieder warf einer der beiden ein Stück Holz ins Feuer, dessen Flammen unter lautem Knistern das neue Stück Holz umarmten, um es sich ganz langsam einzuverleiben. Kiesbart hatte die Ohren genussvoll zurückgelegt und ließ sich die ganze Zeit kraulen. Er hatte die Augen geschlossen und pendelte hin und her zwischen seinen Träumen und seinen Gefährten. Bald, so hoffte er, wären sie zurück und er würde vielleicht seine Gefährtin und seinen Sohn wieder treffen. Seufzend atmete er tief ein, um dann ganz langsam wieder auszuatmen. Sein Kopf sank zu Boden und er gab sich dem Schlaf hin. Flowneklaf zwinkerte Alan zu.

„Sieh doch, jetzt ist er eingeschlafen. Wir sollten es ihm gleichtun. Ich hoffe, dass wir morgen schnell den Weg finden und zurückkehren können.“ Alan legte noch ein letztes Holzscheit nach und legte sich auch schlafen.

Die Nacht war sternenklar und der Mond schien durch das eingestürzte Dach in die Schmiede hinein. Flowneklaf hatte über die Jahre seinen eigenen Einschlafritus entwickelt. Er verband in Gedanken die einzelnen Sterne mit Linien. Meistens ergaben sich lustige Formen, aber manchmal ergaben die so entstandenen Zeichen Wörter aus der alten Sprache und er versuchte, sie zu entziffern. Dabei wurde er immer müder und langsam fielen ihm seine Augen zu. Mit dem letzten Blick erhaschte er noch ein Wort: „Dragazien“.

Kiesbart war als Erster wach und lief leise aus der Schmiede, um die Gegend zu erkunden. Eben noch war der Boden von einem Nebel bedeckt gewesen, doch nach kurzer Zeit hatte sich dieser aufgelöst. Er blickte zum Himmel, der sich in einem herrlichen Blau völlig wolkenlos zeigte. Man konnte noch den Mond sehen, der wohl in der nächsten Nacht völlig rund sein würde. Kiesbart legte den Kopf weit in den Nacken und hätte am liebsten nach Herzenslust gejault, doch wollte er seine Freunde nicht wecken.

Flowneklaf, der eigentlich nur selten länger als sein Freund schlief, lehnte entspannt im Türrahmen und beobachtete seinen Freund in der Ferne. Auch er genoss, genau wie der Wolf, die morgendliche Stille, die klare Luft und dieses unvergleichliche Gefühl der Freiheit. Dann presste er die Lippen aufeinander und ein kaum hörbarer langer Pfeifton, der zuerst hoch und dann niedrig in der Tonlage war, verließ seinen Mund. Wie eine gespannte Feder, die endlich ihre Spannung entladen konnte, durchfuhr es Kiesbart und mit einer wahnsinnigen Geschwindigkeit schoss er auf seinen Freund zu. Flowneklaf fand es immer wieder faszinierend, wie sein Wolfsfreund sich freute, ihn zu sehen. Völlig windschnittig und mit angelegten Ohren schoss er heran. Irgendwann, so Flowneklaf, würde sein Freund nicht rechtzeitig zum Stehen kommen und ihn einfach umrennen. Doch, wie jedes Mal, kam sein Freund vor ihm zum Stehen, um ihn stürmisch und schwanzwedelnd zu begrüßen.

„Guten Morgen, mein Freund, man könnte denken, wir hätten uns Jahre nicht gesehen“, sagte Flowneklaf und klopfte seinen Freund in die Seite.

„Komm, lass uns nach was Essbarem suchen.“ Und so zogen die beiden Freunde los. Nach einiger Zeit kam Flowneklaf, bepackt mit frischen Eiern, und Kiesbart, mit dem dazugehörigen Huhn, zurück zur Schmiede.

Alan, der mittlerweile auch aufgestanden war, hatte bereits das Lager zusammengeräumt und das Frühstück vorbereitet. Er hatte noch einige Reste Brot und Wurst in seinem Rucksack. Kaffee hatte er auch bereits gekocht, obwohl eigentlich nur er ihn trank. Über ein frisches Ei zum Frühstück freute er sich sehr. Ein wenig Sorge bereite ihm allerdings das tote Huhn, das Kiesbart genüsslich auseinandernahm.

„Ich bin ja froh, dass ihr nicht mit Milch zurückgekommen seid", begrüßte Alan die zwei. Es schien ihm besser, nicht danach zu fragen, wo sie die Eier und das Huhn gefunden hatten.

„Wenn wir hier fertig sind, sollten wir in dem Teil des Waldes, der hinter der Schmiede liegt, mit unserer Suche beginnen. Irgendwo in diesem Wald muss doch das Tor sein", so Alan.

Als sie das Frühstück beendet hatten, räumten sie ihre Sachen zusammen und löschten das Feuer. Kiesbart war zwischendurch immer wieder in den Wald gelaufen, um schon mal mit der Suche zu beginnen. Doch er war viel zu aufgeregt, um tatsächlich etwas zu finden.

„Auf dass wir fündig werden, ich habe Sehnsucht nach meiner Welt", sagte Flowneklaf und mit diesen Worten gingen die drei und durchstreiften den Wald. Sie trennten sich nur so weit voneinander, dass sie immer in Sichtweite oder aber zumindest in Hörweite blieben.

Flowneklaf liebte es, durch den Wald zu gehen und die Umgebung zu erforschen. Er hatte viele Pilze und Früchte gesehen, die es in seiner Heimat nicht gab. Keine drei Schritte von hier war ein dichtes, dorniges Gestrüpp gewachsen, an dem rote und schwarze Früchte hingen. Fast die ganze Felswand war davon überwuchert. Er genoss es, auf dieser weichen Unterlage umherzugehen. Ganz leicht sank er mit seinen Schuhen in den mit Tannennadeln übersäten Boden ein. Hin und wieder hörte er ein leises „Knack“, weil er auf ein kleines Ästchen getreten war. So ging er eine Weile auf und ab, immer darauf bedacht, alles in seiner Umgebung zu erfassen. Da, schon wieder ein „Knack“. Irgendetwas war hier komisch. Der Widerhall dieses Geräusches stimmte nicht. „Knack, Knack, knack, knack.“ Er vernahm ein leichtes Echo. So als würde er vor einer … ja, genau, jetzt wusste er es. Es klang so, als ob das Geräusch in einer Höhle oder einem Gewölbe widerhallen würde. Er blieb stehen und drehte sich zur Felswand um. Sollte hinter diesem Gestrüpp der Eingang zu einer Höhle sein? Dicht genug, dass man nicht hindurchschauen konnte, war das Gestrüpp allemal. Vorsichtig begann er mit einem Stock, das Gestrüpp zur Seite zu schieben. Die anderen blickten ihn verwundert an.

„Beeren suchen kannst du auch ein anderes Mal. Ich denke, wir suchen nach einem Weg zurück nach Dragazien!“, rief Kiesbart zu ihm herüber.

„Kommt her und hört mir zu!“, rief Flowneklaf. Kiesbart und Alan trotteten zu ihm zurück. „Und jetzt passt einmal genau auf!“ Flowneklaf nahm seine Zeige- und Mittelfinger in den Mund und pfiff einmal laut. Er konnte in den Augen seiner zwei Freunde sehen, dass sie es auch gehört hatten. Der Pfiff hallte rhythmisch nach und wurde immer leiser. Jetzt stand es fest. Hier hinter diesem Gestrüpp musste es sein.

Alan zog sein Langmesser, das er immer am Gürtel trug,

aus der Scheide und begann damit, sich einen Weg in Richtung Felswand zu bahnen.

„Warte, nicht so grob, Alan“, bremste ihn Flowneklaf, „die Pflanze kann nichts dafür, dass sie hier gewachsen ist. Schneid nur das Nötigste und schieb sie ein wenig zur Seite. Auch so werden wir zu unserem Ziel gelangen.“

Alan war immer wieder darüber erstaunt, dass sein neuer Freund so mit der Natur verbunden war. Es schien fast, als würde es ihm körperliche Schmerzen bereiten, wenn irgendeiner Pflanze etwas geschah. Etwas gebremst und wesentlich vorsichtiger, bahnte sich Alan weiter seinen Weg und tatsächlich wurde bei ihm der Eindruck geweckt, als würde das Gestrüpp von selbst ein wenig zur Seite gleiten. Noch ein paar vorsichtige Schnitte und der grüne Vorhang gab ihnen die Sicht in eine kleine Höhle frei. Alan schaltete seine Taschenlampe an und leuchtete in die Tiefe. Irgendwo hier musste das Gegenstück zu seinem neu erworbenen Schlüssel sein. Vorsichtig betrat er die Höhle. Kiesbart, dessen Augen hier im Dunkeln viel besser funktionierten, schoss an ihm vorbei und verschwand bald aus dem Lichtkegel.

„Lass ihn“, sagte Flowneklaf an Alan gewandt, „er wird wohl nie vorsichtiger werden. Komm, lass uns weitergehen, ich denke, hier sind wir richtig.“ Und so gingen die beiden Männer behutsam immer tiefer in die Höhle. Unter ihren Füßen schien der Boden feucht zu sein, denn bei jedem Schritt, den sie machten, platschte es leise. Zwei kleine, funkelnde Diamanten kamen plötzlich wie aus dem Nichts auf sie zugeschossen.

„Hey, kommt ihr denn endlich? Die Höhle ist ziemlich tief. Kommt schon!“, hörte Flowneklaf Kiesbart aufgeregt knurren. Sie konnten seine mächtigen Pfoten im Wasser klatschten hören, als er wieder von ihnen weg preschte. Ja, so war sein Freund. Wenn er ein Abenteuer witterte, war er stets der Erste. Sie folgten dem Wolf ein wenig schneller. Das kleine Rinnsal, durch das sie die ganze Zeit gingen, wurde breiter und sie versuchten, nicht mehr hinein zu treten. Von der Höhlendecke tropfte unentwegt Wasser und es schien, als würde von überall her Wasser in die Mitte des Ganges fließen. Aus dem Rinnsal wurde ein kleiner Bach. Dann plötzlich sahen sie wieder die zwei kleinen Diamanten auf sich zurasen, doch dieses Mal begleitet von wildem Geheul. Flowneklaf verstand die Worte seines Freundes, der ihnen zurief: „Schnell, schnell, lauft, sie kommen!"

Und dann sahen sie sie. Unzählige Augenpaare kamen auf sie zu, begleitet von einem dumpfen, schlagenden Geräusch. Alan wusste augenblicklich, was da auf sie zukam, und er rief: „Bleibt einfach stehen, sie tun euch nichts, irgendetwas oder irgendjemand hat sie geweckt!"

Flowneklaf konnte Kiesbart kaum beruhigen. Ein riesiger Schwarm von Fledermäusen flatterte über und neben ihnen vorbei. Es dauerte einige Minuten, bis es in der Höhle ruhig wurde.

„Ich schlage vor, wir bleiben ab jetzt beisammen", sagte Alan. „Seht doch, jetzt ist aus dem Wasser schon beinahe ein Fluss geworden. Vielleicht kann Kiesbart uns sagen, wie weit wir hier noch gehen können."

Flowneklaf lächelte seinen Freund an und sah in seine Augen. Der wirkte immer noch ein wenig verwirrt, begann aber, seinem Freund zu berichten.

„Nicht mehr weit, da ist ein See, er ist nicht wirklich tief. Ich bin auch nur kurz durchgelaufen und dann sind diese vermaledeiten Viecher auf mich losgegangen. Komm, ich zeige dir, wo der See ist. Ich glaube, das Wasser staut sich dort. Die Höhle scheint dort zu Ende zu sein." Sie gingen weiter, Flowneklaf grübelte die ganze Zeit.

„Wenn es dort nicht weiterginge, müsste die Höhle doch langsam, aber sicher voll Wasser laufen."

Bald kamen sie an die Stelle, die der Wolf beschrieben hatte. Alan leuchtete die Gegend ab. Tatsächlich hatte man das Gefühl, als befände man sich unter einer Kuppel. Die Höhle war beinahe kreisrund. Auf dem Boden hatte sich ein See gebildet. Alan tappte langsam durch das Wasser. Er sah, dass der See von dem Wasser des kleinen Flusses aus dem Gang, durch den sie gekommen waren, gespeist wurde. Allerdings konnte er nicht erkennen, ob beziehungsweise wo der See ablief. Kiesbart war dicht bei Flowneklaf geblieben und platschte langsam mit seinem Freund durch das Wasser. Es reichte Kiesbart gerade bis an den Bauch.

„Seht nur da oben!", rief Alan den beiden zu. Sie folgten dem Lichtkegel von Alans Lampe. Dort oben waren alte Schriftzeichen an der Decke. Flowneklaf begann sofort zu lesen, was dort stand. Alan war verblüfft, er konnte nur Teile der Schrift erkennen. „Kannst du lesen, was dort steht?", fragte er an Flowneklaf gewandt.

„Ja, dort steht: *Das Schloss ihr könnt nicht sehen, durch das Wasser ihr müsst gehen. Findet das Schloss und öffnet das Tor. Gebt Acht und geht geschwind, denn die Zeit verrinnt. Nur einmal es kann öffnen dir die Tür nach Zerwackter*", erwiderte dieser.

„Was soll das bedeuten?", fragte Alan. „Aua!" Mit einem lauten Platsch fiel Alan der Länge nach ins Wasser. Flowneklaf konnte sich ein Lächeln nicht verkneifen. Schnell eilte er zu ihm, half ihm hoch und fragte: „Was ist denn mit dir passiert?"

„Ich bin über irgendwas gestolpert", erwiderte Alan. Dabei rieb er sich mit der Hand über seinen Hinterkopf, den er sich beim Fall in das Wasser angeschlagen hatte. Er tastete nach der Taschenlampe, die im Wasser lag, aber dennoch leuchtete. Es war für ihn eine Genugtuung, immer wieder zu erfahren, dass es gut gewesen war, sich beim Kauf seiner Ausrüstung immer für das qualitativ hochwertigere Material entschieden zu haben. Eine preiswerte Lampe wäre jetzt mit Sicherheit dunkel.

„Das kommt davon, wenn man mit dem Kopf im Nacken rückwärts durch einen See läuft." Da, er hatte die Lampe erwischt. Der Lichtstrahl fiel genau auf den Gegenstand, der ihn zu Fall gebracht hatte.

„Das nenne ich mal Forscherglück. Im Fallen finde ich die besten Sachen. Er zog seinen vom Schmied erhaltenen Stab aus der Rückentasche und versenkte ihn in den Gegenstand auf dem Boden des Wassers. Er passte wie angegossen. Kiesbart und Flowneklaf standen jetzt direkt neben ihm und blickten ihn an.

„Was sollen wir jetzt tun?", fragte er die zwei.

„Beim letzten Mal, als ich solch einen Schlüssel benutzt habe, schien alles um mich herum zusammenzustürzen."

„Warte, Alan", sagte Flowneklaf, „ich werde den Schlüssel bewegen, egal, was passiert, wir müssen zusammenbleiben und in die gleiche Richtung gehen." Bei diesen Worten blickte er in Kiesbarts Richtung und zwinkerte ihm zu. Der, jedoch ein wenig in seiner Ehre gekränkt, ließ ganz kurz seine Lefzen emporschnellen, sodass Flowneklaf einen kurzen Blick auf das durchaus angsteinflößende Gebiss seines Freundes erhaschen konnte.

„Schon gut, war ja nicht so gemeint, ich denke aber, wir

werden nicht allzu viel Zeit haben. Seid ihr bereit?“ Diese Frage war eigentlich eher rhetorisch gemeint, denn in diesem Moment drückte er den Schlüssel nach hinten. Nichts passierte. Die drei drehten sich einmal um ihre eigene Achse, um zu sehen, ob sich irgendetwas verändern würde, doch es passierte nichts. Komisch. Kiesbart blickte sich erneut um. Dabei stieß er mit seiner Flanke gegen den Schlüssel und drückte diesen wieder zurück in seine Ausgangsposition. Mit einem Mal begann der Boden unter ihren Füßen zu vibrieren.

„Oh, oh“, entfuhr es Alan, der noch nicht vergessen hatte, was beim letzten Mal geschehen war. Er blickte sich um und es schien ihm, als würde der Wasserspiegel langsam, aber stetig, ansteigen.

„Seht, es kommt immer mehr Wasser aus dem Gang, aus dem wir gekommen sind.“ Kiesbart, der langsam seine Beine strecken musste, um noch stehen zu können, drehte sich um, um besser sehen zu können. Dabei stieß er erneut gegen den Schlüssel. Dieses Mal in die andere Richtung. Der Boden vibrierte erneut, und mit einem lauten, grollenden Geräusch senkte sich ein riesiger Stein vor den Zugang der Höhle. Sie konnten hören, wie das Wasser auf der anderen Seite gegen den Felsen prallte, um sich einen anderen Weg zu suchen. Langsam glättete sich die Wasseroberfläche, bis sie spiegelglatt war. Dann wieder eine Vibration, viele kleine Wellen bildeten sich auf dem Wasser. Flowneklaf hatte seinen Wolfsfreund am Nackenfell gefasst und zog ihn ein wenig an sich.

„Was soll das?“, knurrte dieser empört.

„Sei still und warte ab, mir scheint, ich habe über dieses Tor in einer alten Schrift schon etwas gelesen. Und wenn mich nicht alles täuscht, dann wird jetzt gleich ein …“ Weiter konnte man ihn nicht verstehen. Ein lautes Krachen hatte die

Höhle erfüllt und das Wasser schoss mit lautem Getöse in die Mitte der Halle, als wenn jemand einen Stopfen aus der Wanne gezogen hätte. Flowneklaf hatte alle Mühe, seinen Freund festzuhalten, dieser drohte von der Strömung, die plötzlich entstanden war, mitgerissen zu werden. Begleitet wurde diese von donnerndem Getöse, doch sie konnten nicht sehen, was um sie herum passierte oder wo etwas geschah. Aber dieses Szenario war nicht wirklich vielversprechend. Als der See beinahe leer war, rief Flowneklaf: „Jetzt, kommt schnell!" Er rannte dem abfließenden Wasser hinterher. Alan und Kiesbart überlegten nicht lange und eilten ihm nach. Sie kamen an ein riesiges Loch, in das das Wasser hinabgestürzt war. An der Seite dieses Loches war eine Art Treppe, dies war der Eingang. Erst jetzt, als der Wasserspiegel diesen Punkt erreicht hatte und kein Wasser mehr hinunterfloss, konnte man die Treppe herabsteigen. Flowneklaf wies seine Gefährten an, schleunigst hinunter zu steigen. Das Getöse um sie herum wurde immer lauter. Flowneklaf, der als letzter herabstieg, blickte noch einmal kurz zurück und sah, wie die Decke der Höhle einbrach. Unter ohrenbetäubendem Lärm lief er weiter die Treppe hinunter.

Er wusste, dass nun der Eingang zum Tor für alle Zeiten verschlossen war.

Jetzt, da war er sich sicher, waren sie wieder zurück.

HEIM! ZUHAUSE!

Die Jagd

Deilnelees rannte so schnell sie konnte in die Richtung, in der sie das Tor vermutete. Sie wusste nicht genau, wie viele der Nettar hinter ihr her waren. Ihre kleine Freundin Pefee klammerte sich nun schon die ganze Zeit ängstlich an ihrem Hals fest. Eigentlich hätte sie auch fliegen können, doch die Flucht dauerte nun schon so lange an, dass sie nicht mehr die Kraft hatte, ihre Flügel zu schlagen.

Herbrusta, dem Anführer der Nettar, stand der Wahnsinn in die Augen geschrieben. Schaumiger Speichel lief unentwegt aus seinem Maul. Er wollte nur eines. Diese Frau. Deilnelees! Seitdem er Deilnelees gesehen hatte, war nur noch dieser eine Gedanke in seinem Kopf. Er musste dieses Geschöpf sein Eigen nennen. Nun war es fast so weit. Seit einiger Zeit hatte er seine Nettar nur gelegentlich in dieses Land geschickt, um hier zu jagen. Die Thipfs schmeckten, wenn man sie über dem offenen Feuer briet, einfach zu köstlich und boten den Nettar in dieser Jahreszeit eine angenehme Abwechslung auf dem Speiseplan. Einige seiner Nettar hatten ihm alsbald berichtet, dass eine große Frau ohne Flügel zu den Thipfs gestoßen sei. Sie nannten sie ihre Prinzessin. Seit diesem Tag war es schwieriger geworden, die Thipfs zu fangen. Irgendwie war diese Prinzessin schuld daran. So hatte Herbrusta beschlossen, die Nettar auf der Jagd zu begleiten, um zu schauen, was sich geändert hatte. Und so hatte er sie eines Tages aus der Entfernung gesehen. Er befahl allen Nettar, augenblicklich in dieses Land zu gehen und sich hier zu sammeln. Er wollte eine große Treibjagd organisieren, deren Jagdbeute nicht die Thipfs waren. Nein, die Beute war Deilnelees.

Als die Jagd begann und Deilnelees erkannte, dass alle Nettar auf sie fixiert waren, befahl sie den Thipfs, sich möglichst im ganzen Land zu verteilen und zu verstecken. Die Meute der Nettar blieb wie erwartet auf ihrer Fährte. Sie sah nur einen Weg zu entkommen, sie musste eins der Tore aktivieren, um das Land zu verlassen. Die Erschöpfung machte sich langsam in ihrem Körper breit und sie hörte Pefee an ihrem Hals stöhnen: „Ich glaube, ich kann mich nicht länger festhalten." Mit einem Griff nahm sie die kleine Thipf und steckte sie mit einer flinken Bewegung in eine ihrer vielen Taschen, die sie sich selbst in ihre Jacke eingenäht hatte.

„Hier brauchst du dich nicht festzuhalten. Hab keine Angst", sagte sie mit fester Stimme, „ich werde uns beide hier schon rausholen." Sicher war sie sich damit bei Weitem nicht. Eigentlich trieb sie nur die Angst. Die Nettar kamen immer näher und hatten es beinahe geschafft sie einzukesseln. Deilnelees suchte Deckung hinter einem großen Felsen. Dort blieb sie kurz stehen, um auf ihre Karte zu blicken. Pefee lugte vorsichtig aus der Jacke heraus und fragte leise:

„Warum bleibst du stehen?"

„Pssst, ich schaue nach, wo sich das Tor befindet, durch das wir das Land verlassen können", flüsterte Deilnelees leise zurück, „es ist nicht mehr weit. Dort hinten zwischen den zwei alten Bäumen müsste es sein."

Ein lautes Geräusch, nicht weit hinter ihnen, ließ Deilnelees erstarren. Sie blickte sich um und sah, keine zehn Schritte von ihr entfernt, Herbrusta, den Anführer der Nettar, der sich seinen Weg durch ein Gebüsch bahnte. Speicheltropfend blickte er sich um und ein fauliger Gestank machte sich breit. Dicht hinter ihm kamen weitere Nettar zum Vorschein.

Deilnelees drückte sowohl das Buch als auch Pefee zurück

in die Tasche und rannte mit letzter Kraft los. Sie hörte das Gebrüll und Getöse hinter sich. Die Nettar schrien in ihrer eigenen Sprache irgendetwas hinter ihr her, von dem sie sich vorstellen konnte, was es wohl bedeutete. Endlich hatte sie das Tor erreicht. Sie musste es nur noch öffnen. Hektisch drückte sie die Äste der zwei Bäume und, tatsächlich, beim linken Baum begann, sich ein Teil seines Stammes zu drehen. Es entstand ein Durchlass, der langsam größer wurde.

Deilnelees konnte bereits das Land auf der anderen Seite sehen. Sie blickte sich um und sah, dass die Nettar sie fast eingeholt hatten. Schnell sprang sie durch den noch sehr schmalen Durchlass auf die andere Seite. Sie drehte sich um und sah auf eine graue, mit Moos bewachsene Felswand, in deren Mitte ein Loch, das Tor, war. Dies war das Kreuz des Pontoall. Ihr Blick ging durch das Tor zurück in das Land der Thipfs. Sie wusste noch nicht, wie sich das Tor von dieser Seite schließen ließ, und musste zusehen, wie sich Herbrusta, gefolgt von einer immer größer werdenden Horde Nettar daranmachte, durch das Tor zu laufen, um sie zu fangen.

Panik breitete sich in ihr aus. Sie hatte dies doch alles schon einmal erlebt. Sie kannte das doch alles, das war doch wie in ihrem … wie ein Blitz traf es sie, ja, es war so wie in ihrem beinahe schon vergessenen Albtraum.

Die Panik wurde immer größer, denn in ihrem Traum kam gleich die Stelle, an der sie sonst immer erwacht war. Sie musste sich zusammenreißen, logisch denken. Erstmal gab es nur eine Rettung: Flucht. Und so drehte sie sich um und rannte los. Ein dunkler Schatten kam mit weit aufgerissenem Maul auf sie zugeflogen. Deilnelees erstarrte vor Angst.

„Werde wach, werde wach, werde doch endlich wach!“

Doch dies hier war kein Traum, dies war furchtbare Wirklichkeit. Deilnelees konnte nicht mehr. Sie ergab sich ihrem Schicksal. Sie war bereit, zu sterben. Ihre Augen konnte sie dennoch nicht schließen. Wie in Trance nahm sie wahr, wie riesige, weiße Zähne in einem großen Maul dicht an ihrem Gesicht vorbeiflogen. Sie spürte große, dicke Pranken auf ihrer Schulter. Unbändige Kraft, die sie nach unten drückte. Deilnelees sank auf dem Boden zusammen. Der Schmerz, der eigentlich durch das Zerfetzen ihrer Kehle jetzt entstehen müsste, blieb aus. Stattdessen hörte sie direkt hinter sich einen gellenden Schrei. Es war der Todesschrei von Herbrusta, der offensichtlich direkt hinter ihr gewesen war. Der Schrei hielt jedoch nur kurz an, denn mit einem Biss war die Kehle, aus dem der Schrei gedrungen war, durchtrennt.

Erst jetzt wurde Deilnelees bewusst, dass nicht sie das Ziel des Monsters gewesen war, sondern das Monster sie nur zur Seite gestoßen hatte, um Herbrusta, der sie beinahe gefasst hätte, zu töten.

Sie öffnete die Augen und sah zwei Männer, die dem Monster unter lautem Kampfgeschrei folgten. Erstaunt über sich selbst fiel ihr auf, dass der Jüngere von beiden, der wie wild sein Schwert schwang und dabei einen um den anderen Nettar tötete, durchaus als gutaussehend zu bezeichnen war. Und jetzt erst erkannte sie auch, dass das, was sie als Monster gesehen hatte, in Wirklichkeit ein Wolf war.

Die Nettar, die nun ihres Anführers beraubt waren, flohen panisch und in wilder Todesangst durch das Tor, das bereits begonnen hat, sich zu schließen, zurück ins Land der Thipfs. Die ganze Ordnung und der Zusammenhalt, den ihnen ihr Anführer gegeben hatte, waren mit dessen Tod verschwunden und die Nettar waren nun wieder, jeder auf sich selbst bedacht, die zwar garstigen, aber eigentlich ungefährlichen Einzelgänger, die sie vor der Zeit ihres Anführers Herbrusta gewesen waren.

„Pfui Deubel, die stinken nicht nur so, die schmecken auch so.“ Kiesbart blickte angewidert zu Flowneklaf und Alan. Flowneklaf blickte die noch immer am Boden liegende Deilnelees an und ein sehr merkwürdiges, ihm völlig unbekanntes, aber durchaus angenehmes Gefühl von Wärme durchzog seine Brust. Er bemerkte ein leichtes Kribbeln, so als habe er … Nun gut, er ging langsam auf Deilnelees zu und streckte ihr helfend die Hand entgegen. „Kommt, lasst mich Euch aufhelfen. Mein Name ist … äh .. ja … äh, ich meine, ich heiße, äh, Flowneklaf und dies ist mein Freund, der Wolf, ach, ich meine Kiesbart und dies da ist unser Begleiter Alan. Uns wurde gesagt, dass wir hier auf jemanden treffen würden, und so warten wir hier schon seit ein paar Tagen. Ich bin erfreut, dass Ihr es seid, die zu uns stößt.“

Deilnelees blickte Flowneklaf fragend in die Augen und genau in diesem Moment nahm sie seine Hand, die er ihr entgegengestreckt hatte, damit er ihr aufhelfen konnte. Es schien, als würde ein Strudel um sie entstehen und als gäbe es nur noch sie. Sie beide!

Flowneklaf hatte das Gefühl, direkt in die Seele dieser wunderschönen Frau zu blicken, und er erkannte nur Gutes in ihr. Er spürte, wie ein Strom aus Energie aus seinem Herzen, durch seine Augen in ihre Augen und so direkt in ihr Herz strömte. Dann, dort angekommen, kehrte sich der Strom um und floss wieder zurück. Immer wieder hin und her. Was für ein fantastisches Gefühl. Die Zeit schien stehen geblieben zu sein.

„Hallo, was ist denn hier los? Wollt ihr zwei ewig so stehen bleiben?“ Die kleine Pefee hatte sich aus der Tasche im Inneren der Jacke von Deilnelees gewuselt und wollte nun schauen, was dort passierte. Deilnelees war mit Flowneklafs Hilfe aufgestanden, und sie standen sich nun regungslos, händehaltend gegenüber und starrten sich an. Durch die Stimme von Pefee, die sie nur wie durch Watte zu erreichen schien, unterbrach Deilnelees den Blickkontakt und die Magie dieses Moments wurde unterbrochen. Beide atmeten schwer, man hätte denken können, es wäre noch von der Anstrengung des Kampfes. Es wurde jedoch durch das schnelle Schlagen ihrer Herzen und durch ihre Blicke ausgelöst. Zurück blieben ihnen nur diese unbestimmte, angenehme Wärme in der Brust und dieses leichte, angenehme Kribbeln.

„Äh … ja, ich bin Deilnelees und dies ist meine Begleiterin Pefee. Habt Dank für Eure Hilfe, ohne Euch wären wir gewiss verloren gewesen. Wieso habt Ihr hier auf uns gewartet und woher wusstet Ihr überhaupt, dass wir hierherkommen würden?“

Bei diesen Worten lief Flowneklaf rot an. Solch ein Gefühl hatte er noch nie gekannt. Er konnte seinen Blick nur schwer von Deilnelees wenden, denn ihr Antlitz hatte ihn verzaubert und ein Feuer in seinem Inneren entfacht. Alan ergriff das Wort, da Flowneklaf offensichtlich gerade Probleme hatte, zu reden: „Kommt mit uns, wir haben nicht weit von hier ein kleines Lager aufgeschlagen. Dort können wir uns besprechen und ihr könnt euch stärken und ein wenig zurechtmachen. Es gibt noch viel zu erledigen.“ Alan schmunzelte, als er diese Worte aussprach. Er hatte schon ein paar Mal beobachten können, wie zwei Menschen aufeinandertrafen und sich dann auf Anhieb sympathisch waren, doch so intensiv wie bei Deilneless und Flowneklaf hatte er es noch nie gesehen. Diese Beobachtung verstärkte wieder seine Theorie. Jeder Mensch, so dachte Alan, war im Besitz einer halben Seele und es gab nur eine andere Hälfte, die zu dieser passte. Das Bestreben jedes Menschen sollte sein, seine zweite Hälfte zu finden, damit sie sich wiedervereinigen können.

Ja, er sah sich hier bestätigt, hier konnte man förmlich fühlen, dass sich dort zwei Seelenhälften getroffen hatten, und nun mussten sie sich nur noch vereinigen.

Der Übergang

Die letzte Nacht hatten sie im Lager verbracht. Alan hatte ein Feuer entfacht und den zwei Neuankömmlingen erklärt, was sie hier suchten und wieso sie hier waren. Kiesbart hatte sich neben Deilnelees gelegt und genoss, wie sie ihn mit ihren langen schlanken Fingern unaufhörlich und zärtlich kraulte. Ach, wie schön doch so ein Leben als Wolf sein konnte. Lange, bis tief in die Nacht, hatten sie um die Feuerstelle gesessen.

Flowneklaf, der auf der anderen Seite des Feuers saß, lauschte der angenehmen Stimme von Deilnelees, wenn diese Alans Ausführungen unterbrach, um ihm ein paar Fragen zu stellen. Immer wieder versuchte er in ihre Augen zu blicken und wenn sich ihre Blicke trafen, begann sein Herz wieder wie wild zu schlagen. Sie war ebenfalls auf der Suche nach seinen Augen und auch ihr schlug das Herz dann bis zum Hals. Doch sie riss sich immer wieder zusammen, um Alans Ausführungen zu folgen. Sie erzählte ihrerseits ihre Geschichte und so erkannte sie, dass sie Teil dieser Gruppe werden musste, um ihre Bestimmung zu erfüllen. Ihr Ziel war es, ihre Mutter zu finden, doch letztlich konnte sie dieses nur mit der Unterstützung der anderen erreichen.

Flowneklaf erkannte, dass das große Buch von GAR Recht hatte und Deilnelees die Königin war, die von Nöten war, um die Voraussage zu erfüllen. Sie beschlossen noch ein paar Tage zu bleiben, um Lebensmittel und Kräuter zu sammeln.

Deilnelees berichtete von ihrer Karte und zog sie hervor, um sie auszubreiten. Sie wollten gemeinsam nach einem Weg suchen, der sie ins Bebenland zum Utorris führte.

Flowneklaf blickte die zusammengerollte Karte an und rief

erstaunt: „Sieh nur Alan, das ist nicht nur eine Karte, hier auf der Rückseite ist ein Abbild des Dolches von Pektrulon. Hier sieht man die drei Teile, der vierte ist also die Karte. Ohne sie kann man sie nicht vereinen." Mit diesen Worten nahm er die Karte, holte den Griff aus dem Thronsaal aus seiner Tasche und legte ihn auf dessen Abbild auf der Karte. Aus Versehen berührte er dabei die Finger von Deilnelees. Ein Kribbeln jagte durch seinen Körper und im gleichen Moment leuchteten ein paar Worte neben dem Griff auf. Doch der Text war löchrig und ergab keinen Sinn, so, als fehlten noch ein paar Worte.

„Schnell Alan, gib mir die Parierstange, die wir unter dem Dom fanden!", forderte er Alan auf. Dieser reichte ihm den Gegenstand. Flowneklaf legte auch diesen auf das Abbild auf der Karte. Dabei berührte er ganz bewusst die Hand von Deilnelees. Das Kribbeln nahm zu.

„Seht nur!", entfuhr es ihm freudig. Die Worte auf der Karte fingen zu wandern und es schien, als kämen noch mehr hinzu. Aber immer noch konnte Flowenklaf den Sinn nicht erkennen.

„Uns fehlt der letzte Teil. Ohne dieses können wir den Dolch nicht verbinden, doch wir wissen nun, wie wir es mit der Karte können. Gib gut auf sie Acht. Sie ist von großem Wert." Dabei blickte er tief in Deilnelees Augen. Er hielt immer noch ihre Hand und das Kribbeln in seinem Körper schien, nicht aufzuhören. Er war verstört, denn mit den Gefühlen, die sich im Moment in ihm ausbreiteten, konnte er so gar nichts anfangen. Er ließ ihre Hand los und die Worte auf der Karte verschwanden.

Diese fünf bildeten schon einen recht seltsamen Haufen. Alan konnte es immer noch nicht fassen. Noch vor einem halben Jahr war er ein eher nicht so sehr vom Erfolg verwöhnter Archäologe und nun lief er hier mit einem Wolf, einem Dragaziner, einer Fendlockerin und einer Thipf durch eine Welt die es, bis auf den Wolf, genauso wie die anderen Gestalten, eigentlich gar nicht geben durfte. Aber das hier war die Realität.

Pefee hatte an Kiesbart einen Narren gefressen. Sie fand ihn so knuffellig und schwirrte immer um ihn herum. Der genoss diese Aufmerksamkeit und auch wenn die kleine Pefee zwischen seinen großen Ohren landete, fand er, das kitzelte so unheimlich schön.

Wann immer Deilnelees konnte, versuchte sie mit Flowneklaf alleine zu sein. Auch sie hatte diese unbeschreibliche Sehnsucht nach seiner Nähe. Sie sprachen und lachten viel miteinander. Er berichtete, was er bis dato alles erlebt hatte und woher er wusste, dass sie genau hier am Kreuz des Pontoall erscheinen würde. Sie versuchte, die Worte von seinen Lippen förmlich abzulesen, noch bevor er diese gesprochen hatte. Wie gerne würde sie seine Lippen mit den ihren liebkosen. Anfänglich hatten Pefee und Kiesbart noch versucht, in deren Nähe zu bleiben, aber es war für den Moment, und das spürten auch alle, wohl besser, die zwei ein wenig alleine zu lassen. Flowneklaf war gerade dabei, Deilnelees zu erzählen, wie er Kiesbart kennengelernt hat. Deilnelees, die nur Augen für Flowneklaf hatte und nicht für ihre Umgebung, stolperte über eine Wurzel und riss Flowneklaf mit sich zu Boden. Zufällig fiel dieser auf Deilnelees und seine Lippen berührten die ihren. Ein Feuerwerk der Gefühle brach augenblicklich in den beiden los. Er wollte noch aufhören, sie zu küssen, da er dachte, dass sie es nicht wollte, doch er merkte, wie sie ihn wieder an sich heranzog. Endlich hatten sie zueinander gefunden. Sie vergaßen die Welt um sich herum und gaben sich einfach einander hin.

Pefee, die das Ganze aus ‚sicherer' Entfernung beobachtet hatte, flog schnell zu Kiesbart, um ihm alles zu berichten.

„Lass sie nur", sagte dieser schmunzelnd, „ich glaube, die haben sich gesucht und gefunden. Wer weiß, wie viel Zeit ihnen noch bleibt, sich zu lieben."

Nach einiger Zeit kamen sie, Hand in Hand, mit völlig zerzaustem Haar und zerknitterter Kleidung, zurück ins Lager.

Alan, der von all dem nichts mitbekommen hatte, schaute die zwei kurz verwundert an und begrüßte sie dann mit den Worten: „Na, ihr zwei Turteltauben, wurde aber auch Zeit. Habt ihr endlich zueinander gefunden."

Schamesröte stieg hoch in ihre Gesichter. Sie schauten sich an und die wohlige Wärme in ihnen entflammte erneut.

Die Zeit rast

Im Morgengrauen, als der Nebel noch tief im Gras hing, packten die Fünf ihre Sachen zusammen und machten sich auf, auf den Weg nach Piruplaz. Flowneklaf war sich sicher, dass der letzte Teil dort zu finden war. Obwohl sie die Karte von Sumbatz hatten, fanden sie keinen Weg, der sie direkt nach Piruplaz brachte. Daher waren sie mehrere Tage unterwegs, bis sie an die Grenzen von Piruplaz stießen.

Dieses Land war zu dreiviertel begrenzt durch riesige, raue Klippen, die ein Bollwerk gegen die unermüdliche See und deren unerbittlichen Wellen bildeten. Es schien, als wollten die Wellen die Klippen besiegen und so rollte eine riesige Welle nach der anderen den Klippen entgegen. Manchmal schaffte es die Gischt, getragen vom Wind, die Spitzen der Klippen zu überschreiten und das Land wurde dort vom salzigen Wasser der See getränkt.

Der Rest des Landes war von einer riesigen Mauer umschlossen, die in regelmäßigen Abständen durch eine Art Turm durchbrochen wurde. Im unteren Teil befand sich jeweils eine Art Pforte. Allerdings schienen diese schon lange nicht mehr geöffnet wurden zu sein. Diese Mauer war nicht aus Stein gebaut, nein, sie bestand aus zum Teil übelriechenden, Schleim absondernden, Fleisch fressenden Pflanzen, die mit giftigen Stacheln übersäht waren.

Sie gingen nun schon einige Zeit der Mauer entlang. Es hatte den Anschein, als wäre seit Ewigkeiten niemand mehr in dieses Land ein- oder ausgegangen. Keine der Pforten schien noch zu funktionieren. Pefee bot sich an, auf die andere Seite zu fliegen, doch als sie die Mauer überqueren wollte, schossen einige Stacheln in ihre Richtung und sie hatte Mühe, ihnen auszuweichen. Gleichzeitig schien es, als versuchten einige Ranken nach der kleinen Thipf zu greifen. Völlig überrascht kehrte sie zurück.

„Es muss einen Weg geben“, sagte Alan. „Nach alldem, was wir jetzt schon erlebt haben, kann uns doch diese Mauer nicht aufhalten, oder?“

„Ich habe keinen Einfall, wie man diese Türen öffnen könnte“, erwiderte Flowneklaf. „Die sehen so aus, als hätten sie sich seit Jahrhunderten nicht mehr bewegt. Ein Schloss oder eine Klinke scheinen die auch nicht zu haben. Was können wir nur tun?“

Da hatte Alan einen Einfall: „Bei uns klopft man an.“ Und genau das tat er dann auch. Tock, tock, tock. Stille. Und nochmal: Tock, tock, tock.

„Ja, ja, ja. Hab euch schon gehört. Ein alter Gumbart ist kein Schnellläufer. Geduld da draußen!“, ertönte es knurrig von der anderen Seite. Plötzlich öffnete sich, mitten der Pforte, ein kleiner Durchlass, etwa in Höhe von Flowneklafs Gesicht, und eine große, knubbellige, rote Nase schob sich hindurch. Über dieser Nase waren zwei winzige Augen zu sehen, die beinahe von den riesigen Augenbrauen verdeckt wurden.

„Wer stört hier und was wollt ihr?“, knurrte die Stimme weiter.

„Wir, Flowneklaf aus Dragazien, Alan von der Erde, Deilnelees, Prinzessin der Thipfs mit ihrer Begleitung Pefee, und Kiesbart, dem Wolf, würden gerne in das Land Piruplaz reisen.“

„Pah, ihr könnt mir viel erzählen!“, knurrte der Gumbart zurück.

„Hört mir zu, edler Herr“, begann Flowneklaf, „ich schlage

Euch einen Handel vor. Ihr lasst uns in Euer Land und dafür erhaltet Ihr von uns diese Flächen mit geheimer Medizin." Flowneklaf griff in seine Tasche und holte eine kleine Flasche mit einer Kräutermischung hervor. Diese Kräutermischung schmeckte aufgrund der beigemischten Beeren sehr lecker, hatte aber nur eine positive Wirkung bei Verdauungsproblemen.

„Was soll denn Eure geheime Medizin bewirken? Vielleicht kann ich sie ja gar nicht gebrauchen", erwiderte der Gumbart.

„Tja, eigentlich ist es ja geheim, aber ich will mal nicht so sein und es Euch verraten. Für die meisten schmeckt diese Medizin bitter und sie hilft rein gar nicht. Doch wenn jemand diese Medizin nimmt und sie schmeckt für ihn süß, dann verlängert sie die Lebenszeit", begann Flowneklaf mit seinen Ausführungen. Dabei zwinkerte er Kiesbart zu.

„Das soll ich Euch glauben? Beweist es mir. Gebt dem Wolf von der Medizin", befahl der Gumbart. Flowneklaf tropfte ein paar Tropfen auf seine Hand und reichte sie Kiesbart. Der leckte die Hand ab. Hmmm, war das lecker. Kiesbart versuchte, ein angewidertes Gesicht zu machen, und spuckte kräftig aus. Er biss in das Gras und tat so, als könne er den bitteren Geschmack damit überdecken. Was für eine Schande. Der Saft ist so lecker, dachte er sich.

Der Gumbart beobachtete die Szene und sah den Wolf, dem die Medizin so gar nicht zu schmecken schien. Da rief er mürrisch: „Lasst mich jetzt probieren."

Doch Flowneklaf zögerte, ihm das Fläschchen zu geben. „Sollte Euch die Medizin zusagen, dann öffnet Ihr uns den Zugang zu Eurem Land?"

„Ja, ja", knurrte der Gumbart, „nun gebt schon her."

Flowneklaf nahm ein kleines Gefäß und ließ ein paar Tropfen hineinfallen. Dann reichte er es hinüber. Augenblicklich schossen Pflanzenranken herab. „Lasst ihn“, befahl der Gumbart und die Ranken zogen sich zurück. Vorsichtig roch er an dem Gefäß. Dann schnellte seine Zunge in das Gefäß und er leckte es aus. Man konnte die Verwunderung in seinen kleinen Augen sehen. Die wuchtigen Brauen hoben sich leicht an. Ja, es war himmlisch süß. Dann besann er sich und sagte: „So richtig schmecken tut es ja nicht, aber ich will heute mal nicht so sein und gewähre dreien von Euch Ein- und Auslass. Nehmt Ihr an?“

Flowneklaf blickte die anderen an. Er wusste, dass alles Reden nun keinen Sinn mehr hatte. Nur drei von ihnen konnten herein. Nur wer sollte gehen? Alan ergriff das Wort: „Flowneklaf, du solltest auf jeden Fall gehen und du, Deilnelees, auch.“

Da meldete sich Pefee zu Wort: „Ich kann mit Kiesbart hier warten. Mir macht das nichts aus, also, wenn er will.“

„Also ich, Alan und Deilnelees werden den dritten Teil suchen.“ Und dann sagte Flowneklaf mit einem Lächeln auf den Lippen zu Kiesbart: „Pefee, du passt auf Kiesbart auf.“ Sein Freund verstand ihn direkt und nickte mit dem Kopf.

„Nun, mein Herr, wir nehmen an. Hier ist Eure geheime Medizin.“ Er reichte dem Gumbart das Fläschchen.

„Stellt es bitte unten vor die Tür“, bat dieser und Flowneklaf tat wie ihm geheißen. Die dicke Nase verschwand und der Durchlass schloss sich. Dann, einen kleinen Moment später, öffnete sich eine kleine Klappe ganz unten an der Tür. Zwei winzige Ärmchen schossen heraus, griffen die Flasche und verschwanden damit hinter der Tür. Die Klappe schloss sich und mit einem lauten Quietschen schwang die Pforte nach vorne auf. Dahinter stand der Gumbart. Flowneklaf wusste sich das Lachen zu verkneifen. Dieser Gumbart schien fast nur aus Kopf, vor allem aber aus Nase zu bestehen. Er reichte Flowneklaf gerade mal bis zum Knie. Dreiviertel des Gumbarts bestanden aus seinem Kopf – darunter war ein winziger Körper mit Ärmchen und Beinchen. Ja, ein Gumbart ist kein Schnellläufer, schoss es Flowneklaf durch den Kopf.

„Herein, ihr drei“, knurrte der Gumbart „und habt Dank für diesen guten Handel.“

Flowneklaf verbeugte sich und die drei gingen durch das Tor.

„Viel Glück!“, rief Kiesbart ihnen hinterher und das Tor schloss sich wieder mit lautem Quietschen. „Einfach nur anklopfen. Da soll mal einer draufkommen“, brummte Kiesbart vor sich hin. Pefee landete zwischen seinen Ohren und fing an, ihn ein wenig zu kraulen.

Ach, wie schön das Wolfsleben doch so sein kann!, dachte Kiesbart und drehte sich von der Mauer weg. Er hielt Ausschau nach einem geeigneten Lager in der Nähe. Direkt gegenüber, keine zweihundert Schritte entfernt, begann ein kleiner Wald. Dort würden sie sich ein Lager suchen. Schließlich wollten sie ja hier sein, wenn die drei von ihrer Reise zurückkamen.

So gingen Kiesbart und Pefee gemütlich in Richtung Waldrand. Die kleine Thipf war stolz, einen so großen und starken Wolf ihren Freund nennen zu dürfen. Sie genoss das Gefühl der absoluten Sicherheit.

Wenn ein Wolf in der Lage gewesen wäre, vor Freude und Stolz zu lächeln, so hätte Kiesbart das jetzt getan. Denn auch er genoss es dieses niedliche, blaue Wesen in seiner Nähe zu haben und sich um es zu kümmern. Kurz schoss ihm der

Gedanke an seine Frau und seinen Sohn in den Kopf, die er nun gerade nicht beschützen konnte. Er wusste aber, dass seine Frau durchaus dazu in der Lage war, sich um seine Nächsten zu kümmern.

Am Wald angekommen, blickte sich Kiesbart kurz um und sah eine gute Stelle, an der sie sich niederlassen konnten. Er sagte zu Pefee: „Hier sollten wir für die nächsten Tage bleiben. Von hier haben wir einen guten Blick zur Mauer und diese umgestürzten Bäume dort bieten einen guten Schutz. Wenn du magst, kannst du dich zu mir legen in der Nacht. Dann wird mir nicht so kalt.“ Diese Taktik hatte er sich von Flowneklaf abgeschaut. Sein Freund wusste auch immer wie, er einem das Gefühl, gebraucht zu werden, vermitteln konnte. Pefee nahm dankend an und bevor sich Kiesbart richtig hingelegt hatte, war sie auch schon auf ihm gelandet und ruckzuck eingeschlafen.

Der Weg durch Piruplaz

Flowneklaf drehte sich zu seinem Freund um. Die Tür schloss sich laut quietschend hinter ihnen.

„Nun gut. Lasst uns mit der Suche beginnen“, sagte er, wandte sich dem Gumbart zu und fragte ihn: „Kennt Ihr den Weg zum Tarasforst?“

„Selbstredend kannte ich den. Doch seit vor etlichen Monden das große Beben unser Land gespalten hat und Tarasforst von diesem Land durch eine große Schlucht getrennt wurde, kann niemand mehr dort hin. Es heißt, dass jene, die auf der anderen Seite des Landes zurückblieben sind, lange versuchten, zurückzukehren. Viele von ihnen fielen in die große Schlucht. Der Rest von ihnen ist wie vom Wahnsinn getrieben und streunt durch das Land. Nur noch selten kann man an der anderen Seite welche sehen, und wenn, dann nur, wenn wieder einer springt. Nicht schön. Aber so ist es und keiner kann mehr hinüber. Als das Land noch eins war, pilgerten wir jeden Sonnmond zum Tarasforst und blieben dort ein paar Tage. Ach, war das schön. Niemand hätte gedacht, dass das Positive sich mit der Zeit so dreht und uns so schaden kann. Selbst die Pflanzen auf der anderen Seite haben sich verändert. Irgendetwas ist mit dem Tarasforst geschehen beim großen Beben. Wer weiß, wer weiß“, erwiderte der Gumbart.

„Das klingt nicht gut. Habt Ihr denn schon einmal versucht, zum Tarasforst zu gelangen?“, fragte Flowneklaf mit in Falten gelegter Stirn.

„Selbsverständlich, aber wie gesagt, selbst die Pflanzen wenden sich gegen uns“, sagte Gumbart und wandte sich damit von Flowneklaf ab. Er gestikulierte wild mit den Armen und streckte diese schnell in den Himmel. In diesem Moment schossen unzählige Dornen über die Köpfe des Gumbarts und der drei hinweg.

„Seht Ihr, die Pflanzen tun, was wir wollen. Aber die an der Schlucht, die hören nicht mehr auf uns. Im Gegenteil. Einige von uns Gumbarts haben versucht, eine Brücke zu bauen, um die Schlucht zu überwinden. Von der anderen Seite rankten sich uns unzählige Wuchis entgegen. Wir dachten, die Natur will uns wieder vereinen, aber Fehlanzeige."

Der Gumbart holte einmal tief Luft und fuhr dann fort: „Als die Ranken dann das ihnen langsam entgegenkommende Ende der Brücke erreicht hatten, umklammerten sie es, zogen es noch ein Stück in ihre Richtung. Wir dachten schon: Prima, jetzt geht es viel leichter und einige von uns gingen schon auf die Brücke, die nun fast auf der anderen Seite angekommen war. Doch dann gab es einen Ruck und die Wuchis zogen die Brücke hinab in die Schlucht. Viele von uns stürzten mit hinab in die Tiefe. Ein großer Teil von uns aber wurde dann von den Dornen getroffen, die die Wuchis in einem letzten Akt auf uns schossen." Der Gumbart war völlig außer Atem, doch dann erläuterte er weiter: „Ja, ich habe es versucht. Wir gingen mit fünfzig und kehrten zu dritt zurück." Mit diesen Worten drehte sich der Gumbart um, machte ein paar Schritte Richtung Sträucher. Diese schienen zurück zu weichen. So, als wollten sie ihm den Weg freimachen. Er verschwand im Gebüsch und die Sträucher hinter ihm kehrten in ihre ursprüngliche Position zurück. Von dem Gumbart war nichts mehr gesehen.

Flowneklaf kratzte sich langsam mit einem Finger an der Stirn und sagte dann zu Alan gewandt: „Der hat ja ordentlich was durchgemacht. Zu dumm, dass wir zum Tarasforst müssen. Da, so steht es geschrieben, finden wir den dritten Teil."

Alan betrachtete seinen Freund und fügte hinzu: „Armer, kleiner Kerl."

„Das habe ich gehört. Ich bin nicht klein", schallte es grummelnd aus dem Wald.

„So habe ich das nicht gemeint. Verzeiht!", brüllte Alan in den Wald. „Vielleicht könnt Ihr uns ja helfen?"

„Ich, der kleine Kerl?", brüllte der Gumbart aus der Ferne zurück. „Ich gebe euch genau fünf Tage, dann seid Ihr hier und ich lasse Euch hinaus oder Ihr bleibt für immer!"

Und dann vernahm man nur noch das hämische Lachen, das sich langsam entfernte.

„Klarer Fall von zu viel Frust", sagte Alan zu Flowneklaf gewandt. Deilnelees, die sich die ganze Zeit zurückgehalten hatte, blickte Alan an und sagte: „Du hast ja mal so gar kein Gefühl für Anstand und Würde. Also ihr zwei, wir müssen auf jeden Fall zum Tarasforst, egal, ob der Gumbart uns hilft oder nicht. Hier, seht auf meiner Karte." Mit diesen Worten legte sie die Karte auf die Erde. Sie sahen das Land Piruplaz und nur das. Als würde außerhalb von Piruplaz nichts existieren. Kein Weg schien hinaus zu führen. Eine breite Schlucht war auf der Karte zu sehen, die einen Teil des Landes im Süden vom Rest trennte, und ja, da war auch der Tarasforst zu sehen. Deilnelees drehte die Karte so, dass sie genau nach Norden ausgerichtet war. Die Drei studierten stumm die Karte.

„Was ist das da am Rand der Schlucht?", fragte Alan in die Runde.

„Es sieht aus wie eines der Tore, die sonst auf der Karte zu sehen sind", erwiderte Deilnelees, „nur sehe ich die andere Seite nicht. So, als wäre nur eins da. Doch das geht nicht. Es müssen immer zwei sein. Ich weiß nicht, wohin das eine hier führt. Vielleicht raus aus dem Land, aber dann müssten wir eigentlich das andere Tor sehen können."

„Merkwürdig", brummte Flowneklaf mehr zu sich selber als zu den anderen. „Seht euch doch mal Tarasforst genau an. Es scheint, als bewege sich dort was." Ihm war schnell klar, dass sie nur eine Wahl hatten. Es stand schon lange geschrieben, dass ein Teil des Dolches von Pektrulon am Tarasforst zu suchen sei. Sie konnten ja nicht ahnen, welch ungeheuerliche Macht das Land gespalten und gegen alles Normale aufgebacht hat. Daher sagte er: „Wir müssen zum Tor und hoffen, dass wir am Tarasforst das fehlende Teil des Dolches schnell finden. Ich hoffe der Gumbart hat ein wenig übertrieben und es ist nicht alles so schlimm, wie es scheint."

Deilnelees schaute ihn besorgt an und sagte dann: „Wir müssen schauen, dass wir zusammenbleiben, und keiner sollte sich zu weit von den anderen entfernen. Lasst uns losgehen. Wir können vor Sonnenuntergang das Tor erreichen. Dort können wir ein Lager aufschlagen und es morgen öffnen, um dann zum Tarasforst zu gelangen."

Flowneklaf und Alan nickten ihr zu. Ohne große Worte gingen die drei los. Sie merkten nicht, dass der Gumbart sie aus sicherer Entfernung beobachtete und ihnen folgte.

Er hatte all die Jahre darauf gewartet, dass die Prophezeiung endlich in Erfüllung ging, und es war genauso, wie es die Ältesten damals immer erzählt hatten: Fünf Gestalten würden kommen aber nur drei durften in das Land, deshalb hatte er nur dreien Einlass gewährt. Sie sollen den Fluch bezwingen und den alten Frieden wiederherstellen. Nur wie? Das war ihm nicht klar.

Tarasforst

Beim ersten Licht der Morgensonne waren sie aufgestanden und hatten rasch etwas gegessen.

„Wir können unsere Sachen hierlassen und nur das Nötigste mitnehmen. Es führt nur ein Weg rüber – also gibt's auch nur den einen zurück“, schlug Alan vor.

„So machen wir das“, erwiderte Flowneklaf und die drei machten sich auf den Weg. Deilnelees ging zu der Stelle, die ihr die Karte wies, und betrachtete die drei alten Buchen, die hier direkt an der Schlucht standen. Mittlerweile hatte sie ein geschultes Auge, wenn es darum ging, irgendwelche Mechanismen zu erkennen, die dazu dienten, „ihre“ Tore zu öffnen. Hier war es ganz offensichtlich. Am mittleren Baum sah sie einen Ast, der offensichtlich abgestorben war. Langsam zog sie daran und, tatsächlich, es schien, als wäre der Baum gespalten, und die vordere Hälfte drehte sich nach links.

Die drei blickten in das Innere des Baums – doch statt Holz sahen sie den Tarasforst. Er war vielleicht fünf Schritte von hier entfernt. Eine leuchtende Kugel umgab ihn und wenn man genau hinsah, erkannte man, dass darin eine Frau kniete. Sie hatte die Hände zum Himmel gereckt und es schien, als berühre sie die Hülle der Kugel mit ihren Händen. Nein, es sah so aus, als käme das Leuchten aus ihren Händen.

„Was ist das?“, fragte Alan.

„Das ist ein magischer Schild. Nur wenige sind in der Lage, einen solchen Schild zu erzeugen. In den Büchern stand, dass nur das Königsgeschlecht dazu in der Lage sei. Es schützt den Tarasforst vor dem Zugriff dessen, was auch immer hier nicht stimmt“, erwiderte Flowneklaf und sprach weiter: „Seht doch. Ständig versuchen die Pflanzen ihre Dornen auf den

Tarasforst zu schießen, aber sie prallen davon ab."

„Erstaunlich. Wie lange die Frau da schon sitzen muss", ertönte die Stimme des Gumbarts hinter ihnen. Die Köpfe der drei Freunde drehten sich augenblicklich nach hinten.

„Verzeiht, ich bin Euch gefolgt, um zu sehen, ob Ihr die drei seid, die mein Land erlösen können. Ich möchte Euch dabei helfen. Vielleicht kann meine Gabe, mit den Pflanzen zu reden, Euch hier helfen. Ich biete Euch meine Hilfe an."

„Schaden kann es ja nicht", rief Flowneklaf und drehte sich wieder um.

„Der Schild, den die Frau dort erzeugt, kann uns nicht schaden. Sie kann dort schon lange so verharren. Es ist die Magie, die dafür sorgt, dass für sie die Zeit dann langsamer vergeht als für uns hier draußen. Allerdings wird sie schon seit dem Tag, an dem die Schlucht entstand, hier so knien. Das kostet sie trotz aller Magie Lebenskraft. Wir sollten schauen, ob wir unseren Teil finden und sie dann, wenn es irgendwie möglich ist, mit aus diesem Land nehmen."

„Wie sollen wir denn jetzt vorgehen?", wollte Deilnelees wissen.

„Ich schlage vor, dass wir auf ein Zeichen loslaufen und versuchen, unter den Schild zu kommen", sagte Flowneklaf.

„Nein", rief der Gumbart. „Wir sollten nicht zusammenlaufen. Dann können uns die Dornen besser treffen. Lasst es uns einzeln versuchen. Wenn Ihr es wünscht, beginne ich."

„Verzeiht mir, aber seid Ihr nicht viel zu langsam mit den kurzen Beinen?", fragte Alan ihn.

„Ha!", entfuhr es dem Gumbart und ehe sich die drei versahen, rannte der Gumbart los. Augenblicklich schossen die Dornen los. Mit einem gekonnten Zickzack-Kurs und bei weitem nicht zu erwartender Geschwindigkeit erreichte der

Gumbart das Schild und, schwups, war er in der leuchtenden Kugel. „Angekommen!“, rief er. „Und jetzt Ihr.“

„Das war ja mal fix“, musste Alan zugeben.

„Alan, jetzt bist du dran, dann läuft Deilnelees und zum Schluss komme ich“, wies Flowneklaf die zwei an. Alan bekreuzigte sich kurz und rannte dann los. Er versuchte genau wie der Gumbart nicht direkt, sondern im Zickzack zu laufen. Während er das tat, streckte der Gumbart seinen Kopf aus dem Schirm und brüllte irgendetwas in einer Sprache, die niemand verstand. Tatsächlich gelang es ihm so, einige der Dornen abzulenken. Alan war gut unterwegs, doch kurz vor dem Schild stolperte er und er fiel. Er landete gerade unter den Schild. Dann rannte in gleicher Weise Deilnelees los und kurz danach Flowneklaf hinterher. Immer begleitet von den Schreien des Gumbarts.

„Das war ja mal ein Abenteuer“, entfuhr es dem Gumbart. „Seid Ihr alle unverletzt?“

„Bei mir ist alles gut!“, rief Flowneklaf.

„Mein Bein tut höllisch weh“, antwortete Alan.

Dann Stille.

„Deilnelees? Alles in Ordnung?“, Flowneklaf blickte Deilnelees an. Ihr Blick war wie erstarrt. Flowneklaf folgte ihrem Blickte. Der ging zu der Frau, die da kniete und den Schild erzeugte. Diese Frau sah sehr ausgemergelt und schwach aus. Sie hatte verblüffende Ähnlichkeit mit Deilnelees. Sofort war es Flowneklaf klar. Das war Deilnelees Mutter.

„Ach du Schreck!“, rief der Gumbart. „So ein Mist. Er hat einen Dorn im Bein. Seht.“ Damit zeigte er auf Alans Bein. Der lag da, äußerst kurzatmig und mit schmerzverzerrtem Gesicht. Wie durch einen Nebel hörte Deilnelees die Worte und dann hörte sie ganz deutlich ihre Mutter. „Du musst ihm helfen, JETZT!"

Deilnelees drehte sich zu Alan um und sah den Dorn in seinem Bein. Vorsichtig zog sie ihn heraus. Alan stöhnte dabei kurz auf und verlor dann das Bewusstsein.

„Wir haben nicht viel Zeit. Das Gift dieser Dornen ist schnell. Seht, sein Bein ist schon ganz schwarz", sagte der Gumbart. „Ich könnte heilende Pflanzen holen, aber hier sind die Pflanzen gegen uns."

Langsam tropfte aus Alans Wunde am Bein das Blut auf den Boden. Deilnelees nahm ein Blatt von einer verdorrten Pflanze, um die Blutung zu stillen. Als sie dies mit ihren Fingern auf die Wunde drückte und sich das Blatt mit Alans Blut tränkte, begannen ihre Finger zu leuchten. Erst nur ihre Finger, dann ihre Hand. Das Leuchten ging auf das Blatt über. Ein Tropfen von Alans Blut, das jetzt auch leuchtete, fiel auf ein weiteres Blatt, das auf dem Boden lag. Die verdorrte Pflanze wurde wieder grün und das Leuchten kroch weiter über den Boden von Pflanze zu Pflanze hinaus aus dem Schirm und verbreitete sich im ganzen Land auf dieser Seite der Schlucht. Dann erlosch es. Ein leises Grummeln war zu hören. Langsam wurde daraus ein rollendes Poltern und dann begann die Erde zu vibrieren. Der Boden begann zu schwanken und die Schlucht schloss sich unter lautem Getöse. Alans Bein bekam wieder seine normale Farbe und er begann ruhig zu atmen. Der Schirm, unter dem sie gestanden hatten, erlosch, und die Frau, die ihn erzeugt hatte, brach zusammen und lag nun auf der Erde. Deilnelees sprang zu ihr, nahm ihren Kopf in ihre Hand und sagte mit tränenüberströmtem Gesicht: „Mutter, ich habe dich gefunden. Wie lange bist du hier gewesen? Was kann ich tun?"

Doch ihre Mutter lächelte sie nur an. Sie war zu schwach

zum Reden. Stattdessen hörte Deilnelees die Stimme ihrer Mutter in ihrem Kopf.

„Deilnelees, mein Kind. Kurz nachdem ich aus unserem Land entführt wurde, hat der Degendorfer versucht, sich der schwarzen Magie zu bedienen. Er wollte den Tarasforst zerstören und damit die Zukunft aller besiegeln. Ich konnte den Tarasforst mit meiner Macht schützen und erhalten, aber meine Kraft war nicht stark genug, um den Rest des Landes zu schützen. Der Degendorfer bekam seine eigene Macht zu spüren. Die kranken Pflanzen haben sich auch gegen ihn gewandt und ihn getötet. Ich musste hierbleiben und warten, bis er kommt." Sie wies mit einem Finger auf Flowneklaf: „Er muss den Teil des Dolches von Pektrulon holen. Ich wusste ja nicht, dass du ihn begleiten würdest. Sag ihm, dass ich ihn sehen möchte, bitte."

„Flowneklaf, komm schnell her", sagte sie, doch er war ja schon neben ihr. „Das ist Niretter. Königin der Thipfs, Frau des Pytrepus und meine über alles geliebte Mutter. Sie möchte dich sehen."

Nun hörten sie beide die Stimme von Niretter in ihren Gedanken. „Ihr seid ein hübsches Paar. Schade, dass ich nicht die Gelegenheit hatte, dich, Flowneklaf, besser kennenzulernen. Ich habe viel in den alten Schriften über dich gelesen und ich freue mich, dass alles, was dort steht, nun wahr wird. Gib auf meine Tochter Acht und erfülle vor allem deine dir bestimmte Aufgabe. An meinem Gürtel findest du einen Teil des Dolches von Pektrulon. Nimm ihn an dich und erfülle deine Aufgabe. Es tut mir so leid, ich fühle mich sehr schwach."

Ihre Gedanken verstummten. Deilnelees nahm den Kopf ihrer Mutter in ihren Schoß und streichelte ihn. Dabei summte sie das Lied, das ihre Mutter ihr immer zum Schlafengehen gesungen hatte. Als Dank der Pflanzen, endlich wieder normal sein zu dürfen, wuchs direkt in der Hand von Niretter eine wunderschöne rote Rose.

Alan hatte sich derweil schon wieder etwas erholt. Der Gumbart hatte ihm inzwischen einen Kräuterwickel aus den Pflanzen, die er aus der Umgebung gesammelt hatte, angelegt. Alles war jetzt hier wieder wie früher. Nichts von all dem Bösen war geblieben. Er konnte es immer noch nicht fassen. Bei allem, was sie hier gerade taten, verloren sie kein Wort. Denn alle wussten, Niretter hatte ihr Leben für den Fortbestand dieser Welt gegeben. Noch ein letztes Mal hob sich ihr Brustkorb und mit einem Lächeln auf ihren Lippen beendete sie ihr Leben.

„Nehmt sie zu Euch", sprach der Gumbart leise und augenblicklich begannen die Pflanzen um Niretter herum sich zu bewegen. Unter ihr bildete sich eine Schicht aus weichen Blumen. Langsam wurde sie angehoben, es schien, als würde unter ihr ein Bett wachsen und sie mit in die Höhe heben. Dann begannen die Blumen, sie zuzudecken. Jetzt sah es aus, als läge sie schlafend in einem wunderschönen Bett. Zum Schluss bildete sich eine Art Glocke um sie herum und dann konnte man von Niretter nichts mehr sehen. Sie war von den schönsten Blumen umringt.

„So bestattet man bei uns Königinnen. Nun ist sie für immer ein Teil der Natur", flüsterte der Gumbart. „Dieser Ort wird nie wieder aufhören, zu blühen."

Deilnelees saß immer noch dicht neben Flowneklaf auf dem Boden in dessen Armen. Sie blickte mit verweinten Augen zu dem Blumenmeer vor sich. Es waren unzählige Arten von Blumen. Eine schöner als die andere. Und in der Mitte war eine wunderschöne, gelbe Wasserrose zu sehen. Sie musste lächeln und sie wusste, dass ihre Mutter genau das gewollt hätte.

„Das hätte ihr bestimmt gefallen", sagte sie und dann stand sie langsam auf und sagte: „Auf. Es fällt schwer, aber wir müssen weiter. Wir haben ein Ziel und das müssen wir, auch ihr zu Ehren, erreichen."

Wann kehren sie zurück?

Kiesbart und Pefee fragten sich ständig, warum das so lange dauerte. Sie waren nun schon mehrfach an dieser merkwürdigen Mauer aus Pflanzen entlanggegangen, um vielleicht irgendetwas zu hören. Pefee war auch das ein oder andere Mal hochgeflogen, um einen Blick über die Mauer werfen zu können, aber diese blöden Pflanzen wollten oder sollten das nicht zulassen.

Kiesbart versuchte das eine oder andere Kaninchen zu fangen, aber Pefee war wohl der Meinung, einige retten zu müssen und fing im entscheidenden Moment an zu kichern, sodass die Kaninchen gewarnt wurden und mit ein, zwei gekonnten Haken dem Maul von Kiesbart entkommen konnten. Irgendwie konnte Kiesbart Pefee das nicht übelnehmen. Er tat dann zwar immer so als würde er fürchterlich schimpfen, aber Pefee wusste genau, dass Kiesbart kein Ungeheuer, sondern eines der liebsten Wesen war, die sie je kennengelernt hatte.

Durch den Quatsch, den sie miteinander machten, verging die Zeit recht schnell. Dennoch machte sich Kiesbart langsam Sorgen. War er nicht der Begleiter von Flowneklaf? Sollte er ihn nicht bei Gefahren retten? Nun gut, vielleicht auch mal andersherum? Sein Blick ging immer wieder in die Richtung der Pforte, durch die die drei gegangen waren.

Nun waren schon vier Tage vergangen und Kiesbart fasste einen Entschluss. „Ich gehe jetzt klopfen“, sagte er zu Pefee. Doch dann fiel ihm ein, dass er ja gar nicht klopfen konnte. „Nein“, rief er, „du machst das.“ Und mit diesen Worten ging er los. Pefee, die gerade zwischen seinen Ohren gesessen hatte, hielt sich rechts und links an jeweils einem Ohr fest, und so lief Kiesbart auf die Pforte zu. Dort angekommen sagte er: „So. Jetzt kannst du klopfen."

Pefee flog das kurze Stückchen bis zur Pforte hoch und klopfte dann, so feste sie konnte, dreimal gegen das Tor. Nichts geschah. Dann klopfte sie noch einmal. Klopf, klopf, klopf. „Aufmachen!", rief sie. Und plötzlich öffnete sich die Pforte.

„Einfach nur klopfen. Da soll mal jemand draufkommen", entfuhr es Kiesbart. Langsam gingen die zwei durch den offenen Eingang. Merkwürdig, keine Pflanze stellte sich ihnen in den Weg oder versuchte sie mit irgendwelchen Dornen abzuschießen. Im Gegenteil. Es schien, als würden die Pflanzen ihnen Platz machen und als würden sie versuchen, so wie viele Pflanzen das nun mal tun, besonders hübsch auszusehen.

„Sei bloß vorsichtig", sagte Pefee mehr zu sich selbst als zu Kiesbart. Diesem kam das auch alles recht merkwürdig vor.

Zusammenkunft

Der Gumbart war vorgelaufen und hatte sich beeilt, um dem Wolf und dem kleinen blauen Wesen Einlass zu Piruplaz zu gewähren. Es war beinahe wie früher. Die Pflanzen spürten, dass es dem Gumbart viel besser ging und sie hatten ihre „feindselige“ Grundeinstellung verloren. Im Land Piruplaz war jetzt wieder jeder und alles willkommen.

Nun hatte der Gumbart den Vorplatz erreicht und er sah gerade, wie der Wolf und das kleine blaue Wesen das Tor passierten.

„Hallo, ihr zwei!“, rief er ihnen freundlich zu. „Willkommen. Es gibt so viel zu erzählen. Wartet, die anderen sind nicht mehr weit.“

Kiesbarts Nackenfell stellte sich augenblicklich auf und Pefee nahm eine möglichst bedrohliche Körperhaltung an. Der Gumbart musst augenblicklich lächeln und das wiederum amüsierte ihn noch mehr. Lächeln, das hatte er seit einer Ewigkeit nicht mehr getan. Die Blumen um ihn herum begannen beinahe zu leuchten.

Das brachte Kiesbart völlig aus dem Konzept. Lächelte der Gumbart etwa? Auch Pefee war das aufgefallen und irgendwie, fand sie, sah der Gumbart so auch recht sympathisch aus.

In genau diesem Moment traten Flowneklaf, Deilnelees und Alan auf den Platz. Augenblicklich legte sich Kiesbarts Nackenfell und seine Rute begann zu wedeln. Er roch die Freude, aber auch tiefe Trauer. Was war passiert? Mit drei Sprüngen war er bei Flowneklaf und ließ sich von ihm klopfen. Auch Deilnelees klopfte ihn, doch Kiesbart spürte die tiefe Trauer in ihr.

„Was ist geschehen?“, fragte er Flowneklaf. Der klopfte ihm kurz auf den Rücken und sagte an den Gumbart gewandt: „Herr Gumbart, können wir noch eine Nacht hier rasten? Dann können wir unserer Kräfte sammeln und morgen brechen wir auf.“

„Was für eine Frage“, erwiderte der. „Ihr habt das Land von dem Fluch befreit. Piruplaz wird für immer in Eurer Schuld stehen, nie wieder soll einem Fremden der Zugang zu diesem Land verwehrt werden. Wir werden alle Türen und Tore öffnen, damit das Leben hier wieder Einzug halten kann. Bleibt so lange Ihr wollt und nehmt mit, was Ihr braucht.“

Rasch errichteten sie ein Lager und entzündeten ein Feuer. Dann setzten sie sich in einen Kreis und Flowneklaf begann zu berichten, was geschehen war. Er erzählte von den verrückten Pflanzen, von dem Schutzschild. Er versuchte nichts auszulassen. Seine Erzählung endete mit dem königlichen Blumengrab und der gelben Seerose in dessen Mitte. Deilnelees war sichtlich mitgenommen und froh, dass Flowneklaf berichtete. Die kleine Pefee hatte sich auf Kiesbarts Kopf gesetzt und weinte bitterlich. Sie wusste nun, dass ihre Königin gestorben war und dass jetzt ihre neue Königin Prinzessin Deilnelees war. Sie fasste all ihren Mut zusammen und flog zu ihr, stellte sich vor sie und verbeugte sich.

„Mein tiefstes Beileid zum Tod Eurer Mutter. Ich gelobe Euch meine Treue bis in den Tod. Meine Königin.“

Deilnelees war erschrocken. Diesen Gedanken hatte sie sich noch gar nicht gemacht. Was sollte sie nun tun? Sie war noch immer von den letzten Ereignissen überwältigt und die Tränen rannen ihr über das Gesicht. Doch sie raufte sich zusammen und sprach: „Liebe Pefee. Es mag sein, dass ich nun deine Königin bin – aber in erster Linie bist du meine Freundin und daher kann ich es nicht dulden, dass du mich mit *Eure Majestät* ansprichst. Ich bin für dich Deilnelees und werde das auch bleiben und nun komm bitte zu mir, ich brauche deinen Trost."

Schnell flog Pefee auf ihre Schulter und drückte Deilnelees, so gut sie das mit ihrer Größe konnte. Dann sprach Deilnelees weiter: „Meine Mutter hat hier die lange Zeit ausgehalten und all ihre Kraft dafür gegeben, damit wir den letzten Teil des Dolches von Pektrulon erhalten. Lasst uns ihn nun verbinden!"

Mit diesen Worten nahm sie ihre Karte heraus und rollte sie auf dem Boden aus. Flowneklaf nahm die drei Teile, legte sie zusammen auf die Karte und Deilnelees rollte die Karte nun zusammen. Zuerst passierte nichts. Doch dann schien die Karte ein wenig zu leuchten. Es kam vom Inneren der Karte und wurde immer intensiver. Nach einer Weile konnte man nicht mehr hinsehen – so grell wurde das Licht – und mit einem letzten Blitz war das Leuchten verschwunden. Dort, wo die in der Karte eingerollten Teile lagen, lag nun der Dolch von Pektrulon. Allerdings hatte sein Aussehen nichts mehr von den drei Teilen, die sie dort hingelegt hatten. Er sah aus wie aus einem Stück gearbeitet. Die Klinge war silbrig und scharf und der Griff war grünlich in dem Ornament eingearbeitet. Am Ende des Griffes war eine rote Kugel, die von innen heraus zu pulsieren schien. Alle guckten den Dolch an. Keiner wagte es, ihn anzufassen.

„Du musst ihn schon in die Hand nehmen, Flowneklaf", sagte Deilnelees. „Meine Mutter gab ihn schließlich dir."

Vorsichtig streckte Flowneklaf seine Hand aus, um den Dolch zu nehmen. Das Pulsieren in der Kugel wurde merklich schneller. Als Flowneklaf die Hand ein gutes Stück über dem Griff hatte, schoss dieser in die Höhe und Flowneklaf direkt in die Hand. Er hatte gar keine andere Wahl als zuzugreifen. Das Pulsieren im Griff wurde heller, aber langsamer. Der ganze Dolch schien nun von einem hellen Licht umgeben zu sein. Flowneklaf nahm langsam seine Hand mit dem Dolch vor sein Gesicht und blickte ihn an. Dann sagte er:

„Er ist ganz warm und es fühlt sich gut und richtig an. Ja!“, und das sagte er nun zum Dolch, „Ich bin Euer Diener und Ihr seid meiner. Ich werde Euch nur zum Guten nutzen.“ Für einen kurzen Moment wurde nun auch Flowneklaf von hellem Licht umschlossen und dann wurde es wieder dunkel. Der Dolch sah nun so aus wie ein ganz gewöhnlicher Dolch. Aber der Schwur war jetzt getan und damit das Schicksal der beiden besiegelt.

Ohne noch viel zu sagen zogen sich alle zu ihren Schlafplätzen zurück. Der Gumbart blieb die ganze Nacht wach und ließ die Pflanzen über die fünf wachen. Er wusste, dass das Erfüllen oder Scheitern der Aufgabe für das Leben aller, in dieser und auch anderen Welten, entscheidend war.

Flowneklaf und Deilnelees teilten sich ein Lager. Alan schlief alleine und Pefee hatte es sich bei Kiesbart gemütlich gemacht. Sie weinte sich in den Schlaf und hielt damit, ohne es zu wissen, Kiesbart die halbe Nacht wach. Aber das war ihm recht egal. Er empfand eine tiefe Freundschaft für dieses kleine Wesen. Er konnte ihr einfach nichts übelnehmen.

Der entscheidende Kampf

Lange waren sie durch diese unwirkliche Welt gewandert. Alles hier schien tot zu sein. Die Flüsse waren ausgetrocknet und da, wo einst wohl Bäume gestanden hatten, war nur verbrannte Erde, aus der sich hier und da ein verkohlter Baumstumpf erhob. Sie waren schon seit einigen Tagen unterwegs und hatten kein Leben mehr angetroffen. Hier und da lagen die Überreste von Tieren, die zum größten Teil verwest waren. Bei anderen wiederum konnte man erkennen, dass das Fleisch bis auf die Knochen abgenagt worden war. Die Sonne schien hier in diesem Land niemals aufzugehen. Vielleicht konnte man sie aber auch nur nicht sehen, weil offenbar immer eine dunkle, stinkende Wolkendecke den Himmel verbarg.

Weit voraus, in der Mitte dieser unwirklichen Gegend, war der Berg Mountenhigh, auf dem der Schalatachter lebte. Jener, der das Schicksal dieser Welt besiegelt hatte. Seinem Ziel, die Dunkelheit zu verbreiten und das Leben auszurotten, kam er immer näher. Sein Reich des Feuers und des Todes breitete sich immer weiter aus. Schon vor langer Zeit hatte er bivalkanische Krepsoren in alle möglichen Länder entsandt, um dorthin die Dunkelheit und den Tod zu bringen. Sie brachten somit seine Samen in alle Länder dieses Reiches.

Es schien nur einer in der Lage zu sein, ihn zu stoppen und die Welt zu retten. Die Teile des Schatacht mussten hier vereint werden und die Macht des Schalatachters würde dadurch gebrochen werden. Sie waren vereinzelt auf den einen oder andern bivalkanische Krepsoren gestoßen und hatten diesen erfolgreich bekämpft. Es war erstaunlich, denn diese Geschöpfe kannten keinen Schmerz. Selbst mit den schwersten Verletzungen gaben sie nicht auf. Sie kämpften bis in den Tod, ob sie noch eine Chance hatten oder auch nicht.

Sie gingen langsam den schlammigen Pfad entlang den Berg hinauf. Hier auf diesem Plateau hatten sie endlich ihr Ziel erreicht. Der Schalatachter wachte hier oben über alles und kam sich mächtig und unsterblich vor. Die Fünf hatten lange überlegt, wie sie ihm am besten zu Leibe rücken konnten, und sich für den Frontalangriff entschieden. Alan, der damals während seines Studiums sehr erfolgreich gefochten hatte, entschied sich deshalb für sein Schwert. Deilnelees war geübt im Umgang mit Pfeil und Bogen und würde diese im Kampf benutzen. Pefees Aufgabe bestand darin, ihr, wenn nötig, die Pfeile zurückzubringen. Kiesbart brauchte keine Waffen. Er hatte schon so viele Tiere erlegt, dass man ihn selbst als Waffe ansehen konnte. Flowneklaf hatte sich ebenfalls für ein Schwert entschieden und so zogen die Fünf bergan.

Der Schalatachter war nicht unvorbereitet gewesen. Er hatte ein Dutzend bivalkanische Krepsoren zu seinem Schutz am Rande des Plateaus postiert.

Als sie auf die zwölf Gestalten stießen, begann sofort ein heftiger Kampf. Kiesbart biss nach Leibeskräften zu, doch wenn er sie nicht sofort an der richtigen Stelle erwischte, kämpften diese weiter, selbst noch, wenn der Wolf festgebissen an ihnen hing. Einer der Krepsoren sah fast aus wie ein Nadelkissen, weil Deilnelees ihn mit etlichen Pfeilen beschossen hatte. Doch der Krepsor war erst kampfunfähig, nachdem sie ihm mehre Pfeile ins Herz geschossen hatte. Ein anderer der Krepsoren lief herum und versuchte mit seinem Körper einen der Angreifer umzustoßen. Er konnte nicht mehr kämpfen, da seine Arme abgeschlagenen waren. Alan versetzte ihm dann den Gnadenstoß. Mit solch einem Kampf hatten die fünf nicht gerechnet. Es war fürchterlich anstrengend gewesen, gegen solche Gegner zu kämpfen. Als der Letzte der Krepsoren fiel, hörten sie einen mächtigen und tiefen Schrei.

Es war der Schrei des Schalatachters. Deilnelees und Pefee begannen schleunigst, einige der Pfeile aufzusammeln und schossen sie auf den Schalatachter. Dieser kam langsam und in kompletter Kampfpanzerung auf die fünf Freunde zu. Jetzt wurde es ernst.

Kiesbart hatte sich bei diesem Kampf fast völlig verausgabt. Mit seiner letzten Kraft sprang er an die Kehle des Schalatachters. Nur ein einziger gezielter Biss und all die Bemühungen der fünf wären vom Erfolg gekrönt gewesen. Doch Zentimeter, bevor er den Hals erreicht hatte, schmetterte der Schalatachter ihn mit einem gekonnten Hieb seines Schwertes zu Boden. Kiesbart spürte, dass die Haut über seinen Rippen aufplatzte, und all seine Rippen waren mit diesem einzigen Schlag gebrochen. Der Schalatachter nahm seinen gewaltigen Fuß und drückte diesen in die verletzte Seite des Wolfes. Kiesbart wurde so feste auf den Boden gedrückt, dass er sich nicht mehr rühren konnte. Aus dem Augenwinkel sah er die Schwertspitze auf sich zukommen. Er blickte zu seinem Freund Flowneklaf, der, genau wie Allan und Deilnelees, im vollen Lauf auf ihn und den Schalatachter zukam, doch es war zu spät. Das Schwert glitt an der Stelle durch Kiesbarts Körper, an der sein Herz war, und rammte sich unter ihm in den Boden. Flowneklaf sah die Augen seines Freundes und wie diese zur erlöschen schienen. Kiesbarts Körper erschlaffte. Unter ihm färbte sich der Boden rot. Der Schalatachter zog mit einem kräftigen Ruck das Schwert heraus, drehte sich, sein Schwert wild schwingend, um dreihundertsechzig Grad und rammte, aus dieser Bewegung heraus, dem heranstürmenden Alan das Schwert direkt in die Brust. Wie eine Puppe hing Alan augenblicklich am Schwert.

Flowneklaf hieb mit seinem Schwert auf den Schalatachter ein und traf ihn in diesem Moment an der Schulter. Mit einem gewaltigen Fausthieb seiner linken Hand schmetterte der Schalatachter Flowneklaf nieder. Jetzt wusste Flowneklaf, was es bedeutete, von einer mit Eisen gepanzerten Faust getroffen zu werden. Das Knirschen seiner brechenden Nase war so gigantisch laut. Er sackte in sich zusammen und verlor für einen kurzen Moment das Bewusstsein.

Der Schalatachter zog währenddessen mit der rechten Hand das Schwert aus Alans Körper, sein lebloser Körper fiel neben Kiesbarts Leichnam zu Boden. Dann wandte er sich Deilnelees zu, die ihn die ganze Zeit aus einiger Entfernung versuchte, mit ihren Pfeilen zu treffen. Die meisten Pfeile jedoch prallten an der Rüstung ab. Nur einige fanden ihr Ziel und steckten in Armen und Beinen des Schalatachters fest. Es schien, als würde es ihn nicht weiter stören, doch die Pfeile hatten ihren Weg durch die Gelenke der Rüstung gefunden und schränkten zumindest seine Beweglichkeit etwas ein.

Pefee war die ganze Zeit damit beschäftigt gewesen, die Pfeile aufzusammeln und sie eiligst zu Deilnelees zurückzubringen. Bei dem Letzten der vielen Anflüge war sie zu unvorsichtig geworden und zu nahe am Schalatachter vorbeigeflogen. Der schnappte sie mit seiner linken Hand aus der Luft und zerbiss sie dann in zwei Teile. Er ließ sie einfach zu Boden fallen. Auch ihre Überreste landeten auf dem „Trophäenhaufen“ des Schalatachters. Jetzt ging er langsam auf

Deilnelees zu.

Flowneklaf erwachte aus seiner Ohnmacht und sah, wie Deilnelees in die Enge getrieben wurde. Er schüttelte den Kopf, als wolle er die Benommenheit abschütteln. Doch noch im selben Augenblick bereute er diese Bewegung, denn er wurde so an seine gebrochene Nase erinnert. Das Schwert mit beiden Händen fassen und laut brüllend hinter dem Schalatachter herrennen, war das eine, doch die Wut darüber, dass dieser gerade versuchte, seine große Liebe zu töten, das andere. Kurz bevor er den Schalatachter erreicht hatte, drehte sich dieser um und schlug mit einem gewaltigen Hieb seines Schwertes auf Flowneklafs Schwert ein. Der Schlag war so gewaltig, dass Flowneklafs linkes Handgelenk brach und er nach hinten geschleudert wurde. Sein Schwert flog im hohen Bogen einige Meter von ihm fort. Völlig erschöpft lag er da. Seine Zunge glitt über seine Lippen und er schmeckte sein eigenes Blut, das ihm über das Gesicht lief. Es hatte sich mit dem Staub, Schmutz und Schweiß vermischt, der sich auf seinem ganzen Körper befand. Alles an seinem Körper schrie vor Schmerzen. Erschöpft hob er seinen Kopf und sah wie der Schalatachter immer näher an Deilnelees herankam. Sie versuchte, sich noch zu wehren, doch mit nur einem einzigen gezielten Schlag hatte er ihren Kopf von ihrem Rumpf getrennt. Durch die Wucht des Schlages flog ihr Kopf völlig grotesk und wie in Zeitlupe durch die Luft, prallte auf den Boden und rollte neben die Leichen von Kiesbart und Alan. Genau so hatte Flowneklaf es gelesen. Das war der Kampfstil eines Schalatachters – immer versucht, die Leichen seiner Feinde, schon während des Kampfes, wie Trophäen auf einem Haufen zu sammeln.

Flowneklaf hatte all seine Kraft und all sein Wissen aufgebracht und war in diesen alles entscheidenden Kampf gezogen und er hatte alles verloren. Seinen Wolfsfreund, der ihn so lange Zeit treu zur Seite gestanden hatte. Seine Liebe, für die er noch nicht einmal die Zeit gefunden hatte, ihr dieselbige zu gestehen, und auch seinem Menschenfreund, der ihm die letzten Tage und Wochen ein wahrer Freund geworden war. Selbst diese kleine Pefee, die ihn immer so geärgert hatte, wenn er versuchte, Deilnelees nahe zu sein. All jene hatten auf diesem Schlachtfeld an seiner Seite ihr Leben gelassen. Im festen Glauben an ihn und seine Bestimmung. Jetzt waren da nur noch er und dieser Schalatachter.

Selbst der Optimistischste würde sagen, dass es nicht allzu gut für ihn aussah. Er war wie ein Spielzeug durch die Gegend geflogen. Die Tritte und Schläge dieses Monsters waren von solcher Kraft erfüllt. Er hätte niemals gedacht, dass sein Körper eine solche Gewalt überhaupt hätte ertragen können. Nur einmal war es ihm gelungen, sein Gegenüber mit dem Schwert zu erwischen. Doch hatte diese Attacke, obwohl sich eine breite, klaffende Wunde an der Schulter des Schalatachters aufgetan hatte, keine allzu große Wirkung gezeigt. Am Anfang hatte Flowneklaf gedacht, er könne diesen Gegner tatsächlich bezwingen. Es stand doch geschrieben, dass der Freund der Falken und Wölfe das Land befreien und retten würde, und er war doch schließlich genau dieser Mann. Sein ganzes Leben hatte er in diesem Wissen gelebt und danach gestrebt, diese Vorhersage zu erfüllen. Konnte er sich so geirrt haben? War er gar nicht jener, der in den Schriften beschrieben stand? War er letztlich nur ein kleiner Wicht, der sich angemaßt hatte, eine Legende sein zu wollen?

Der Geruch, der hier auf dem Plateau lag, war für ihn nun fast nicht mehr zu ertragen. Es roch nach Fäulnis. Er nahm all seinen Mut zusammen und drehte sich auf den Rücken. Da stand dieses Monster und blickte ihn kalt und gnadenlos an. Es erhob sein Schwert und ging langsam auf ihn zu. Flowneklaf, dem das Schwert bei der letzten Attacke aus der Hand geschlagen worden war, fand nicht mehr die Kraft, es zurückzuholen. So klammerte er sich nun an den Dolch von Pektrulon, den er im Gürtel trug, und zog ihn heraus. Langsam kam das Monster immer näher und Flowneklaf musste sich Mühe geben, wieder auf seine Beine zu kommen. Er befürchtete, dass dies die letzte Attacke des Schalatachters sein würde. Angst und Zweifel krochen in ihm empor. Doch auch unsägliche Wut über den Verlust seiner Freunde machte sich in ihm breit und gab ihm noch einmal die Kraft, sich aufzurichten. Das Monster nahm das Schwert in beide Hände und ließ es über seinem Kopf in kreisförmigen Bahnen schwingen. Ein hohes, pfeifendes Geräusch wurde dabei erzeugt. Ein tiefes, hässliches Lachen begleitete dieses Geräusch. Dann sauste die Klinge auf Flowneklaf herab. Mit letzter Kraft stieß er seinen nun hell leuchtenden Dolch in die Brust des Schalatachters.

Die Klinge des Schalatachters war aber nicht mehr zu stoppen. Flowneklaf merkte, wie der Stahl des Schwertes seinen Körper durchbohrte. Wie eine Explosion breitete sich ein unsagbarer Schmerz in seinem Körper aus und er rang verzweifelt nach Luft, um den Schmerz aus seinem Körper brüllen zu können, doch seine Lungen waren nicht mehr in der Lage, sich zu füllen. Es wurde langsam dunkel um ihn herum. Er hörte sein eigenes Herz schlagen und spürte sein eigenes Blut warm seinen Körper hinab laufen. Immer schneller und wilder schlug es, doch es wurde dabei immer leiser. Pum, pum, pum, pum, pum und dann: Stille, Dunkelheit. Doch ganz weit entfernt war ein kleiner, weißer Punkt in der Dunkelheit. Er schien immer größer zu werden. Ja, tatsächlich, der Punkt schien auf ihn zuzurasen und wurde immer größer und immer heller. Bis er auf ihn prallte. Er war völlig in das Licht getränkt und er schien ganz alleine zu sein. Kein Schlachtfeld, kein Blut, kein Schmerz und dann entflammte hinter seiner Stirn ein Inferno aus Licht, bis er völlig eins mit ihm wurde.

Der Schalatachter wankte zwei Schritte nach hinten. Sein grausiges Lachen war erstickt. Mit weit aufgerissenen Augen blickte er an sich herunter. Er versuchte mit beiden Händen den leuchtenden Dolch in seiner Brust zu fassen und ihn herauszuziehen. Doch so sehr er sich auch bemühte, es gelang ihm nicht. Dunkles, übelriechendes Blut tropfte aus der Wunde auf den Boden, verband sich dort mit dem Blut Flowneklafs und bildete ein kleines Rinnsal, das langsam zu den toten Freunden von Flowneklaf floss, um sich dort mit deren Blut zu vermengen. Das Leuchten des Dolches im Leib des Schalatachters begann zu pulsieren und es schien als würde sein gesamter Körper von diesem Licht erfüllt. Auch das Rinnsal und die toten Körper, die damit verbunden waren, begannen zu leuchten. Es wurde immer heller und plötzlich war das ganze Plateau von einem hellen, gleißenden Licht überzogen.

„Flowneklaf? Nemmokegna Tsi re hcildne."

***

Über den Autor

Peter Landwehr wurde am 07.08.1967 in Grevenbroich geboren und ist dort aufgewachsen. Er lebt hier mit seiner Patchworkfamilie. Der gelernte Elektriker widmet seine Freizeit in erster Linie seiner Familie und dann der Musik, dem Schreiben und seiner metallenen Kunst.

Vor einigen Jahren hat er, aus einer Laune heraus, angefangen sein Buch zu schreiben. Hierbei konnte er abschalten und immer tiefer in seine „zweite" Welt reisen.

Auf seinen vielen Wanderungen und Spaziergängen ist diese häufig präsent und er findet in der Natur viele verborgene Hinweise, Anregungen und manchmal auch verborgene Eingänge.

Seine Aussage über das Schreiben: „Man weiß nie, was hinter dem nächsten Wort auf einen wartet."

Nun hat er sich dazu entschlossen, auch anderen die Chance zu geben, in seine Welt zu reisen, und hat diesen Fantasyroman veröffentlicht.